性なる仏教

I――女性が出家すること／女性がさとること
II――性の超越と仏教
III――理想化される女性像
IV――ルッキズムな仏教
V――仏典とともに生きる女性たち
VI――僧と家族／僧の家族

大谷由香――編

JN239540

勉誠社

性なる仏教

序文

大谷由香

はじめに

本書は二〇二二年九月〜二〇二三年二月に、龍谷大学ジェンダーと宗教研究センター主催で開催した「性なる仏教」ワークショップでの報告をまとめて発刊するものである。

「性なる仏教」ワークショップは、これまで成人男性主体で語られがちであった仏教の歴史を、女性や子ども、あるいはＬＧＢＴなどの性的少数者の視点で読み直すことを目的として、仏教学・歴史学・美術史学などをフィールドとするそれぞれの専門家が知見を持ち寄り語り合う機会として、六回にわたって開催された。

一、「性なる仏教」ワークショップ開催の意趣

すでに早くから指摘されている通り、仏典には女性差別的言説が多く残っており、仏教そのものが男性優位的社会で育まれた宗教であることは言うまでもない。仏典翻訳者・注釈者として名が残る女性は一人として存在せず、仏典は近現代にいたるまで、常に成人男性によって読み解き語られてきた。一九九〇年代にはフェミ

ニズム神学が日本に紹介され、源淳子氏らによってその手法を仏教学に応用する提案がなされたものの、その運動は大きな拡がりを見せることなく、かえって強烈なバックラッシュを生み、仏典の差別的言説に触れることそのものをタブーとするような雰囲気を仏教学界内に醸成してしまったように思う。わたしは二〇〇一年に修士課程に入学して本格的な研究人生を歩み始めたが、その当初には、教祖である釈尊は差別などするわけがなく、仏典中に存在する女性差別的言説は、後世の弟子たちが語り継ぐ間に、男性主権的社会の趨勢を受けて加筆・改竄されたものであるから、これを研究することには何の意味もない、という風潮があった。「信仰者の気持ちで、まずは経典に書いてあることは、どんなに突飛に思うことでも、まずは文字通りに信じなさい。その時代にはそれが当然として受け入れられていたのだから」と教えてくれる先生が、同じ口で経典の女性差別的表現については、「文字通りに受けとるな」と言う。空気を読まずにそのことに触れると「うるさい女」扱いをされて居場所がなくなるような感覚があった。差別は決して個人の悪意に帰せられるものではなく、そう行動させる社会構造の中で醸成されるものである。仏典内の差別的言説が、仏典が作成された社会構造の探求材料としてでなく、ブッダや宗祖の権威失墜の材料としてしか扱われない研究現場は危ういのではないか。

一方でわたしにとって研究近接分野にあたる日本史学界隈では、一九八四年に大隅和雄氏と西口順子氏を発起人とする「研究会・日本の女性と仏教」が発足し、一九八九年にはシリーズ『女性と仏教』全四巻が刊行された。上記のような仏教学界の風潮にすっかり染まっていた私が、この動きを知ったのは、もう研究会もとっくに終わってしまっていた二〇一〇年代に入ってのことだったが、このとき、多くの若手研究者の手によって、仏教活動に加わる個別の女性像が、史料に即して明らかになっていったことは、わたしにとって衝撃的ですらあった。仏教学内で女性救済理論として提示される「変成男子」などの思想が、男性を基準としたもので、やはり差別の思想であることが男性研究者によって語られることも新鮮であった。仏教学で女性が語られるとき、それは個人名ではなく「女性」という大きな概念でしかなかったのにも関わらず、ここでは実際に仏教とともに生きて死んだ個人としての女性の足跡が明らかにされていた。確かに仏教の信徒として悩み歩んだ女性が歴史上に存在していたことを、このときのさまざまな研究成果によって知ることができたことは、わたしを勇気づけた。また一方で、こうした取り組みに仏教学からの参加研究者がいなかったことを、とても残念に思った。仏教学の知見が加われば、もっとクリアになった問題もあったと感じたからだ。

「性なる仏教」ワークショップは、こうしたわたし自身の個人的体験にもとづいて発足した。報告者の多くは、わたしを含め、これまでスタンダードな仏教研究、いわば成人男性が執筆した文献を研究対象としてきた中堅研究者だ。国内の仏教学界隈において成人男性以外の個人を対象とする研究は、いまだほとんど存在しない。これは前に示したように、教義研究の対象となる仏典の翻訳者・注釈者が男性に限られているという史料的制約が大きい。しかし、その他の研究方法の模索さえ行われてこなかったのは、学界そのものの男性優位の風潮が色濃く反映された結果ではないかと思う。どの時代のどの社会にも、女性は存在していたし、子どもも、老人も、障害者も、同性愛者も、身体的特徴と性的自認が異なる者も、重い病気に悩む者も、介護者も、犯罪者も、差別される者も、さまざまな個人が存在していて、それらの個人と仏教との関わりがあったはずなのに、教義研究上では、彼らは健全な成人男性を主要モデルとした「一切衆生」という大きな概念の外縁に、うすぼんやりとおさめとられて、顔のない「その他」としていわばひとくくりに扱われてきた。社会構造の中で弱い立場にあるマイノリティな彼／彼女たちを主体として、仏典注釈者として権威的立場にあった男性個人が、彼／彼女たちにどのように手を差し伸べたのか、あるいは全く手を差し伸べることはなかったのか、教義研究の上から語ることも可能なはずだ。このワークショップでは、そうしたマイノリティを主体とする研究方法を探り、開示していくことを第一の目的とした。

古典研究を下敷きとしつつ現代的な問題を扱おうとするとき、「現代の価値観で史料を読むな」という批判を浴びがちだ。その時代をよく知り、その時代の特性を踏まえた史料読解を行うことは古典研究の前提である。しかしその方法論と問題意識は分けて考える必要があるのではないかと思う。「差別が当然だった時代の差別発言を、現代の立場から批判することには意味がない」とも言われがちだが、個人を尊重しようという現代に生きる研究者だからこそ、その発言が差別的であることに気づくことができる。その時代という限界に存在した差別性を認めていくことは、むしろ古典研究者にとって重要な仕事ではないかと思う。当時には差別と認識されず、当然とされていた行動や発言であっても、被差別者は現代人と同じように傷つき、やり場のない思いと諦めを強いられていたことに変わりはない。そのような存在があったことを前提として、その時代を明らかにしていく必要があるだろう。

一方で彼がその時代の限界のなかで、最大限の平等を実行しようとしていたことは嘘ではないのだから、発言の差別性を認めた上で、会通・解釈して彼が伝えたかった仏の真意を伝えていくことは、現代に生きる宗学者の仕事だろうと思う。難癖をつけて差別が存在したことを隠蔽することに、どのような意義があるだろうか。

しかし実際には現代の問題意識から仏教研究を行うこと、仏典の差別的言説を開示していくことそのものに嫌悪感を持つ人は研究者内にも多く、また特に女性差別を真面目に取り扱う人には、男女問わずある種の「色」がつけられる風潮が現在も存在していて、ワークショップ登壇者は、それぞれに大なり小なりの覚悟と勇気が必要だっただろうと思う。わたしの趣旨を汲み、参加してくださった登壇者の方々に、心から賛辞と謝辞を述べたい。

二、本書の構成

「性なる仏教」ワークショップは、花園大学人権教育研究センター、浄土宗総合研究所「浄土宗の平等思想とLGBTQプロジェクト」、龍谷大学世界仏教文化研究センター（応用研究部門）の共催のもと、以下の日程で行われた（所属は報告当時のもの）。

第一回「性の超越と仏教」二〇二二年九月十日（土）

研究報告

サッチャーナンディー（龍谷大学）「律蔵に記載される「性転換」した人々――上座部の比丘尼僧伽復興に

関連して」

岸田悠里（比叡山延暦寺叡山文庫）「転変する性」

大谷由香（龍谷大学）「鎌倉時代の転女比丘尼」

座談会　司会：大谷由香

第二回「仏典を生きる女性たち」二〇〇二年十月一日（土）

研究報告

野呂靖（龍谷大学）「我を抱き、接吻せよ――『華厳経』の女性像と明恵思想」

村上明也（駒澤大学）「仏性と女性――法蔵『梵網経菩薩戒本疏』を手掛かりとして」

座談会　司会：大谷由香

第三回「浄土真宗で語られる女性」二〇二二年十一月十二日（土）

研究報告

岩田真美（龍谷大学）「真宗史における女性」

小野嶋祥雄（龍谷大学）「浄土真宗における母親像」

座談会　司会：大谷由香

第四回「ルッキズムな仏教」二〇二二年十二月十日（土）

研究報告

河上麻由子（大阪大学）「歴史史料にみる、美男子と仏教」

大谷由香（龍谷大学）「僧侶の美醜」

大島幸代（中之島香雪美術館）「玄奘イメージの系譜」

座談会　司会：大谷由香

第五回「中世女性の苦と救い」二〇二三年一月十四日（土）

研究報告
南宏信（佛教大学）「堕地獄の諸相——女性が堕ちる地獄」
前島信也（国際仏教学大学院大学日本古写経研究所）「写経と女性」
座談会　司会：工藤量導（浄土宗総合研究所）
第六回「中世日本の僧と家族」二〇二三年二月十一日（土）
研究報告
坪井剛（佛教大学）「中世における「僧の家」の形成とその特質」
板敷真純（中村元東方研究所）「僧の妻の系譜、坊守の系譜」
座談会　司会：大谷由香

当初ワークショップは、たとえば女性や性的マイノリティなどについて説かれた史料の紹介や、これまでの研究史などを紹介し合い、それについてコーヒーでも飲みながら気楽に話し合うという趣旨だったが、コロナ禍にあってコーヒーを飲みながらというわけにはいかなくなり、また始まってみれば登壇者各自の熱意が強く、重厚な研究報告をしてくださったので、せっかくだから書籍化しましょうという流れになった。ただし本来の趣旨ならびに登壇者への要望は前に述べたように、史料紹介や研究史紹介だったため、場合によっては原稿化が難しかったものもあり、大きく改稿したもの、また論文ではなくコラムとして文章化したものもある。また本書はできるかぎりワークショップ当時の構成を章立てとして生かしたが、編者の視点からみて内容的に集合した方がよいだろうと感じたものについては、勝手ながら構成を改め、また同じ理由により順番を入れ替えた。性の問題は多岐にわたる。以下にそれぞれの章の意図を説明し、本書の簡略な見取り図としたい。

Ⅰ　女性が出家すること／女性がさとること

第Ⅰ部には、特に東アジア仏教において女性の仏道修行がどのように扱われ、実践されてきたのかに触れる二篇の論考を収めた。議論の前提を含めて紹介したい。

仏典に紹介されている比丘尼（成人女性出家者）の誕生譚は、いずれも釈尊が比丘尼誕生を喜ばなかったことを伝える。初めて比丘尼となったと伝えられるのは釈尊の養母であるマハーパジャーパティーで、彼女は釈尊に何度も出家を願い出たが却下され、弟子である阿難による取りなしによって出家を許された。いくつかの律蔵には、阿難がこのとき「大徳よ、もし女性が、如来の説く教えと規則に準じて出家したならば、預流果、一来果、不還果、あるいは阿羅漢果［といったさとり］を得ることができるでしょうか」と尋ね、釈尊が「できる」と答えたので、そうであるならば養育の大恩ある彼女を出家させてあげてほしいと頼み込んだと伝わる（パーリ律・『四分律』『五分律』など）。つまり釈尊は自身の教えにしたがって修行をしたならば、女性であってもさとりを得ることを認めていて、だからこそ嫌々ながらも女性の出家を許した、というのが様々な仏典に共通して伝わるところだ。

こうした「女性もまたさとりを得る」という言説を信じて、これまで多くの女性が出家して比丘尼となり修行生活を送ったはずだ。しかしこれまでこれら出家女性の具体的な修行のあり方などが論じられることは極端に少なかった。巻頭の大谷由香論文は、出家するための入門儀礼である「受戒」に着目し、仏教伝播にともなう比丘尼受戒の実態を具体的に考究するものである。受戒は同性の先輩出家者が最低十名必要であると律蔵に規定されている。しかし布教のための長旅は女性にとっては危険極まりなく、その十名の先輩出家者を揃えることが、比丘の場合は可能であっても、比丘尼の場合には非常に難しかったことが往々としてあっただろうことが想像される。規定の先輩比丘尼十名を揃えて正式な受戒を行うことが出来ない場合、どのような教義を下敷きとして、どのような受戒によって比丘尼を誕生させたのかを明らかにした。後に紹介するサッチャーナンディー論文にも関連するが、南方の上座部仏教界やチベット仏教界では、比丘尼受戒の伝統が途絶えて久しい。比丘尼僧伽の復興は出家修行を続ける女性たちの悲願であるが、教理的問題があって正式な比丘尼僧伽の復興は難しいとされている。本稿が比丘尼僧伽復興のための一助になることを期待して執筆したものである。

また「女性もまたさとりを得る」という言説とは裏腹に、「女性はさとりを得ることはできない」という言説もまた、仏典のいたるところに見ることができる。「女人五障」などは有名で、仏滅後数百年のうちに成立したと考えられる『施設論』（玄奘は翻訳するにあたって、仏在世時の成立と主張している）には、男性には実現できて、女性に実現できないことがある理由を、以下のように説明している。

女性たちは善の力が劣っていて弱く、（中略）女性には［善によって行動を］強制する力がない。（中略）また女性は生まれつきの素質がない。ただ男子だけが善の力を成就することができるからである。（中略）このような理由で、女性は転輪聖王にはならず、帝釈にはならず、梵天にはならず、魔王にはならず、縁覚のさとりを得ることなく、仏の最上のさとりを得ることがない。（大正26・521上）

つまりは体力だけでなく、女性は心の力も男性に比べて弱く、このためにさとりを得ることがないと説明される。こうした考え方は、大乗仏教にも引き継がれており、『法華経』提婆達多品に「女人五障」が紹介されることはあまりに有名である。本来的に仏になることはできないとされる女性の成仏を説く「変成男子」説や、女性の浄土往生を説く『無量寿経』の「女人往生」説もまた、女性の身体のままでは仏となることができず、浄土往生もできないことを前提とした理論であり、女性差別的前提から外れた主張ではないことが、以前から指摘されている。

しかし「変成男子」や「女人往生」は、もともとは「女性は仏にはなれない」という前提に抗って提示された女性救済のための理論だったはずである。これらの理論を掲示する経典の文句を、その後の注釈者たちはどのように受け止めたのか。村上明也論文（敬称略、以下同）は、特に『涅槃経』に説かれる、「女性の身体のままでは仏となることができない」とも読むことができる経文が、東アジア仏教の一大テーマであった仏性論の文脈で考究された歴史を明らかにし、その中でどのように解釈が施されてきたのかを明らかにしたものである。経文が決してその文言のままに受け入れられてきたわけではない現実を明らかにしたもので、今後もこうした手法によって、経典の差別的言説の受け止めについての歴史変遷が明らかになっていくことを期待したい。

II 性の超越と仏教

第I部で紹介したように、仏教では「女性」のさとりを認めるのか、そうではないのかということがしばしば問題となる。しかしまた別途、性というものは簡単に変化し得るものであり、生まれついてから死ぬまでの間、一定しているものとも限らないこともまた、仏典に示されたことである。第II部では、仏典にしばしば見られる性転換記事に着目した論稿を二篇紹介する。

最初の岸田悠里論文は、性が変わってしまった人の記事を網羅的に集成したものである。さまざまな仏典に、性の変更は当然起こるものとして紹介されていたことを示すもので、性転換という現象ならびに概念が、さまざまな教理考究活動にも影響を与えた可能性を示唆する。

次のサッチャーナンディー論文は、各律蔵における性転換記事を集成して比較検討するものである。これは比丘尼受戒の伝統がすでに途絶えて久しいミャンマーにおいて、比丘尼僧伽復興を目指すにあたり、教理的に有効な手段として、公的に唯一提示されたものが、「比丘からの性転換」であったことを契機として執筆されたものである。

「性なる仏教」ワークショップでは、大谷由香が別途「鎌倉時代の転女比丘尼」と題して、実際に鎌倉時代の日本で、一人の比丘・教円が、性転換して比丘尼となり、比丘尼僧伽復興を手助けした事例があることを報告した。しかしこれはすでに「鎌倉期律宗による比丘尼僧伽の再生」(『ハーバード美術館南無仏太子像の研究』中央公論美術出版、二〇二三年)として発表したので、本書には収めなかった。そちらを参照願いたい。

III 理想化される女性像

男性主権的社会においては、性的な汚れのない慈愛に満ちた聖母こそが理想的な女性として描かれる。反面、性的に奔放な遊女もまた、表向きには批判されながらも理想的女性の一端を担う。男性主権的社会で花開き育ってきた仏教の文献には、見事なほどにこの両極端の理想的な「女性」ばかりが登場する。第III部では、これら理想化された女性像に注目した二篇を収めた。

小野嶋祥雄論文は、浄土真宗本願寺派に属する僧侶による近代以降における法話において、「女性」がどのように説かれてきたかを論じるものである。男女同権を説きつつ、その内実として女性を「良妻賢母」像に押し込めるような口説が現代にいたるまで繰り返されていることを明らかにしたもので、その一因として話者の男女比率の偏りを指摘し、女性を個別の苦悩を持ち生活を営む人間として意識した語りかけの重要性を述べるものである。こうした提言が男性僧侶の立場から出されることを個人的に非常に有り難く思う。

また野呂靖コラムは、『華厳経』「入法界品」に登場する遊女・婆須蜜多女（ヴァスミトラ）の教説が、東アジアの華厳思想家たちによってどのように解釈されてきたのかを解説したものである。遊女が生々しく肯定する「抱擁」や「接吻」を、それぞれの時代・環境にある男性僧侶たちが「仏説」として真剣に検討してきた歴史は、これまであまり注目されてこなかった。性的な問題を教義学の上でどのように扱っていくべきか、聖的世界と俗的世界を架橋する萌芽的論考である。

Ⅳ　ルッキズムな仏教

高僧伝などには、その僧侶の容貌について論評する記述がしばしば提示されている。世俗を捨てたすばらしい人格者として描かれる男性僧侶の容貌記述がどうして必要だったのか。また人々が僧侶に求める美しさとはどのようなものだったのか。第Ⅳ章では、男性美に関する論考を集めた。

最初の河上麻由子論文は、六朝時代には美醜を判定基準に含めた人物評価が、社会的評価と結びつけられるようになったことを明らかにし、僧侶であってもその評価軸から外れた存在ではなかったことを論じる。すなわちその後の出世に美醜が関係してくるからこそ、男性によって理想的な男性美が規定され、その基準に合わせて男性の容貌が論評されたのである。

続く大島幸代論文は、残された伝記等に容貌に関する記述が極端に少ない唐僧・玄奘を取り扱い、彼の理想像が作成されていく様子について現存造形作品をもとに論じるものである。数少ない情報を基本としながらも、玄奘イメージに重なる別の理想的僧侶像と結びつけられながら玄奘像ができあがっていく様子を明らかにするもので、その時代・その地域の人々の期待を背負って成長してきた「美しい高僧」像を、現存する玄奘像に認めることができることを示唆する。河上論文で示された、男性によって作られた理想的な男性美は、まさに玄奘像に認めることができるだろう。

大谷由香コラムは、美貌を持つ僧侶がどのように説かれたのかを論じたものである。河上論文において美貌が社会的に優位に働く要因であったことが示され、出家社会であってもその基準から逃れることができなかったことが示されたが、しかし裏腹に仏教界では基本的に美貌はトラブルの種として語られ、美醜を離れる必要性が説かれる。にも関わらず、女性出家者の教誡者となる比丘には美貌が求められており、「どうせ女性は《ただしイケメンに限る》んでしょ」とする蔑視が律蔵にすでに前提として提示されている点を示した。

Ⅴ　仏典とともに生きる女性たち

いかに女性差別的な言説が仏典内に散見できようとも、女性たちは仏教を棄てず、仏典に指定された自身に可能な作善を積み、仏教を支えてきた。第Ⅴ部では、これらの仏典記述内容にしたがって生きた女性たちに着目した二篇を収めた。

前島信也論文は、経典書写の功徳性に注目し、女性が願主となり、あるいは実際に女性自身が筆を手にとった写経を、奈良時代以降、鎌倉時代まで網羅的に集成し、その奥書に示された願意を分析したものである。願意として示されるものに、女性特有の罪障滅罪や女性個人の往生・成仏の祈願を認めることはできず、多くは追善供養として書写がなされたことが明らかにされている。

南宏信コラムは、仏典内の地獄の描写に着目し、女性が女性であるということを理由として堕とされる「血の池地獄」や「不産女地獄」が登場するまでの歴史を先行する研究をまとめ概説的に紹介している。これら女性特有の地獄の存在を人々に広める役割を担ったのが、比丘尼による絵解きを前提とした「熊野十界曼荼羅」であり「立山曼荼羅」であることが指摘されており、女性自身によって女性に対する嫌悪や蔑視が説かれていったことが示される点が興味深い。

Ⅵ 僧と家族／僧の家族

特に日本では、妻帯する僧侶はめずらしくなく、十一世紀後半から十二世紀には世襲による「僧の家」が形成されることが、すでに西口順子氏によって指摘されている。家族を持つ僧侶の生活実態はどのようなものだったのだろうか。第Ⅵ章は、中世僧侶と家族・寺院との関係に注目した論考を収めた。

坪井剛論文は、家族を持ち女犯する僧侶と、女人禁制・入寺制限を設ける権門寺院・大寺院との関係について論じたものである。「僧の家」が公然と形成される一方で、しかし女犯が不浄とされる価値観は依然として存在し続けたために、清浄性の喪失により修法の功験が失われることを恐れた権門寺院・大寺院の外に「僧の家」が設けられ、内には女人禁制等の入寺制限が設けられた可能性を指摘する。

板敷真純論文は、中世真宗に関する史料をもとに、男性僧侶と同等に布教の第一線で活躍した女性たちを紹介する。真宗では宗祖親鸞が公然と妻帯したこともあり、はやくから妻帯が当然とされ、道場主の妻が「坊守」と呼ばれて重要な役割を担ってきたことが知られる。彼女たちの具体的なはたらきが、世俗社会における「後家尼」と重複することを指摘するものであり、「僧の家」研究を一歩進めたものと言えるだろう。

おわりに

本書の企画構想のもととなった「性なる仏教」ワークショップは、盛況のうちに大団円を迎えた。回を追うごとに、研究者の参加が増えたことは幸甚であった。もとより、一編の論集に、「性」にまつわる多様な問題を網羅できるとも思わない。同性愛問題や、性器形状異常者への差別、稚児の問題など取りこぼした話題も多いが、本書所収の諸論考の提示する新しい知見や視点が、次代の仏教研究のためのヒントになることを願うものである。合わせて土曜日開催の毎回のワークショップ運営を手伝ってくださった当時龍谷大学ジェンダーと宗教研究センター事務員だった池田登貴子さん、平綱雅彦さん、RAだった山本未久さん、山田直史さんに深くお礼申し上げる。

二〇二四年度前期、「性なる仏教」ワークショップは、本書にも寄稿している坪井剛氏・南宏信氏の発案により佛教大学オープンラーニングセンターにおいて全六回の行程で実施された。仏典における「性」にまつわるさまざまな差別や偏見から目を逸らさず、研究者として史料をもとにこれを検証していく営みが、これからも絶えることなく続いてほしい。「性なる仏教」ワークショップが、わたしの手を離れて、仏教系私立大学を中心にぐるっと一周り、二周りしてくれると嬉しい。

東アジアにおける比丘尼受戒譚と三人の尼

大谷由香

おおたに・ゆか――京都大学白眉センター特定准教授。専門は東アジア仏教学・戒律解釈史。主な著書・論文に『中世後期 泉涌寺の研究』（法藏館、二〇一七年）、「鎌倉期律宗による比丘尼僧伽の再生」（阿部泰郎他編『ハーバード美術館南無仏太子像の研究』中央公論美術出版、二〇二三年）、「「僧兵」から考える日本仏教と戦争」（鈴木董編『講義 宗教の「戦争」論――不殺生と殺人肯定の論理』山川出版社、二〇二四年）などがある。

釈尊が制定したルール（律蔵）によれば、男女問わず、正式な比丘（成人男性出家者）・比丘尼（成人女性出家者）となるための受戒儀礼には、すでに比丘・比丘尼となっている同性の者が最低十名必要である。しかし比丘は異国への布教の旅が可能だが、比丘尼が比丘と同じように旅することは難しく、前近代にはインドから離れた地で女性が正式な比丘尼となることは難しかったはずだ。比丘尼僧伽はどのように拡大していったのか。本稿では比丘尼を十名揃えることができなかった時代に、東アジアでどのような受戒が行われていたのか考究する。

『四分律』をはじめとした釈尊制定の教団内規則（律蔵）によれば、女性が出家しようとする場合、未成年時であれば和上尼から十戒を受けて沙弥尼となり、十八歳時に和上尼から六法戒を受けて式叉摩那となって二年間を過ごした上で、二十歳時に具足戒を受けて比丘尼の立場を得るという手続きを経なければならない。最終的に比丘尼となるための受戒は、まず比丘尼僧伽において三師七証の十尼師をそろえて白四羯磨作法による受戒作法を行った後、さらに比丘僧伽において再び三師七証の十師をそろえて白四羯磨作法による受戒作法を行う必要がある（本稿ではこの比丘尼となるための正規の受戒法を便宜的に「二衆受戒」と呼ぶ）。出家時にはすでに二十歳以上であっても、最初の二年間は式叉摩那として過ごさなくてはならず、また女性が寡婦である場合には、十歳で式叉摩那となり十二歳で比丘尼となることが可能である。(1)

しかし日本に正式な受戒法を伝えたとされる鑑真（六八八

〜七六三、来日：七五三）は、来日にあたって「揚州自塔寺僧法進、泉州超功寺僧曇静、台州開元寺僧思託、揚州興雲寺僧義静、衢州靈耀寺僧法載、竇州開元寺僧法成等一十四人」（大正五一・九九二下〜九九三上）の比丘を随伴したにも関わらず、比丘尼は「藤州通善寺尼智首等三人」（大正五一・九九三上）しか随伴しなかった。またそれを遡ること約一七〇年前、日本最初の比丘尼となった善信尼は、禅蔵尼・恵禅尼とともに、三名のみで百済国へ出国し、受戒後に帰国したと伝わる。石田瑞麿氏はこれらのことを踏まえて、日本に仏教が伝来して以来、鎌倉期の叡尊（一二〇一〜一二九〇）が活躍する時代にまで下らなければ、律蔵に説かれる正規の比丘尼戒を経て比丘尼となった女性は誕生せず、それ以前の史料上に現れる「比丘尼」は、すべて沙弥尼の戒が授けられた女性を指すと論じる。[2] もしそうであったならば、智首尼たちは何を目的として命の危険がある航海に出たのだろうか。また善信尼たちが百済国に留学してまで受戒したのも、単純に自らだけが出家できればよいという刹那的かつ独善的な動機によるものだったと考えるべきなのだろうか。

こうした日本の仏教黎明期に現れる「三人の尼」の役割を推察するにあたり、東アジアに仏教が到来した初期の状況を伝える史料にそのヒントを求めたい。すなわち律蔵記載の「二衆受戒」は、いまだ比丘尼の人数が十師を揃えるに至らない場合には実行不能である。「二衆受戒」が実行不能の時期に、比丘尼はどのような受戒によって比丘尼となったのか確認することで、間接的に「三人の尼」の役割が示されることになるだろう。

一、東アジア最初の比丘尼受戒

東アジア最初の比丘尼受戒については、黄初元年（二二〇）説と元嘉十一年（四三四）説の両説があり、鑑真の孫弟子にあたる豊安（七六四?〜八四〇）は、六本宗書の一つとして作成した『戒律伝来記』（八三〇年成立、大正七四・二上〜下）内に両説を併記紹介している。すなわち比丘尼受戒は、二度にわたって中国へ伝えられたと日本では考えられてきた。ここではよりオリジナルに近いと考えられる文献にもとづき、各エピソードを確認しておきたい。

（1）黄初元年の比丘尼受戒

黄初元年（二二〇）の比丘尼受戒のエピソードを紹介する現存最古の史料は、道世『法苑珠林』八九「齊沙門上《尚》統」伝（六六八年成立）に引用される「齊上《尚》統師伝」である。[3]「齊上《尚》統師伝」は道宣『續高僧傳』巻八に「齊大統合水寺釋法上」として紹介される人物（大正五〇・四八五上〜下）の別伝と考えられる。法上（法尚とも、四九五～五八〇）[4]は、高句麗国大丞相の王高徳から、釈迦仏の生没年代や中国への仏教伝来などについて公式に問われた際、学僧を代表してこれに回答したことが『歴代三宝記』（五九七年成立）などに記されており、[5]この黄初元年比丘尼受戒エピソードもまた、これら高句麗からの質問に法上が回答した一部として伝わるものだっただろうと推測される。

これによれば、仏教は漢の明帝（在位：五七～七五）の頃、迦葉摩騰と竺法蘭の二人によってはじめて漢土に伝えられたが、この時には出家者としての受戒を行うことができず、剃髪して出家者の服装をしても、在家者の五戒や沙弥・沙弥尼の十戒を得るのみであったという。後漢桓帝（在位：一四六～一六八年）以後、支法領・支謙・竺法護・竺道生・支婁讖の五人の「西僧」が北天竺から漢土に至り、彼らを師として中国で初めて「大僧受具足戒」が行われた。正式には授戒師は三師七証の十名を揃える必要があるが、律蔵には辺地の場合には五名にて受戒を執行することができるとされているから、これを適用して東アジアにおける初めての正式な受戒が行われたのである。このとき尼たちも受戒したいと集まったが、支法領が「律に明らかにするところでは、辺地五人の受具足戒はただ僧のみに許されていて、尼については適用できないのだ」と述べるので、尼たちは諦めて帰り、雨のように涙を流して悔しがった。[6]

後に漢末魏初にいたって、東天竺から二人の比丘尼が長安に到来し、当地の比丘尼たちに「あなたたちは誰から戒を受けたのですか」と問うたので、当地の比丘尼たちは「私たちは大僧の所へ行って、在家のための五戒や沙弥尼のための十戒を受けただけです」と答えた。二人の尼はこの辺地の尼達が全員具足戒を受けていないことを知って嘆き、本国へ戻って比丘尼十五人を連れてくることにしたが、途中で三人が雪山で凍死し、二人が滑落死して、この土に届き到ったのはただ十人だけだった。比丘尼たちは全員で京師に至って受戒を執行し、後に呉国でも受戒を行った。その後、東天竺から来た比丘尼たちは、十七年余りが経過する内に三名が亡くなり、残る七名は故郷を恋しく思って、南海の船舶に同乗して帰国した。

エピソードの大概は以上の通りである。

ここに「五人の比丘」として紹介される者のうち、「支法領」は慧皎『高僧伝』（五一九年成立）の「仏駄跋陀羅」伝に内陸アジアの于闐より『華厳経』をもたらした僧として紹介されている。[7]これは賛寧撰『宋高僧伝』（九八八年成立）によれば弘始十一年（四〇九）のこととされていて、[8]時代がかみ合わない。また「支謙」は『高僧伝』に優婆塞と紹介されているから[9]、僧として受戒を執り行ったという逸話はやはり史実とは異なるだろう。また「竺道生」も『出三蔵記集』一五「道生法師伝」、『高僧伝』七「竺道生」伝にそれぞれ立伝されているが、それらでは中国人として紹介されていて[10]、「西僧」ではない。すなわち上記のエピソードは史実として認めることは難しい。

しかし同じエピソードは、唐・定賓『四分律疏飾宗義記』(八世紀初頭成立[11]、新纂続蔵四二・三五中〜下)に紹介されていて、豊安『戒律伝来記』の該当箇所は『四分律疏飾宗義記』をそのまま引き写したものである。また、唐・大覚『四分律行事鈔批』(七一二年成立、新纂続蔵四二・七九七中、七九七下〜七九八上)も同内容の記事を紹介している。定賓・大覚はともにこの受戒が行われた年を魏の黄初元年(二二〇)であろうとしている。少なくとも中国の『四分律』研究者たちは、上記エピソードに基づき、魏の黄初元年に東アジアで初めての比丘尼受戒が執行されたと理解していたし、それが日本にも共有されていたことは疑いない。

(2) 元嘉十一年の比丘尼受戒

元嘉十一年(四三四)の比丘尼受戒エピソードのオリジナルは、船山徹氏が復元を試みておられる僧祐(四八五〜五一八)撰『薩婆多師資伝』五「元嘉初三蔵二法師重受戒記第一」(五〇〇年前後成立[12])であろうと考えられる。以下に紹介したい。

南朝宋の元嘉六年(四二九)に、師子国の尼八人が、船で都に至り、影福寺に留まった。三年を過ごし、[宋国の]言語にも慣れてきた[頃]、八人は[宋国の]尼たちに「かつて外国の尼がこの国に来たことはありますか」と尋ねた。[宋国の尼たちは]「蜀には[外国の]比丘がいらっしゃいますが、いまだかつて尼がいらしたことはありません」と答えた。八人は愕然として、「尼の受戒はかならず二部の僧伽によって得戒すべきです。あなたたちは以前に師から[戒を]受けた時、どうやって尼衆となったのですか」と言った。[宋国の]尼たちは答えることができなかった。既に[宋国の]尼たちの受[戒]が拠り所のないものであること知って、[彼女たちは]求那跋摩三蔵と外国の八人の尼を頼って、さらに受戒[し直そうと]した。[求那跋摩]三蔵は、「仏は戒法を制定するにあたって、[戒]法は比丘[のものを基本としてそこ]から[様々の戒を]派生させました。[よって]ただ比丘[僧伽における受戒]で、[受戒]作法を成就すれば、自然に[比丘尼も]得戒します。[比丘尼となるために]まず本法（比丘尼僧伽での受戒）を行わせる理由は、その［受戒への］心を生じさせ、［本番となる比丘僧伽での］受戒のための方便とするためです。まさに得戒に至るのは、比丘僧伽において［受戒する時］なのです。仮に全く本法を行わせなくとも、直接に比丘僧伽に行って受［戒］すれば、また得戒します。よって［受戒儀を執行した］師僧が［規則違反の］罪を犯すことになるだけです。ただマハーパジャパティー一人のみが八敬法［によって］得戒した、［その］最初の羯磨の時には、まだ比丘尼僧伽はなかった［ように、現状比丘尼僧伽が成立していない宋国においても変則的な受戒が認められるのです］」と答えた。［宋国の］尼たちは喜び理解したが、また思いを巡らせて、「私たちは凡夫で、［仏法に］暗く智慧の目を持っておりません。すでに私たちは出家していて、世の福田となろう［というのに］、［規則から］脱しているのでは田は不良となります。嘆くべき、恐るべきことです。善は飽きることなく増し、功は止まることなく広がります。きっと必ず更に受［戒し直］し、千年の後までも残るうらみを無くさなければなりません。もし以前の受［戒］で得［戒］していないのであれば、今［正式な比丘尼受戒をすることで］さらにこれを獲得しましょう。もし先［の受戒］によってすでに得［戒］しているのであれば、今［正式な比丘尼受戒をすることで］利益は増し勝れるでしょう。心中は明瞭で、信施に背くことはありません」と言った。［求那跋摩］三蔵は、「素晴らしい、戒定慧は、かすかなものから［だんだんと］現れてくるものです。今［あなた方が戒徳を］増し明らかにしようとすることを、心から深く随喜します。ただ［今時点での受戒の実行には］さまざまの条件がそなわり難い。あなたたちは仮にも外国の尼たちから受戒しようとしていますが、この［外国の］尼は八人しかいません。数が十人に満ちていません。［また］外国語と中国語では［受戒儀礼時の］発音が異なり、互いに言葉を理解できません。通訳できる人もいません。［受戒］作法を得ることができないのです」と言った。尼たちはこれを聞いて、ただ深く嘆き泣いて、「女人には多くの障りがあって、真心から阿闍梨を頼りにしても、慈救を受けられない［という］のであれば、［私たち女人は］何に帰依すべきでしょうか」［と言った］。三蔵はその［彼女たちの］誠の至りを憐れんで、すぐに［比丘尼受戒の］計画を遂行した。船長難陀に依頼して、さらに外国の尼たちを求め、また先に来ていた者に、漢語を学習させた。［宋国の］尼たちは［正式な受戒の］許可を得たのである。ここにおいて、慧果・浄音などの十人余りが、戒を学び受け、心を励まして［受戒の］完成を心待ちにしていた。［しかし］事にとりかかることなく、また三蔵の［死という］無常にめぐりあい、尼たちの望みは断たれた。思うに長年［の課題であった比丘尼受戒の］理を遂げたのは、元嘉十年（四三三）に到ってのことである。難陀の船が戻ってきて、さらに師子国の尼鐵薩羅など三人を得て、以前［から宋国にいた尼］に足して［比丘尼は］十一人となった。先に来ていた者たちは、［宋］語を学んですでに通じており、尼たちは［受戒に必要な人数に］すでに満ちた。尼たちは全てを整え、求めて以前からの志を果たそうとした。時に三蔵法師である僧伽跋摩、衆鎧とも呼ばれる［僧と］、また三蔵の神足たる弟子の菩提がおり、同時に尊敬を受けていた。尼たちは［彼らに受戒を］祈請したところ、すぐに全員がこれを許した。十一年春になって、南林寺前の三蔵本戒の場所で、［彼らは］尼たちに受戒した。最初は影福寺の尼慧果・浄音・僧要・智菓たち、二十三人が受戒した。次に小建安寺の尼孔明ならびに僧敬・法茂・法盛の姉妹たちが受け、次に瞿曇寺の法明・法遵たちが受け、次に永安寺の普敬・普要たちが受け、次に王国寺の法静・智程ら姉妹が受けた。総じて十一日の法事を得て、全体で三百人余り［が受戒した］。その時、祇洹寺の慧照などの僧たち数十人が、ならびに同じく受戒した。[13]

この記事で注目されるのは、正式な「二衆受戒」の実行を願う南朝宋の比丘尼たちに対して、最初の比丘尼であるマハーパジャーパティー（大愛道比丘尼）が釈尊から八敬法を受けることによって比丘尼となったと伝わるように、いまだ比丘尼僧伽が成立していない南朝宋においても変則的な比丘尼受戒が許容されるべきであり、比丘尼僧伽における受戒を省略した比丘僧伽における受戒のみであったとしても、比丘尼としての本性を獲得することが可能であると、求那跋摩が主張したと伝わる点である（傍線部）。元嘉十一年（四三四）に正式な「二衆受戒」が執行されたとき、三百人以上の比丘尼が誕生したとされるが、女性出家者は比丘尼となる前の二年間を式叉摩那として過ごさなければならないという律蔵の規律にのっとれば、このとき受戒した女性たちは新規の比丘尼ではなく、それまでにすでに比丘尼となっていた者たちで、この時の受戒は再受戒だったと考えられる。[14] つまり比丘僧伽における受戒のみによって比丘尼となった者がすでに三百人を超えるほどに、比丘尼僧伽での受戒を省き比丘尼僧伽のみで受戒して比丘尼になる方法は、長く中国で肯定的に行われていたことが推測される。

僧祐によって『薩婆多師資伝』が作成された頃には、すでに『十誦律』（四〇四～四〇九年訳出）、『四分律』（四一〇～四一二年訳出）、『摩訶僧祇律』（四一六～四一八年訳出）、『五分律』（四二三～四二四年訳出）の四律が漢訳されており、[15]また『薩婆多毘尼毘婆沙』（秦代訳出）や『毘尼母論』（秦代末訳出）、『薩婆多部毘尼摩得勒伽』（四三五年訳出）、『善見律毘婆沙』（四八九年訳出）などの律蔵注釈書類も漢訳されている。すなわち上記の記事は、すでに充分に律蔵研究がなされて、比丘尼受戒は正式には「二衆受戒」が必要であることを承知の上で書かれたものである。にも関わらず、正規の「二衆受戒」の伝来を記しながらも、比丘僧伽における受戒のみによって比丘尼としての本性獲得が確実であることが同時に示されることは、『薩婆多師資伝』が書かれた当時においても、比丘僧伽における受戒のみによって比丘尼となった女性が多くいたことを推察させる。

上記に紹介してきた黄初元年説と元嘉十一年説を併記して紹介する最初は、定賓『四分律疏飾宗義記』であり、豊安『戒律伝来記』はこれを引き写している。大覚『四分律行事鈔批』も両説を紹介する。これらは単に比丘尼「二衆受戒」の最初を紹介するのみならず、辺地における比丘・比丘尼の受戒法を紹介するエピソードとして機能している点に注意が必要である。

二、比丘尼の「二衆受戒」を正当化する教学的根拠

（1）「一衆受戒」の創始者竺法汰（三二〇～三八七）[16]と亀茲国での比丘尼受戒

唐代に活躍した南山宗祖道宣の弟子である大覚は、比丘尼が比丘僧伽において受戒する方法を「一衆受戒」と呼び、これを竺法汰の創始であると伝える。

ところで晋朝の竺法汰は、また比丘［僧伽の］一衆［受戒］を、比丘尼受戒とした。（中略）［竺法汰は］『五分律』［に説かれた比丘尼の］最初の受戒（初縁）［のエピソード］に依拠して、比丘僧伽の一衆［においてのみ受戒する方法］を立てて、比丘尼受戒としたのである。その時分には律蔵もまだ［中国には］入っておらず、比丘尼戒本もなかった。［法］汰法師は［比丘尼戒が］比丘戒本に付随するということにもとづいて、［推測によって］比丘尼戒本を唱えた。時の大徳たちは、ことごとく［この法汰が唱えた比丘尼戒本を］認めず、「戒は仏が制定するものであって、仏によるのでなければ、声聞であろうが菩薩

であろうが、誰も制定することはできない。あなたは今［勝手に］これ（比丘尼戒本）を唱えた。まさにこれは仏［が行うべき所行］である」と言った。［しかし］後に律蔵が［中国に］紹介されると、果たして［法汰が唱えたものと］符合しており、ただ一・二箇所の少しの異なりがあるだけであった。これによって［法］汰の非凡な器が知られるのである。（中略）又『南山尼注戒心序』(17)には［次のように述べる］。「比丘尼の最初の一衆受戒は、昔東晋簡文帝の太元中（三七六～三九六）に、金陵瓦官寺沙門の竺法汰［により広められた。彼］は、釈道安の同学である。生まれつき頭脳明晰で、名声をほしいままにしていた。いまだ律蔵が完全ではなく、行儀を［律蔵に］準じることが難しかった［時分に］、ついに比丘戒にもとづき、また律や経にもしたがって、比丘尼戒本を撰述して、世間に伝え用いた。また比丘尼の数が足りないことから、比丘尼僧伽での受戒（本法）を施行せず、すなわちマハーパジャーパティーが［比丘尼となるための］縁［として便宜的な方法が］制定されたのと同じように、ただ比丘からのみ受［戒］する［ことによって比丘尼となる方法を提唱した］。［法汰は］時に江表（長江の南側）に教化に出て、北魏や前秦にまで流れて［比丘尼戒本とその受戒法を伝えた］。これが比丘尼戒の最初である。［法汰の教化の］根本は世を覆い、晋の江寧にまで到った。咸康中（三三五～三四二）に、僧純という比丘がいて、発憤して西へ遊び、中国から遠く離れた、拘夷那国で比丘尼戒本を手に入れ、謂水の浜に帰還した。名徳がこれを翻訳し、正しい軌則として用いようとしたところ、［法］汰が唱えたものと、その旨がはるかに符合しており、時の人は讃歎し、いよいよ次々と［彼に］平伏した。［ここにおいて］初めて［法］汰は比丘尼の一衆受戒を公開し、［この方法を皆も］正法ではないもののよりどころとしたのである」と(18)。

すなわち「一衆受戒」は、竺法汰の宣布によって三七六～三九六年間には中国のさまざまな国で比丘尼受戒として採用されていたと伝わる。ここで紹介される竺法汰が撰述したとされる『比丘尼戒本』は現存しないが、これとほぼ同じ内容であったと伝わる僧純が拘夷那国（亀茲国(19)）から持ち帰った『比丘尼戒本』は、僧祐『出三蔵記集』十一に紹介される「比丘尼戒本所出本末序第十〈出戒本前。晋孝武帝世（三七三～三九六）出〉」であろう。

仏法が中国に始まって五〇〇年余り［に至って、今始めて］比丘尼大戒の全文［を得た］。このことから推察するに、外国の道士たちも［この戒本を得ることは］難しいであろう。［竺］法汰が（中略）比丘戒法の一衆戒のみ［であって］比丘尼戒法が存在しないいまま］にしないために、［比丘戒本から］推測しながらこれ（比丘尼戒本）を求め出したが、遂にそろえることができなかった。（中略）［だが］僧純が亀茲国でこの戒本を持ち帰り、［竺］仏念・曇摩持・慧常に伝え［て翻訳］させたのを頼って、始めてこの［比丘尼の］一衆戒法を具えることができたのである。(20)

僧純が持ち帰ったこの戒本は、到来に先だって竺法護によって求められながらも手に入れることができなかったものであったことが述べられる。

これは亀茲国の仏図舌弥から受戒した比丘尼たちが住む「阿麗藍〈百八十比丘尼あり〉」「輸若干藍〈五十比丘尼あり〉」「阿麗跋藍〈三十尼道あり〉」の三つの尼寺で常に用いられてきたものであり、(21) この『比丘尼戒本』から、行事に関する部分を採りだしたものが「関中近出尼二種壇文・夏坐・雑十二事、并雑事共巻前中後三記第十三」として別にまとめられたようである。(22) 中巻には「尼受大戒法」が記されていたようで、『出三蔵記集』に以下のように比丘尼受戒の概略が紹介されている。

比丘尼はまさに三度戒を受けて五百戒［とする］べきである。比丘尼は［受戒時より］十二年を満たせば、選ばれて師となる。①最初に［沙弥尼として］十戒を受ける時は、二人の女性の師（比丘尼の授戒師）を探し、まさに持律の沙門（比丘）に戒を授けさせて、［その後には］すなわち女性の師の弟子として、［女性の師に］これを教導させる。②次に二百五十戒を受ける。年齢が二十歳に満ちたならば、直に女性の三師にこれ（二百五十戒）を授けさせる。礼儀にかなった立ち居振る舞いは、男子の受戒法と同じで異なりは無い。〈沙離尼（式叉摩那のことか）が［式叉摩那としての］六法を受ける［とき］は、三師は［必要が］無い。沙弥もまた三師は［必要が］無い。二師のみである。「六法」を［上記のように］「二百五十」というのは、誤りで、誤伝である〉。③受戒後に一年を経て誤りや違反が無ければ、［さらに二百五十］戒を受けて五百戒とする。この最後の（③の）受戒時には、三師と十僧［を揃えて］、中間の（②の）の受戒時と同様に、直に先の（②の）持律の師（比丘）に、更に二百五十事を授けさせ、前（②）と合わせて五百となるのである。この（③の）直授［の時］は、中間の（②の）の受戒時のように詳細な礼儀を問うことはない。［読み上げる］戒文は男子の戒と同じである［から］、一つ一つ同じようにする。他に違いは無い。〈授戒には三人の尼の師と一人の持律の比丘を立てる。授戒の場は四住屋（未詳）の下である。ここに「十僧」と言うのは、最後の（③の）［受戒時の］授［戒者］であるが、授戒は詳細［まで問うことは］せず、授戒文［の内容］と合わせないので、出典が詳らかでない[23]〉。

上記のうちゴシック体にしてある部分は、僧祐編纂時の挿入と考えられる割注部分である[24]。亀茲国で行われていた比丘尼受戒は、最初に「持律の比丘」から十戒を受けて、沙弥尼として二人の比丘に師事し、次に二十歳になった時には、比丘尼を三人探して、比丘と同じ二百五十戒を授かるとされる。さらにそれから一年を経過して違犯がないようであれば、比丘尼の三師と十人の比丘を揃えて、今度は最初の戒師であった「持律の比丘」から再度二百五十戒が授けられる、といったものであったことがわかる。ここに記される受戒法こそ、竺法汰によって「一衆受戒」として拡散されたと伝わる比丘尼受戒法であったと考えてよいだろう。

後に広律が翻訳されて、律蔵の内容が詳しく理解されるようになったとき、上記のような受戒法は、律蔵に説かれる方法とは異なることが問題となっただろう。実際に、二度めの受戒で二百五十戒を受けるとされているところ、注記ではこれが式叉摩那が守るべき六法の誤りであろうと訂正されている。これは律蔵に説かれる女性の受戒が沙弥尼→式叉摩那→比丘尼と三回にわたることに従ったものだろう。しかし律蔵によれば式叉摩那は十八歳からの足掛け二年であり、二度めの受戒を二十歳、さらにその一年後に三度めの受戒とすることもまた律蔵規定からは外れる。亀茲国の比丘尼受戒はどうあっても律蔵規定とは異なるが、必要な方法であった。だからこそこの方法は、「『五分律』を典拠とした」あるいは「マハーパジャーパティーの受戒時を参考とした」ものとして、正当性が主張されるようになったものと考えられる。

(2)『五分律』に説かれる最初の比丘尼受戒

大覚が比丘僧伽における「一衆受戒」の典拠として挙げる『五分律』に説かれる最初の比丘尼受戒（五分初縁）とは、釈迦仏の養母マハーパジャーパティーと、彼女に帯同したシャカ族の五百人の女性たち（五百釈女）への受戒記事を指すと考えられる。このとき、マハーパジャーパティーは、釈迦仏から直接八敬法を授けられ、これを護持することを条件として出家を許された。『四分律』四八や『根本説一切有部毘奈耶雑事』三〇は、このとき帯同したシャカ族の五百人の女性たちもまたマハーパジャーパティーとともに八敬法の受持によって比丘尼となったと伝えるが[25]、『五分律』二九は、シャカ族の五百人の女性たちは、マハーパジャーパティーとは別に、比丘僧伽で出家儀礼を行うことを許されたと伝える。

仏は仰った、「今マハーパジャーパティーに八不可越法（八敬法）を授けることを許そう。すなわちこれは出家して具足戒を得る［ということである］。どのような八項目かというと（中略）」。仏は阿難に告げた、「今女人に出家して具足戒を授けることを許そう。まさに私が制定したところに随順しなさい、違犯があってはならない。私が制定していないことはみだりに制定してはならない」と。［これを聞いた］阿難はすぐに［釈尊のところから］出て、つぶさに仏の教えをマハーパジャーパティーに語ったところ、マハーパジャーパティーは歓喜して［そのとおりに］奉行して、すぐに［八敬法を受持することで］出家を成就して具足戒を受けた。また［マハーパジャーパティーは］阿難に「この五百人の釈女は今まさにどうやって具足戒を受けるべきでしょうか、どうぞさらに［私たちの］ためにお教えください」と申した。阿難がすぐに仏に問うたところ、仏は「すなわちマハーパジャーパティーは［彼女たちの］ために和尚となって、比丘の十衆［僧伽］内にて白四羯磨して具足戒を授けることを許そう。一時に三人に羯磨することを許すが四人になってはいけない」と言った。[26]

さて五百人の釈女が出家して比丘尼となり、僧伽を形成するのに十分な比丘尼数がそろうと「二衆受戒」が指示された。このため上記に示した八敬法の受持と比丘僧伽での受戒は、いずれも比丘尼僧伽が形成される以前の便法として位置づけられる。このうちの八敬法を受けて比丘尼となる方法は、『十誦律』にはマハーパジャパティーのみに限られた受戒法とされるが[27]、比丘僧伽での受戒によって比丘尼となる方法は、どの律蔵にも「最初時のみに限る」とは説かれておらず、比丘尼僧伽が形成された後にも、比丘僧伽での「一衆受戒」を行うことは禁止されていない。亀茲国から伝わった受戒法は、まさに『五分律』に説かれる、釈尊が許可した受戒法であったと説明することができ、実際に亀茲国でも、また中国でも積極的に使用されたことは、すでに紹介してきた史料から明らかである。

三、日本における比丘尼の生成

(一) 日本初の三人の比丘尼

以上のことを踏まえたならば、日本における最初の比丘尼が、司馬達等の娘・嶋（善信尼）、漢人夜菩の娘・豊女（禅蔵尼）、錦織壺の娘・石女（恵善尼）の三名であったことには、重要な意義が認められる。亀兹国での比丘尼受戒（一衆受戒）では比丘尼の師三名が必要だからである。

善信尼たちの出家受戒については、『日本書紀』と『元興寺伽藍縁起并流記資財帳』にみることができ、両者には伝承に若干の差異が認められる。[28] ひとまず『日本書紀』によれば、敏達天皇十三年（五八四）、「年十一歳」の善信尼は、「弟子二人」とともに還俗僧である高麗恵便を師として出家した。[29] 彼女たちから「出家の途は、戒が根本であるから、百済へ渡って、戒法を学んで来たい」という申し出を受けた蘇我馬子は、崇峻天皇元年（五八八）に来日していた百済の使者が帰国するのに付随させて、彼女たちを留学させた。[30] 果たして彼女たちは崇峻天皇三年（五九〇）春三月に帰国し、同年には十一人の尼が出家し、同時に司馬達等の息子・多須奈も出家したという。[31]

善信尼たちの百済留学が受戒を目的としたものであったことは、蘇我馬子がたびたび百済の使者に受戒法について尋ねたと記されることからも理解できる。しかし三師七証の比丘尼十師を揃えなければ比丘尼の受戒はできないという律蔵規定を踏まえれば、善信尼たち三人が百済国で受戒したとしても帰国後の受戒執行のために必要な十師を満たすことはできない。つまり彼女たちの百済での受戒は、彼女たちが帰国した年に十一人の女性たちが出家したという事実とは全く無関係の事跡ということになるだろう。

しかし比丘僧伽における「一衆受戒」によって比丘尼受戒が便法として許容されると理解されてきた東アジアの伝統を踏まえたならば、善信尼たち三名は、ヤマトでの比丘尼受戒を想定し、その実現のために百済で受戒して比丘尼となった可能性が考えられる。

『日本書紀』崇峻天皇元年（五八八）条は、百済の使者とともに恵総・令斤・恵寔の三僧が来朝して仏舎利や調をもたらすと同時に、聆照律師・令威・恵衆・恵宿・道厳・令開の六人の僧や寺工などを「献」じたと伝えるが、[32] 上川通夫氏は、このとき献じられた六人の僧が、ヤマトでの受戒を想定して派遣された授戒師だった可能性を提示しておられる。この六人の僧に、敏達天皇六年時に百済からもたらされた「律師」と、百済の使とともに六人を率いてきた三人の僧を合わせると、一時的に十師を揃えることができる。大変興味深い指摘だといえよう。[33] しかしこのとき十師が揃えられたことは、男性出家者のためだけではなく、女性出家者のためでもあったと考えられる。『出三蔵記集』に述べられる亀兹国での比丘尼受戒法によれば、十人の比丘を揃えて比丘僧伽が完成すれば、そこに三名の比丘尼を同席させることで、比丘尼への受戒環境が整うからである。戒師となる「持律の比丘」は、善信尼らの師でもある高麗恵便を想定したい。善信尼たち三名は、百済国で比丘尼となるための手続きを行い、帰国後には比丘尼として、ヤマト国内で行われる初めての女性出家者のための受戒に、比丘尼三師として同席したものと考えられる。

つまり、百済僧の十師がヤマト国内に揃えられ、その上で善信尼ら三人が百済国で受戒を行ったのは、当初からヤマト国内での比丘・比丘尼の受戒を念頭に置いたものであったといえ、崇峻天皇三年（五九〇）は、ヤマトで比丘のための正式な受戒と、比丘尼のための「一衆受戒」とが執行された最初の年ということができるだろう。このとき出家した女性が十一人と伝えられることを踏まえれば、以降は律蔵にのっとった「二衆受戒」が指向されていたであろうことも推測される。

（2）鑑真による受戒

天平勝宝六年（七五四）に鑑真が東大寺毘盧遮那仏前に戒壇を築いて行った受戒に関する記事は、いずれも沙弥や比丘の受戒を伝えるものであって、比丘尼がこの時に受戒したと伝えるものはない。この時女性としては光明皇太后と孝謙天皇が登壇受戒しているが、これは「菩薩戒」であって、出家者としての身分を得るものではない。

しかし『唐大和上東征伝』（七七九年成立）に、鑑真とともに「藤州通善寺尼智首等三人」（大正五一・九九三上）が来日したと伝えられることは注目に値する。この比丘尼三師の来日もまた、比丘僧伽における「一衆受戒」によって比丘尼を生成することを意図するものであったと考えるべきではないだろうか。『招提千歳伝記』（一七〇一年成立）に掲載される「智首尼伝」には「清持仏戒性英才也」と評され、「吾が大師に従い、尼具戒を進めんとして、大師に随い、此の地に来たる」とされているので、遅くとも『招提千歳縁起』が編まれた江戸時代時点では、智首たちが日本に正式な比丘尼戒を伝えるために来日したと考えられていたことがわかる。[34]

蓑輪顕量氏によって東大寺毘盧遮那仏前での最初の受戒記録である可能性が指摘されている法進『東大寺授戒方軌』[35]の目次は以下の通りであり、「第七尼授戒法章」「第八尼説戒相章」という比丘尼受戒に関する記事が存在したことをうかがわせる。

第一最初法式章〈付食堂法〉　第二授沙彌戒章　第三講遺教經章　第四請三師七證章　第五正授大戒作法章〈付入壇法〉　第六説相教訓章〈付六念五觀法〉　第七尼授戒法章　第八尼説戒相章　第九請説法主章

第十請依止師章
已上二条通用僧尼
（筒井英俊編『東大寺要録』（全国書房、一九四四年）三二三頁）

残念ながら現存の『東大寺授戒方軌』は第七章以降が欠落しており、内容を確認することができない。石田瑞磨氏はこれらの章について「あったものがなくなったのか、いずれかの場合を想定することが可能であるが」、鑑真帯同の比丘尼が三名のみでは「二衆受戒」が不可能であったことなどを根拠として、「第七尼授戒法章」が存在していたとしても「一度として執り行われる機会に恵まれない、有名無実の空文に終わったと言わなければならない」として、「尼授戒法」が現存しない一端の理由もここにあるかもしれない」と指摘している。[36]

鑑真は道宣の弟子・弘景を戒和上として受戒し、道宣の著作を多く日本に紹介した人物であるから、彼が執行した受戒はもちろん道宣の著作内容を裏切らないものであるべきである。実際、実在する第六章以前の法式は、道宣著作に忠実に従う内容であると評価できる。[37]道宣は『行事鈔』に比丘尼の「正受戒体」を説くにあたり、当然ながら比丘尼十名の立ち会いの下に比丘尼の受戒を行った後、その比丘尼十名がその日のうちに新受者を率いて比丘僧伽に赴き、比丘十名と比丘尼十名の立ち会いの下に再度受戒を行うことを論じている。[38]道宣はあくまで律蔵規定のあるべき比丘尼受戒法、すなわち「二衆受戒」を指示するのみで、比丘尼数が充分でない場合の便法については記さない。[39]まさにこの「二衆受戒」こそが正しい受戒法であることに疑いはないし、道宣は正しく、本来あるべき受戒法を示すのみである。

しかし国際基準に照らして遜色ない比丘・比丘尼をそなえようとする日本の要請に応えて、何度も危険を冒して来日したと伝わる鑑真が、三人の比丘尼を受戒とは関係なく帯同したとは思えない。鑑真は比丘尼数が充分でない場合に比丘僧伽における「一衆受戒」が東アジアで肯定的に使用されてきた歴史を知っているはずである。彼は定賓『四分律疏飾宗義記』も大覚『四分律行事鈔批』も来日の際に持参している。[40]おそらくは鑑真を戒和上とする男性出家者への受戒が終了した後、女性出家者のための受戒も「一衆受戒」によって行われたのではないか。しかしこれは非法のものである。最初の受戒の記録として作成された法進『東大寺授戒方軌』のうち「第七尼授戒法章」より以降の比丘尼に関わる史料部分が現存しない理由が、もしその内容に由来するのであれば、それは鑑真が執行した比丘尼受戒が律蔵記載のものとは異なっていたため、後ほど鑑真の名誉を守るためになくなったとも考えられるのではないかと思う。

(3) 比丘尼戒壇

鑑真渡日以来、日本には律蔵にもとづく受戒のために東大寺、西国観世音寺、東国薬師寺にそれぞれ戒壇が結ばれたが、これらはいずれも比丘のための戒壇であって、比丘尼のためには常設の戒壇は作成されなかった。このこともまた比丘尼の受戒が行われなったことの理由としてしばしば示される。しかし比丘尼戒壇が建立されなかったということが、そのまま比丘尼に対する受戒が行われなかったという評価にはつながらない。

上記のように、比丘僧伽内での「一衆受戒」が行われていたことを想定するのなら、比丘尼のための戒壇は必要がない。またもしその後に比丘尼僧伽が形成されて、比丘尼の十師を揃えた受戒が指向され、あるいは実行されていたとしても、やはり常設の戒壇は作成されなかったであろう。

道宣は『行事鈔』において「二衆受戒」を論じるにあたり、比丘尼僧伽（尼寺）の外に一時的に結界をして、そこへ比丘僧十名が出かけて最終的な受戒することも認められるし、比丘僧伽（僧寺）の中に一時的に結界して、その中で比丘尼僧伽受戒を行い、その後僧寺で最終的な受戒をすることも可能であることを述べている。[41] すなわち比丘尼僧伽受戒のための常設戒壇が必要であるとは全く説かない。

これは円仁（七九四～八六四）が開成五年（八四〇）四月十四日夜に見学した貝州開元寺の新設の戒壇院と、翌日に見た善光寺の尼戒壇の両様相の違いからも説明できるだろう。開元寺戒壇は、青碧色の塼を重ねて二段になっており、下段部分は二丈五尺（七・七メートル）四方で、高さ二尺五寸（七・七八メートル）、上段部分は一丈五尺（四・六七メートル）四方で、高さ二尺五寸であったという。一方で十六日に受戒を控えた善光寺尼戒壇は、地面に縄で結界した簡易的なもので壇はなく、堂裏に幡が懸けられ、席が用意されているのみの簡素なものであったという。[42] 先んじて開元寺では十二日に四百人余りが集会して受戒が行われたばかりであった。おそらくは善光寺尼戒壇で受戒した比丘尼は、その日のうちに開元寺の新戒壇に向かい、比丘僧伽における受戒を行うのであろう。比丘尼は二度受戒する必要があるから、最終的に受戒する比丘僧伽の常設戒壇こそが重要であって、一度目の比丘尼僧伽での受戒時は、結界されている空間であればよいという認識から、戒壇のしつらいに違いが表れたと考えられる。

九世紀の中国でこのように戒壇院が使用されていたことを踏まえれば、東大寺、西国観世音寺、東国薬師寺にそれぞれ建設された比丘戒壇もまた、そのまま比丘尼のための戒壇としても使用することを想定して作成されたと考えるべきである。

(4) 戒牒

ただし、円仁が目撃したような「二衆受戒」が日本でも実際に執行されたかどうかはわからない。

鑑真来朝後、受戒の証拠資料として、それまで採用されていた度縁・公験を廃して、新しく戒牒を採用することになったが、偽造の恐れがあることから、弘仁四年(八一三)二月三日に度縁制度を復活させる決定がなされた。このとき、比丘の度縁には太政官印を捺すよう指示されるのに対し、比丘尼の度縁には所司の印を捺すように指示がなされており、さらにこれまでに授与された「僧戒牒」は所司で詐称がないかを確認して末尾に印を捺して返還する処置をするように指示されているが、[43]「尼戒牒」に対する指示はない。つまりこのときまで比丘尼には「戒牒」がなく、またこれ以後に度縁が配付されるようになっても、その官印が異なることから明らかに比丘尼の扱いが低かったことがわかる。

これは日本での比丘尼への受戒が、比丘僧伽における「一衆受戒」であって、正規の受戒ではないから戒牒を発行できず、また「一衆受戒」であるからこそ復活した度縁の官印にも差がつけられたと考えられる。石田瑞磨氏はこの戒牒問題をもって、比丘尼受戒そのものが行われておらず、弘仁四年以降は沙弥尼受戒した女性に度縁が与えられたとするがそうであれば沙弥に同じものが与えられるべきで不自然である。受戒の不如法が知られていたために、戒牒も度縁も正規のものと区別されたと考えるべきではないだろうか。

まとめ

受戒執行のためには同性の三師七証となる十師が揃って僧伽を形成する必要がある。仏教が東アジアに伝播したとき、教えを伝える出家者の多くは男性だったために、男性対象の受戒は比較的早い段階で実現され、東アジア出身の比丘誕生はそれほど難しい問題ではなかった。しかし比丘尼はそうはいかない。比丘尼は規則によって国内外の治安の悪い場所への遊行が禁じられており、[44]布教のための自由な旅が制限されるからである。比丘の遊行定住によって安全性が十分に担保されて初めて、比丘尼はその場所へ旅に出ることができる。

このため、仏教が伝わって間もない時分に、外国から比丘尼を十名招いて「二衆受戒」を行うということは現実的ではない。結果として亀茲国で行われていた比丘僧伽における「一衆受戒」によって比丘尼となる方法が、仏図舌弥・竺法汰・求那跋摩といった高名な学僧の名のもとに、『五分律』でも許容された受戒法として弘まり、便宜的に採用されるに至ったと考えられる。

中国においては、元嘉十年（四三三）の比丘尼受戒以降には、「二衆受戒」が正式に行われるようになったとされるが、しかしこれも比丘尼の数が充分に揃えられる中央のみで可能だったことであって、辺地においては比丘僧伽における「一衆受戒」は行われ続けただろう。その方法が日本に伝えられたと考えられる。善信尼が三人で百済国に渡り、智首尼が三人で日本に渡ったのは、この辺地の女性のための受戒を日本で行うためであったと想定できる。

注

（1） 比丘尼は未婚（童女）であれば二十歳以上でなくてはならず、またその前の二年間は式叉摩那の立場を経なければならない。ただし寡婦であれば十歳で式叉摩那の立場を経て二年間を過ごし、十二歳で比丘尼となることが可能である。

『四分律』四八「比丘尼揵度十七」：聽童女十八者、二年中學戒、年滿二十、比丘尼僧中、受大戒。若年十歳、曾出嫡者、聽二年學戒、滿十二、與受戒、應如是與（大正二二・九二四上）。

比丘尼を出家させるためには比丘僧伽の承諾が必要なので、「二衆受戒」を行わなければならない。

『四分律』二八「明尼戒法」：若比丘尼、年十八童女、與二歳學戒、與六法、滿二十、衆僧不聽、便與授具足戒者、波逸提（大正二二・七五八下）。

（2） 石田瑞麿「比丘尼戒壇――尼の特異な性格」（『日本仏教思想研究』2戒律の研究下、法藏館、一九八六年、初出『武蔵野女子大学紀要』一三、一九七八年）。

（3） 道世撰『法苑珠林』八九：齊上《尚》統師傳云。漢明初感、摩騰・法蘭、唯有二人、初來至此。不得受具、但與道俗、剃髮被服縵條、唯受五戒十戒而已。伏惟、如來出世八年、始興羯磨。震旦在白木條東二萬七千里。開持律五人得授大戒。自後至漢第十桓帝。一百餘年内猶用三歸五戒十戒、迭相傳授。桓帝已後北天竺國有五西僧、來到漢地、與大僧受具足戒。一名支法領、二名支謙、三名竺法護、四名竺道生、五名支婁讖。（中略）于時尼衆來求受戒。支法領曰、「如律所明、唯開邊地五人僧受具戒。不論尼衆」。是時尼等辭退而還、泣涙如雨不能自勝。後到漢末魏初、東天竺國有二比丘尼、來到長安。見比丘尼衆、問曰、「汝誰邊受戒」。尼衆答曰、「我到大僧所受五戒十戒而已」。二尼歎曰、「邊地尼等悉未有具」。爲還本國化得一十五人來。三人在雪山凍死、二人墮黑嵎死、餘到此土、唯有十人在此。諸尼悉赴京師、與授具戒、後到呉地、亦與彼尼授具訖已。西尼思憶本郷、即附船南海而還。及至上船唯有七人。三人命終。來去經途十七餘年（大正五三・九四四下～九四五上）。

なお上記「齊上《尚》統師伝」の史料的性格とその価値について、船山徹氏よりご教授をいただいた。高句麗国からの質疑に法上が当時の中国仏教界を代表して回答しており、上記の内容はその返答として伝承されるものの一つと考えられること、しかし登場人物に関する他の史伝に照らして、この内容が史実とは考えにくいことなど、丁寧にご教示いただいた。学恩に衷心から感謝したい。ただし本稿は大谷が自らの責任において記すもので、過誤があればそれは大谷によるものである。

（4） 北宋・智圓『維摩經略疏垂裕記』巻二：「尚統師」者、即法尚師。北齊勅爲昭玄統、故云「尚統」（大正三八・七三九下）。

（5） 隋・費長房撰『歴代三寶紀』一：大正四九・二三上、同一二：大正四九・一〇四下。

（6） 『十誦律』には、十種の具足戒法が明示されていて、そのうちの第五に「邊地持律第五得受具足戒」が挙げられる。しかしその後に「諸比丘尼三種得受具足戒」として数えられるのは、十種のうちの「一受八重法、二遣使、三白四羯磨」のみであることから、比丘尼には辺地の五師受戒は許されていないことがわかる（大正二三・四一〇上）。同様の記述は『薩婆多部毘尼摩得勒伽』にもみることができる。ここでは「十種受具足戒」が説かれるうちの第六に「六邊地律師等五衆得」が挙げられているが、「比丘尼受具足戒」として挙げられる三種は「一受八敬法、二遣使、三二部僧現前白四羯磨受具足戒」であって、やはり辺地の五師受戒はこれに含まれない（大正二三・五九四上〜中）。

（7） 慧皎撰『高僧伝』二「仏駄跋陀羅」伝：先是沙門支法領、於于闐得華嚴前分三萬六千偈。未有宣譯。至義熙十四年（四一八）、呉郡内史孟顗、右衞將軍褚叔度、即請賢爲譯匠（大正五〇・三三五下）。

（8） 賛寧撰『宋高僧伝』一五「釈円照」伝：自姚秦弘始五年壬寅歳（四〇三）、罽賓三藏佛陀耶舍、秦言覺明、諷出梵文、沙門竺佛念聽而筆受、成四十五卷。至十一年歳次戊申（四〇九）、支法領又從西國將梵本來（大正五〇・八〇四下）。

（9） 慧皎撰『高僧伝』一「康僧会」伝：先有優婆塞支謙。字恭明。一名越。本月支人。來遊漢境（大正五〇・三二五上）。

（10） 僧祐撰『出三蔵記集』一五「道生法師伝第四」：竺道生。彭城人也。家世仕子（大正五五・一一〇下）、慧皎撰『高僧伝』七「竺道生」伝：伝竺道生。本姓魏。鉅鹿人。寓居彭城家世仕族（大正五〇・三六六中）。

（11） 『宋高僧伝』一四「懐素伝附賓律師伝」には『四分律疏飾宗義記』の作成年次は「開元中」（七一三〜七四一）とされているが、『四分律疏飾宗義記』内で定賓自身が執筆年に触れて西暦七〇三年と七〇五年を示す。『四分律疏飾宗義記』の成立は開元年間までは下らず、およそ八世紀初頭と考えるのが適切である。以上、船山徹『六朝隋唐仏教展開史』（法藏館、二〇一九年）三〇八―三〇九頁注11。

（12） 船山徹前掲注11書、二七九頁（初出は「梁の僧祐撰『薩婆多師資伝』と唐代仏教」（吉川忠夫編『唐代の仏教』（京都大学人文科学研究所研究報告）朋友書店、二〇〇〇年））。

（13） 僧祐撰『薩婆多師資伝』：宋元嘉六年、有師子國尼八人、隨舶至都、停影福寺。上《止カ》經三年、言辭轉狎、八人問諸尼曰、「頗曾有外國尼來此國不」。答曰、「屬有大僧、未曾有尼來也」。八人愕然曰、「尼受要因二部僧得戒。汝等前師受時、那得尼衆」。諸尼不知所對、既知尼衆受無因起、乃請求那跋摩三藏、及請外國八尼、更從受戒。三藏荅曰、「佛制戒法、法出大僧、但使大僧作法成就、自然得戒、所以先令作本法者、欲生起其心、為受戒方便耳。至於正得戒時、是大僧中也。假使都不作本法、直往大僧中受亦得戒、而師僧犯罪耳。唯大愛道一人、八敬得戒、初羯磨時、未有尼僧也」。諸尼欣然心解、迴又思曰、「我等凡夫、盲無慧目、既已出家、為世福田、脫為田不良、可慨可懼。夫善不猒增、功不倦廣、決定更受、使千載無恨。若元受未得、今更獲之。若先已得、今益增勝。心事了然、無負信施」。三藏曰、「善哉。夫戒定慧品、從微至著。今欲增明、深心隨喜、但眾緣難具耳。汝等苟欲從外國諸尼受戒者、此尼唯有八人、數不滿十人。胡漢音異、不相解語。無傳譯人、不得作法」。諸尼聞此、唯深嘆泣、「女人多障、憑誠闍梨、而不蒙慈救、當何所歸」。三藏愍其誠至、即便設計、為囑船主難提更要外國諸尼、又教先來者學習漢語、諸尼蒙許。於是慧果・淨音等十餘人、便受學戒、翹心企滿、事未及就、又值三藏無常、諸尼望斷、謂永遂理。到元嘉十年、難提舶返、更得師子國尼鐵薩羅等三人、足前成十一人。其先來者、學語已通、尼眾既滿、諸尼僉然求果前志。時有三藏法師僧伽跋摩、此名眾鎧、及三藏神足弟子菩提、並時所推崇。諸尼祈請、即皆許之。至十一年春、於南林寺前三藏本戒場處、與諸尼受戒。最初為影福寺尼慧果・淨音・僧要・智菓(景カ)等二十三人受戒、次為小建安寺尼孔明及僧敬・法茂・法盛姊妹等受。次為瞿曇寺法明・法遵等受。次為永安寺普敬・普要等受。次為王國寺法靜・智稈等姊妹受。總得十一日法事、相仍有三百餘人。爾時祇洹寺僧慧照等諸僧有數十人、並同受戒(船山徹前掲注11書、三〇三―三〇四頁)。

なお船山氏によれば、これを引用する文献に、唐・道宣『四分律刪繁補闕行事鈔』上三・中一(六三〇年前後)、唐・定賓『四分律疏飾宗義記』二末(八世紀初)、唐・大覚『四分律鈔批』九・一三(七一二年)、唐・景霄『四分律行事鈔簡正記』七上(九世紀末~十世紀初)、北宋・賛寧『大宋僧史略』上「尼得戒由」(九九九年)があり、上記の原文復元は、最も忠実で逐語的な引用と考えられる『四分律鈔批』における三つの引用断片を主たる材料として、他の資料における文言も勘案し取捨選択して船山氏が作成されたものである(船山徹前掲注11書、二八九頁)。

(14) 唐・道宣はこのとき三二三人の女性が「重受」したと伝える。すなわち彼女たちが一度比丘尼受戒を受けていたものの、再度受戒し直した者たちであったと考えられていたことがわかる。

道宣『関中創立戒壇図経』：至元嘉十一年、有僧伽跋摩者、時號三藏法師。與前三藏同至楊都、爲諸僧尼等、於南林寺壇重受具戒。于時祇桓寺僧慧照等五十人、影福寺尼慧果等三百二十三人、同從重受(大正四五・八一三下)。

(15) 船山徹前掲注11書、二一八―二二三頁。

(16) 梁・慧皎撰『高僧伝』五・義解二に「竺法汰」の伝がある(大正五〇・三五四中~三五五上)が、その中には比丘尼の「一衆受戒」についての話題はない。

(17) 『南山尼注戒心序』は、南山=道宣が撰述した比丘尼戒に関する解説書の序文を指すと考えられるが、具体的に何かはわからない。道宣の比丘尼律関係著作としては『四分律比丘尼鈔』が現存しているが、この序文には竺法汰による「一衆受縁」については説かれない。

(18) 大覚『四分律行事鈔批』七(七一四年成立)：然晉朝竺法汰、亦約大僧一眾、為尼受戒也。(中略)仍依五分初緣、立大僧一眾、為尼受戒。于時律本未至、未有尼戒本。汰法師因約附大僧戒本中、出尼戒本。時諸大德、咸所不許、云「戒是佛制、自佛之外、聲聞菩薩、皆不得制。汝今出之。應當是佛」。後律本既至、果然符同、唯一二處少異。故知汰非凡器也。(中略)又案南山尼注戒心序云。尼初一眾受緣者、昔東晉簡文帝太元中、金陵瓦官寺沙門竺法汰者、道安之同學也。生知敏亮、獨擅時美。為律部未具、行儀難准、遂那約大僧諸戒、并依隨律等經、撰尼戒本、在世傳用。又以尼眾數闕、本法無施、便同愛道緣制、但從僧受。於時化行江表、流統魏秦。斯則尼戒之初。本被於世、至晉江寧。咸康中、有僧純比丘者、發憤西遊、遠觀中城、於拘夷那國得尼戒本、寄還渭濵。名德翻之、用為正軌、比汰所出、厥旨懸同、時人雅嘆、益相推伏。初汰公開尼一眾受戒、而無正法可憑(新纂續蔵四二・七九八下~七九九上)。

(19)「拘夷那国」は、後に紹介するように僧純が持ち帰った『比丘尼戒本』を紹介する序文(『出三蔵記集』十一「比丘尼戒本所出本末序第十」)において、この『比丘尼戒本』が「拘夷国」の比丘尼たちの所用であると紹介するのに依ったものであろう。この「拘夷国」は、林屋友次郎訳『出三蔵記集序巻訳注』(『国訳一切経』史伝部一)においても、中嶋隆藏『出三蔵記集序巻訳注』(平楽寺書店、一九九七年)においても、それぞれクシナガラ(Kusinagara)と訳される。しかし『出三蔵記集』十一「比丘尼戒本所出本末序第十」の成立に関わる仏図舌弥は、他の文献から亀茲国の人であることが明らかであって、この「拘夷国」は作者による「丘茲国」あるいは「亀茲国」の誤りであろうことが、織田顕祐氏の書評(織田顕祐「〈書評・紹介〉中嶋隆藏編『出三蔵記集　序巻訳注』」『仏教学セミナー』六七、一九九八)に対する中嶋隆藏氏の反論でも認められている(中嶋隆藏「『出三蔵記集序巻訳注』の書評紹介を目にして」『仏教学セミナー』七〇、一九九九年)。このため「拘夷那国」はクシナガラではなく「亀茲国」のことであると解釈した。

(20)僧祐『出三蔵記集』十一「比丘尼戒本所出本末序第十」:大法流此五百餘年、比丘尼大戒了於其文。以此推之、外國道士、亦難斯人也。法汰(中略)令無一部僧法、推求出之、竟不能具(中略)頼僧純於拘夷國來得此戒本、令佛念・曇摩持・慧常傳。始得具斯一部法矣(大正五五・八〇上)。

以後、『出三蔵記集』の関連記事を現代語するにあたり、中嶋隆藏前掲本(注19)、横超慧日「広律伝来以来の中国に於ける戒律」同『中国仏教の研究』第一(法藏館、一九七六年)を参照した。また船山徹氏からアドバイスをいただいた。

(21)僧祐『出三蔵記集』十一「比丘尼戒本所出本末序第十」:阿麗藍〈百八十比丘尼〉輸若干藍〈五十比丘尼〉阿麗跋藍〈三十尼道〉、右三寺比丘尼、統依舌彌受法戒。(中略)今所出比丘尼大戒本、此寺常所用者也。舌彌乃不肯令此戒來東。僧純等求之至勤(大正五五・七九下)。

(22)『出三蔵記集』十一「関中近出尼二種壇文・夏坐・雑十二事、并雑事共巻前中後三記第十三」は、この比丘尼大戒本とその受戒法が、秦・建元十五年(三七九)十一月五日にもたらされたこと、またその翻訳が十一月十一日から二六日にかけて行われたものであったことを伝える。また『歴代三寶紀』(五九七年成立)に紹介される、慧常・曇摩持・竺仏念が共訳した『比丘尼大戒本』一巻は、これを指すであろう。

僧祐『出三蔵記集』十一「関中近出尼二種壇文・夏坐・雑十二事、并雑事共巻前中後三記第十三」:巻後又記云。秦建元十五年(三七九)十一月五日、歳在鶉尾。比丘僧純・曇充、從丘慈高徳沙門佛圖舌彌許、得此授大比丘尼戒儀及二歳戒儀。從受坐至囑授諸雜事、令曇摩侍《持》出、佛圖卑爲譯、慧常筆受(大正五五・八一下)、巻初記云。太歳己卯鶉尾之歳(三七九)、十一月十一日、在長安、出此比丘尼大戒。其月二十六日訖。僧純於龜茲佛陀《図》舌彌許戒本、曇摩侍《持》傳、佛念執胡《梵》、慧常筆受(大正五五・八一中)。

費長房撰『歴代三寶紀』八:比丘尼大戒本一卷。右一卷、晋簡文帝世、律師釋慧常、共曇摩持・竺佛念等、於長安譯。録乃不載。所出部若討《名計》應多是十誦戒本(大正四九・七五下)。

(23)僧祐『出三蔵記集』十一「関中近出尼二種壇文・夏坐・雑十二事、并雑事共巻前中後三記第十三」:比丘尼當三受戒五百戒。比丘尼滿十二歳、乃中爲師。初受十戒時。索二女師。當使持律沙門授戒、乃付女師、令教道之。次受二百五十戒。年滿二十。直使女三師授之耳。威儀俯仰、如男子受戒法無異也〈彌離尼受六法、無三師。沙彌亦無三師。二師而已耳。六法云。二百五十謬傳之也〉受戒後周一年無誤失、乃得受戒五百戒。後受戒時、三師十僧、如中受時、直使前持律師、更授二百五十事。合前爲五百耳。直授之、不如中受時問。威儀委曲也。戒文如男子戒耳。事事如之。無他異也〈授戒立三尼師・一持律比丘僧。授戒場四住屋下。此言十僧後授。不委曲與授文。反未詳所出也〉（大正五五・八二上）。

　なお、比丘尼への受戒を行うのは尼三師と教授師（「持律の比丘」を指すのであろう）であるが、さらに七人の尼が戒壇の外にいて「内法」について問い、また壇上には「衆僧」（おそらく比丘十師を指すのであろう）がいて、同様に新受者に問うという「外国師」の発言を受け、曇充が亀茲国へ戻って比丘尼受戒法を確認した上で、「関中近出尼二種壇文・夏坐・雑十二事、并雑事共巻前中後三記第十三」が作成されたという。

　僧祐『出三蔵記集』十一「関中近出尼二種壇文・夏坐・雑十二事、并雑事共巻前中後三記第十三」：又授比丘尼大戒、尼三師・教授師。更與七尼、壇外問内法。壇外問内法、於事爲重。故外國師云、「壇外問、當言「正爾」」。上場衆僧中當問汝、汝「當爾」答。壇上問則言「今衆僧中問汝」也。「正爾」」。令曇充還拘夷、訪授比丘尼大戒定法、須報以爲式也。授六法文無乏也、二師而已、無教授師也。〈上壇僧尼、各多益善〉（大正五五・八一下）。

（24）すでに述べたように、僧祐の活躍時には、主要な律蔵が全て漢訳されているので、注釈は律蔵記載の比丘尼受戒との違いを理解した上で記されたものと考えられる。ここでは二回目の二百五十回の受戒は、式叉摩那としての六法の受戒の誤りではないか、と注記されているが、これは明らかに、律蔵に式叉摩那としての六法の受戒を経た上で、比丘尼受戒が行われることが明記されていることを前提としたものだろう。

（25）『四分律』四八：佛告阿難、「今爲女人制八盡形壽不可過法。若能行者即是受戒。何等八。（中略）如是阿難。我今爲女人説此八不可過法。若能行者即是受戒」。爾時阿難聞世尊教已、即往摩訶波闍波提所語言、「女人得在佛法中出家受大戒。世尊爲女人制八不可過法。若能行者即是受戒」。即爲説八事如上。摩訶波闍波提言、「若世尊爲女人説此八不可過法、我及五百舍夷女人當共頂受（中略）。」時阿難即往世尊所（中略）白佛言「世尊、爲女人説八不可過法、摩訶波闍波提等、聞已頂受。（中略）摩訶波闍波提及五百女人得受戒」（大正二二・九二三上～下）。

　『根本説一切有部毘奈耶雑事』三〇：「阿難陀、我今已制苾芻尼八尊敬法皆不應違。若大世主喬答彌、能奉持此八敬法者、即是出家、受近圓、成苾芻尼性」。時具壽阿難陀、聞佛所説八尊敬法。頂禮佛足奉辭而去、詣大世主處作如是語。大世主當知。世尊已許女人於佛所説善法律中、出家、受近圓、成苾芻尼性。（中略）以身語心頂受如來八尊敬法。時大世主受敬法時、及五百釋女、即是出家近圓成苾芻尼性（大正二四・三五一中～下）。

（26）『五分律』二九：佛言、「今聽瞿曇彌受八不可越法。便是出家得具足戒。何謂八、（中略）」佛告阿難、「（中略）今聽女人出家受具足戒。當應隨順我之所制。不得有違。我所不制不得妄制」。阿難即出、具以佛教語瞿曇彌。瞿曇彌歡喜奉行、即成出家受具足戒。復白阿難、「此五百釋女今當云何受具足戒、願更爲白」。阿難即以白佛、佛言、「即聽波闍波提比丘尼爲作和尚在比丘十衆中白四羯磨受具足戒。聽一時羯磨三人。不得至四」（大正二二・一八五下～一八六中）。

（27）『十誦律』五六：諸比丘尼三種得受具足戒。一受八重法。二遣使。三白四羯磨。是中受八重法。初一人得後不得（大正二三・四一〇上）。

（28）『元興寺伽藍縁起并流記資財帳』の成立に関して、吉田一彦氏による精緻な研究がある（吉田一彦『仏教伝来の研究』（吉川弘文館、二〇一二年）一六八―二六三頁）。吉田氏は『元興寺伽藍縁起并流記資財帳』の成立は、史料上にみえる「天平十九年（七四七）」ではなく、十一世紀末以降、十二世紀中頃以前であるとみているが、仏教学的知見からも、『元興寺伽藍縁起并流記資財帳』の善信尼関連記事は、『日本書紀』の記事とは異なって、律蔵の規定を正確に踏まえた記述になっている点が、天平期の述作としては不自然なように思う。たとえば善信尼から百済での受戒の意志を伝えられた蘇我馬子が、このことを百済の使者に相談すると、百済の使者は比丘尼の「二衆受戒」について正確に答えたとされ、百済国では僧寺と尼寺が鐘の音が互いに聞こえるほどの距離感で建設されていて、これは「半月々日中之前往還処作也」とあって布薩行事に備えたものであることが説明される。また崇峻天皇元年（五八八）に百済国から六人の僧が献じられたときには、善信尼たち三人が馬子に「ただ六人の僧が来ただけで、［比丘尼十師と比丘十師の合わせて］二十師が具備されたわけではないから、やはり百済国へ渡って受戒したい」と訴えたとされていて、また百済国へ留学した善信尼たちは、まずは式叉摩那としての六法戒を受け、翌年に比丘尼としての「大戒」を受けたとされている。これらはすべて律蔵規定の比丘尼受戒を意識したものであろう。また『日本書紀』では善信尼は還俗僧である高麗恵便を師として十一歳で出家したとされるが、『元興寺伽藍縁起并流記資財帳』では、善信尼は「高麗老比丘名恵便」と「老比丘尼名法明」を師として、十七歳で出家したとされる。これもまた律蔵に照らしたときに、善信尼が比丘尼の和上を頂かずに出家し、また帰国時五九〇年時には二十歳未満であったことが、律蔵の記載に違犯していることを危惧して訂正された可能性をうかがわせる（律蔵では女性は出家時には必ず和上尼を立てなければならないし、比丘尼は二十歳以上でなければならないと規定される。ただし既婚の場合は十歳で式叉摩那となり十二歳で比丘尼となることが許される）。これらの正確な比丘尼受戒に関する知識にもとづく記述が、鑑真来朝以前に可能であったか疑問である。

鎌倉期に活躍する凝然（一二四〇～一三二一）はおそらくはこの『元興寺伽藍縁起并流記資財帳』を下敷きにして『律宗綱要』や『三国仏法伝通縁起』に善信尼の百済での受戒が正式なものであったことを論じる。少なくとも後世からみたとき、善信尼が日本人初の正規の比丘尼であったと信じられ、そのように語られるようになっていったということであろう。

(29) 『日本書紀』二十・敏達天皇十三年九月条：秋九月、従百済來鹿深臣〈闕名字〉有彌勒石像一躯。佐伯連〈闕名字〉有佛像一躯。◎是歳、蘇我馬子宿禰、請其佛像二躯、乃遣鞍部村主司馬達等・池邊直氷田、使於四方、訪覓修行者。於是、唯於播磨國、得僧還俗者。名高麗惠便。大臣乃以爲師、令度司馬達等女嶋、曰善信尼〈年十一歳〉。又度善信尼弟子二人。其一、漢人夜菩之女豐女、名曰禪藏尼。其二、錦織壷之女石女、名曰惠善尼〈壷、此云都符〉。馬子獨依佛法、崇敬三尼。乃以三尼、付氷田直與達等、令供衣食。經營佛殿於宅東方、安置彌勒石像。屈請三尼、大會設齋（国史大系一下・一一二―一一三頁）。

(30) 『日本書紀』二一・崇峻天皇即位前記六月二一日条：〇甲子。善信阿尼等謂大臣曰。出家之途以戒爲本。願向百濟學受戒法。◎是月。百濟調使來朝。大臣謂使人曰。率此尼等將渡汝國令學戒法。了時發遣。使人答曰。臣等歸蕃先道國王、而後發遣、亦不遲也（国史大系一下・一二五頁）。

『日本書紀』二一・崇峻天皇元年条：◎是歳。百濟國遣使幷僧惠總・令斤・惠寔等、獻佛舍利、百濟國（中略）幷獻佛舍利。

僧聆照律師、令威・惠衆・惠宿・道嚴・令開等、（中略）蘇我馬子宿禰請百濟僧等、問受戒之法、以善信尼等付百濟國使恩率首信等。發遣學問（国史大系一下・一二九―一三〇頁）。

(31) 『日本書紀』二一・崇峻天皇三年春三月条：三年春三月。學問尼善信等、自百濟還住櫻井寺。（中略）◎是歳、度尼、大伴狹手彦連女善徳・大伴狛夫人・新羅媛善妙・百濟媛妙光、又漢人善聰・善通・妙徳・法定照・善智聰・善智惠・善光等。鞍部司馬達等子多須奈、同時出家。名曰徳齊法師（国史大系一下・一三〇―一三一頁）。

(32) 前掲注31『日本書紀』二一・崇峻天皇元年条。

(33) 上川通夫『日本中世仏教形成史論』（校倉書房、二〇〇七年）七九―八一頁。上川氏はヤマトに常住する僧が六人（「律師」を含めると七人）であることから、常設としては五師による辺地受戒を想定しておられるが、十師受戒を受けた者が、年一度の夏安居を十回経験すれば戒師となり、五回経験すれば羯磨師・教授師となる資格を得ることができるから、最初の一回を百済からの十師で行うことができれば、後はヤマト内で受戒した僧が、要件を満たして授戒師となって、十師受戒を継続することが可能である。

(34) 『招提千歳縁起』中三：仏全一〇五・三七一上。

(35) 蓑輪顕量「鑑真の将来した受戒会――法進『東大寺授戒方軌』を中心に」（『論集　日本仏教史における東大寺戒壇院』ザ・グレイトブッダ・シンポジウム論集第六号、東大寺、二〇〇八年）。

(36) 石田瑞麿前掲注2論文、一九八―二〇〇頁。

(37) 特に比丘受戒時の戒壇への登壇作法について、これが道宣著作の『戒壇図経』に指示されたとおりであることは、すでに指摘した（大谷由香「東大寺戒壇の「塔」」『東大寺の思想と分科』法藏館、二〇一八年）。

(38) 道宣『行事鈔』下四「尼衆別行篇第二十九」：二正受戒體。（中略）來往是非者、『四分』云「若作本法（比丘尼僧伽での受戒）已、即日往大僧中。不者犯罪」。（中略）若依律本「比丘尼僧、應將受戒者、至大僧中」乃至、文云「二部僧具足滿」。故知、僧尼二十人也。『僧祇律』尼受戒法、名「二十衆」。既有定數。前行非法。『五分』明文、彼云「彼和尚闍梨、復集十尼僧、住比丘僧中、在羯磨師前、小遠兩膝著地乞戒」（大正四〇・一五二上～中）。

(39) 道宣は『行事鈔』に「比丘尼受具初縁」として元嘉十一年説を紹介するが、求那跋摩による「一衆受戒」の肯定的説明部分はすべて割愛している（大正四〇・五一下）。

(40) 真人元開『唐大和上東征伝』に鑑真将来品として両書が挙がる（大正五一・九九三上）。

(41) 道宣『行事鈔』下四「尼衆別行篇第二十九」：有人「就尼寺外結界而受」者律無定決。（中略）問。尼得僧寺作本法不。答。如『明了論』「僧界中爲尼立界令尼作法」。依式結界而受、理得無過（大正四〇・一五二上）。

(42) 円仁『入唐求法巡礼行記』二「開成五年四月」：十三日（中略）中時到唐州城裏開元寺宿。見説、中丞申節度使、於開元寺、新開壇場。牒報街衢、令人知聞。「従諸州来受戒僧四百有余。昨日壇場罷、新戒僧尽散去」〈云々〉。見未発者、只有三十余人也。（中略）十四日（中略）晩際、入戒壇院、見新置壇場。壘塼二層。下階四方各二丈五尺。上階四方各一丈五尺。高下層二尺五寸。上層二尺五寸。壇色青碧。時人云、「取瑠璃色」〈云々〉。十五日（中略）斎後、入善光寺見尼衆戒壇。堂裏懸幡鋪席。以縄界地不置壇。平地鋪著、以為戒壇（仏全一一三・二二六上～下）。

（43）『日本後紀』二二「弘仁四年二月三日条」：〇二月丙戌。治部省言。承前之例、僧尼出家之時、授之度縁。受戒之日、重給公験。據勘灼然、眞僞易辨。勝實以來、受戒之日、毀度緣停公驗、只授十師戒牒、此之爲驗。於事有疑。如不改張。恐致奸僞。伏望不毀度緣、永爲公驗者。許之、但其度緣、自今以後、僧者請太政官印、尼者用所司之印、至于受戒之時、省並於度緣末、注受戒年月幷官人署名、卽以省印印之。其尼於外國受戒者、當所之官、准此行之。承前所授僧戒牒者、惣進僧綱、卽送所司、所司計會、明知不詐、署印其末。然後還授、進盡之期、斟量立限、限内不進。後賣白牒者、不得爲驗。一同私度。若有身亡幷還俗者、其度緣戒牒、早令進省。省卽年終申官毀之。庶令姦人屏跡、源流自澄（国史大系三・一二二頁）。

（44）『四分律』二六：若比丘尼、邊界有疑恐怖處、人間遊行者、波逸提（大正二二・七四七上）、同：若比丘尼、於界内有疑恐怖處、在人間遊行、波逸提（同中）。

資料略号

大正：『大正新脩大蔵経』大蔵出版
仏全：仏書刊行会編『大日本仏教全書』大法輪閣
新纂続蔵：『新纂大日本続蔵経』国書刊行会
国史大系：『新訂増補国史大系』吉川弘文館
続群：『続群書類従』八木書店

付記　本研究はJSPS科研費20H01186の助成を受けたものです。

I　女性が出家すること／女性がさとること

仏性と女性

村上明也

むらかみ・あきや——駒澤大学専任講師。専門は東アジアの仏教思想。主な著書に『源信撰『阿弥陀経略記』の訳注研究』（共編著、法藏館、二〇二〇年）、『章安灌頂の研究』（法藏館、二〇二四年）、『石山寺蔵 靖邁撰『仏地経論疏』巻一の翻刻と訓読』（共編著、法藏館、二〇二四年）などがある。

本稿では、従来、露骨な女性差別の根拠になるとして問題視されてきた『涅槃経』如来性品の経文が、中国で巻き起こった仏性論争のなか、一切皆成仏説に立つ法藏、慧苑、澄観においては必ずしも女性差別的な文言として受け止められていなかったことを指摘する。

はじめに

これまで日本では、日本の宗派の歴代の祖師をはじめ、宗派の起源となった隋唐仏教や宗旨の根幹となる梵・漢・蔵などの原典を中心に研究が進められてきた。こうした研究の仕方は、「仏教と女性」というテーマとも無関係ではないようである。たとえば、一九九〇年代から急激にその数を増やした「仏教と女性」に関する研究は、天台宗・法華宗・日蓮宗や浄土宗・浄土真宗などがそれぞれ所依の経典とする『法華経』の「五障」「変成男子《へんじょうなんし》（龍女成仏）」および『無量寿経』の「女人往生（第三十五願）」がもっとも多く扱われている。[1] 無論、これ以外にも、原始仏典や大乗仏典などに見られる女性、日本の祖師（法然・道元・日蓮など）における女性観、日本の歴史・文化・文学のなかに見える女性など、現在まで多くの研究が積み重ねられている。しかしながら、印度や日本の仏教に比べると、中国仏教（隋唐仏教）において女性がどのように受け止められていたのかについてはあまり研究がなされていない。

そこで本稿では、『涅槃経』如来性品に説かれる内容を

「性差別の思想」と評する田上太秀氏の見解に注目することにした。なぜならば、華厳学派の賢首大師法蔵《げんじゅだいしほうぞう》(六四四〜七一二)、静法寺慧苑《じょうほうじえおん》(六七三?〜七四三?)、清涼澄観《しょうりょうちょうかん》(七三八〜八三九)は、仏性論争という文脈のなかで『涅槃経』の当該経文を性差別的な文言として受け止めていなかったと考えられるからである。仏教が中国へと伝播し、大乗仏典を矛盾のない範囲で受け容れていく過程で、『涅槃経』如来性品の経文に対して別の角度から検討(注釈)がなされたと指摘することは、これまでの研究成果をほんの僅かながら推し進めるものとなろう。

一、『涅槃経』に見られる性差別の思想

「はじめに」でも触れたように、かねてより『涅槃経』如来性品には、露骨な女性差別の根拠になると見なされてきた経文が存在する。

善男子。以是義故、諸善男子善女人等聴是大乗大涅槃経、常応呵責女人之相、求於男子。何以故。是大乗経典有丈夫相。所謂仏性。若人不知是仏性者、則無男相。所以者何。不能自知有仏性故。若有不能知仏性者、我説是等名為女人。若能自知有仏性者、我説是人為丈夫相。若有女人能知自身定有仏性、当知是等即為男子。

(大正一二・四二二上〜中)

善男子よ。この義によって、様々な善男子・善女人が大乗大涅槃経を聞けば、女人のすがたを責め叱って男子を求めるべきである。〔それは〕どうしてか。この大乗経典に丈夫のすがた(男性の徴)があるからである。つまりは仏性である。もし〔ある〕人が仏性を知らなければ、男子のすがたではない。〔それは〕どうしてか。自身に仏性があることを知ることが出来ないからである。もしある人が仏性を知ることが出来なかったならば、我(釈尊)は「これらを女人と名づける」と説く。もし仏性があることを知れば、我は「この人を丈夫のすがた(男性の徴)とする」と説く。もし女人がいて自身にたしかに仏性があることを知れば、これらは男子たることを知るであろう。

煩瑣になることを承知の上で、この経文に対する田上太秀氏の解説を以下に掲げてみたい(/は改行を意味する)。

ここでは『涅槃経』が説く仏性思想は男性の思想であることをはっきりと記述している。といってブッダになる可能性が女性にまったく無縁のものだとは述べていない。/内容を読むかぎりでは、女性にブッダになる可能性がないのではなく、ただ女性はその可能性が自身

に内在しているのを自覚できないのだという。／これは女性がブッダになる可能性を知る能力に欠けるという意味なのか、それともブッダになる可能性が男性の徴であるために、女性はそれを理解できないという意味であるのか、解釈に苦しむところである。／ここにブッダになる可能性は「丈夫の徴」を持つと述べている。丈夫とはサンスクリット語ではプルシャといい、多くの経典では力強い男、勇気ある男という意味で使われている。如来に対する十種の尊称の一つに「大丈夫」がある。これは偉大な、勇猛な男という意味である。／ブッダになる可能性を「丈夫の徴」といったのは、もっとも勝れた男性の徴を表そうとしたのである。女性は男性ではないので、この「丈夫の徴」を持つブッダになる可能性を理解できないというわけである。したがってブッダになる可能性を理解できるためには、男性の心と男性の身体を所有し、男性の考え方ができなければならないのである。（中略）女性がいつかの日かブッダになる可能性を知覚できたら、その時、彼女は女性ではなく、男性となっている。女性は本来その可能性を持っているのだから、その意味ではいつかはブッダになれるのである。／要するに『涅槃経』も女人成仏は説いているが、女身不成仏を説いていたことになる。仏性思想は男の思想であり、このかぎりでは性差別の思想であったといえる。(2)

さらにまた、松下みどり氏は『仏教の事典』の「女性と仏教」という項目において、

修行者は誰でも仏になれるという考え方を打ち出す大乗仏教は、広く女性を救済対象として取り込んでいくなかで、部派仏教が説いた女性が悟りに至れないとする説を乗り越えようとする。（中略）中期大乗仏典に見られる如来蔵・仏性思想は、一切衆生に仏性を認め、女性にも仏性が備わると説くが、しかし『涅槃経』においては、「仏性」は「丈夫相」すなわち男性の相を持っているのだとされ、ゆえに仏性を知ることができるのは男性であり、女性は自分の中に内在する仏性を自覚できないのだと説かれている。男性の特徴を持つ仏性を知るためには、結局は変成男子が要請されることになる。（中略）男性に変身しなければならないというのでは、それが差別問題において根本的解決でないのは明らかである。五障などの女性差別観を前提としたものであり、性差別思想そのものを根本的に否定するものではない。(3)

と解説している。なお、『涅槃経』の経文はあくまでも「仏性を自覚できるのが男性、自覚できないのが女性」、こう

言っているだけで、男性と女性との間に肉体的な違いはないと見る沼波芳子氏のような意見もある。(4)

二、中国唐代における仏性論争

印度求法の旅を終えて帰朝した玄奘三蔵（六〇二～六六四）が唯識の種性差別《しゅしょうしゃべつ》（五姓各別説）の思想を紹介したことをきっかけとして、中国では「すべての生きとし生ける者は例外なく成仏するのか、それとも一部分のものは成仏しないのか」をめぐる論争が勃発した。これを一般にわれわれは仏性論争と呼んでいる。(5) 五姓各別説とは、衆生には声聞《しょうもん》種姓・独覚《どっかく》種姓・菩薩種姓・不定《ふじょう》種姓・無性有情《むしょううじょう》の五つの種姓があるとする考えであり、このうちの無性有情だけは、悟りの因を欠いているため、決して輪廻を離れることが出来ないとされる（一分不成仏）。(6) 一方、すべての衆生は例外なく成仏すると見る見方は、おもに『涅槃経』の「一切衆生悉有仏性（すべての衆生には仏の本質・仏の本性がある）」や『法華経』の「十方仏土中　唯有一乗法　無二亦無三（あらゆる仏土の中には、ただ一〔仏〕乗の法のみが存在する。〔ゆえに声聞乗・縁覚乗という〕二乗〔の教え〕も存在しなければ、〔声聞乗・縁覚乗・菩薩乗という〕三乗〔の教え〕も存在しない）」に依拠している（一切皆成仏）。

もちろん、玄奘以前にもインド瑜伽行派の唯識に関する仏典は中国に伝わっていたが、中国人仏教者がまずはじめに興味を示したのは、これまた同時期に伝来していた如来蔵思想（＝悉有仏性）であった。よって、中国の仏教では、如来蔵思想の後に唯識思想が受け容れられたのであり、唯識思想に関する仏典もまた、如来蔵思想を前提に理解がはかられたのである。(7) このことから、玄奘帰朝以前に悉有仏性説を疑う者はほとんど現れなかった。

しかし前述の通り、玄奘が中国にもたらした仏典には、文字通りすべての者が成仏するとは限らない、驚くべき内容が説かれていた。貞観二十三年（六四九）十月三日から同年十一月二十四日にかけて訳出された『仏地経論』には次のようにある（現代語は、大竹晋氏の先行訳を用いた）。

無始時来、一切有情有五種性。一声聞種性、二独覚種性、三如来種性、四不定種性、五無有出世功徳種性。如余経論広説其相。分別建立。前四種性、雖無時限、然有畢竟得滅度期。諸仏慈悲巧方便故。第五種性、無有出世功徳因故、畢竟無有得滅度期。（大正二六・二九八上）

始まりのない時から、あらゆる有情は五種姓〔のうちどれか〕を有している。第一は声聞種姓、第二は独覚種姓、第三は如来種姓、第四は不定種姓、第五は無有出世功徳種姓（〝出世間的な功徳がない種姓〟）である。

前四種姓の者には、たとえ時限がないにせよ、しかし、究極的に般涅槃を得る時期がある。諸仏の慈悲と善巧方便とによってである。第五種姓の者には、出世間的な功徳にとっての因がないゆえ、究極的に般涅槃を得る時期がない。(8)

玄奘が紹介した唯識の種姓差別の思想は、すべての者は例外なく成仏すると信じて疑わなかった仏教者に衝撃を与えた。彼らは玄奘が新しく翻訳した仏典に基づいて教理を打ち立て
る人たちを批判したが、一方で批判を受けた人たちも黙っていたわけではない。両者は互いに激しい議論を戦わせたのである。この論争に加わった主な人物を掲げると次のようになる(9)（㊄は五姓各別説、㊀は一切皆成仏説）。

六四八年　『瑜伽師地論』翻訳完了
六四九年　『仏地経論』翻訳完了
㊀　霊潤《れいじゅん》（五八〇～六六七頃）
㊄　神泰《じんたい》（生没年未詳）
㊀　義栄《ぎえい》（生没年未詳）
六五九年　『成唯識論』翻訳完了
六六三年　『大般若経』翻訳完了
㊄　基（六三二～六八二）
㊀　元暁《がんぎょう》（六一七～六八六）
㊄　円測《えんじき》（六一三～六九六）
㊄　勝荘《しょうそう》（?～七〇〇～七一三～?）
㊀　法宝《ほうぼう》（六二七頃～七〇六～七一〇?）
㊀　法蔵（六四四～七一二）
㊄　慧沼《えしょう》（六四八／六五〇～七一四）
㊀　慧苑（六七三?～七四三?）
㊀　定賓《じょうひん》（八世紀前半）
㊀　澄観（七三八～八三九）

ここに本稿で取り上げる華厳学派の法蔵、慧苑、澄観がいるが、次項では法蔵と仏性論争との関わりについて説明を行ないたい。

三、法蔵と仏性論争

法蔵が玄奘訳の仏典に基づく唯識学派の人師を批判したことについては、吉津宜英氏や石井公成氏などの研究に詳しいが(10)、本項は、法蔵『梵網経菩薩戒本疏《ぼんもうきょうぼさつかいほんじょ》』（以下、『本疏』と略す）の記述を手掛かりとして、法蔵と仏性論争との関わりについて一言するものである。法蔵が一切皆成仏の立場に立っていたことは、『梵網経』の教えを受ける機根（素質・能力）を明かす一段に顕著である。(11)

第四顕所被機有四種。一約種姓、（中略）初中有二。先約権教。五種姓中定姓二乗及無種姓非此所為。以彼於此非其器故。菩薩種姓正是所為。其不定性亦兼摂。如瑜伽等説。二約実教。五種種姓、倶此所為。以許仏性皆悉有。以於此身定入寂故、名定性二乗。非謂寂後而不趣向於大菩提。如法華、楞伽、宝性論等説。

（大正四〇・六〇三中〜下）

〔『梵網経』を注釈するのに十門がある。そのうちの第四門が以下である。〕第四に『梵網経』を被る機根を明かす〔なか〕に四種がある。一つには種姓の立場、（中略）はじめの種姓の立場のなかに二〔種〕がある。まずは権教（方便の教え）の立場である。五種姓のなかの定性二乗（声聞種姓・独覚種姓）と無種姓（無性有情）は『梵網経』の教えを受けることが出来ない。〔なぜならば、〕彼ら定性二乗と無種姓とは梵網戒を受ける器ではない〔からである〕。菩薩種姓こそが『梵網経』の教えを受けるに相応しい。不定性もまた合わせ含む。〔このことについては、玄奘訳の〕『瑜伽師地論』に説かれる通りである。二つには実教（真実の教え）の立場である。〔実教では〕五種姓はともに『梵網経』の教えを受ける〔ことが出来る〕。〔なぜならば、実教ではすべての者に〕仏性があることを許すからである。定性二乗は、この身で入寂（無余涅槃）することが決定している。〔しかし、定性二乗は〕入寂後においても、〔必ず究極の〕大菩提におもむく。〔以上のことは〕『法華経』『楞伽経』『宝性論』などに説かれる通りである。

第一の権教《ごんきょう》（方便の教え）では、声聞種姓・独覚種姓（定性二乗）と無性有情の三類は菩薩戒を受けることが出来ず、菩薩種姓と不定種姓の二類のみが『梵網経』の教えを被る機根とされる。これに対して、第二の実教《じっきょう》（真実の教え）では、五種姓すべてが『梵網経』を受けることが可能とされる。注目したいのは、法蔵が実教において「すべての衆生に仏性があることを許す」と説いていることである。これが『涅槃経』の悉有仏性説に基づいていることはもはや言うまでもなかろう。[12]

それでは、こうした法蔵の言説は一体誰に向けられたものなのであろうか。実は、法蔵が提示するところの権教の内容でもって『梵網経』の「被機（教えを受ける機根）」を語る人師がいる。それが勝荘である。彼の『梵網経述記』《ぼんもうきょうじゅっき》には次のようにある。

第四明教所被機。汎論教所被、有其五種。謂三乗定性及不定性、幷第五五《ママ》無般涅槃性。此経但為菩薩及不定性。

是故説此経。不為余三。　（新纂続蔵三八・三九四中）

〔『梵網経』を注釈するのに五門によって分別する。そのうちの第四門が以下である。〕第四に〔『梵網経』の〕教えを被る機根を明らかにする。およそ〔経典の〕教えを被る機根を論ずるに五種がある。つまり、三乗定性（声聞種姓、独覚種姓、菩薩種姓）と不定性、そして第五の無般涅槃性（無性有情）である。この『梵網経』〔が説かれたの〕は菩薩種姓と不定性のためである。そうであるから、〔仏は〕この『梵網経』を説くのである。〔『梵網経』は〕その他の三（声聞種姓・独覚種姓・無性有情）のため〔に説かれるの〕ではない。

勝荘は『梵網経』の教えを被る機根を菩薩種姓と不定種姓に限定していることが明らかである。よって一見すると、法蔵『本疏』は勝荘を批判しているかのように見える。しかし厳密に言えば、法蔵は勝荘だけを批判の対象としているのではない。なぜならば、勝荘『梵網経述記』に説かれる「教所被機」は、師の円測にも同様の見解が示されているからである。円測の『解深密経疏』『仁王経疏』『無量義経疏』の文言をそれぞれ掲げてみよう。

別明此教所被機者、於五種性、但為菩薩及不定性説此契経。　（新纂続蔵二一・一七九上）

〔機根に二種があり、一つに総（諸教）、二つに別（此教）があるなか、〕別して『解深密経』の教えを被る機根を明かせば、〔『解深密経』は〕五種姓のうち、菩薩種性と不定性のために説かれる。

故知、此経為菩薩説。若依五性、為菩薩性及不定者。故説此経。五姓之義、具如別章。　（大正三三・三六一中）

ゆえに知るべきである、この『仁王経』は菩薩のために説かれるということを。もし五種姓に依拠すれば、〔『仁王経』は〕菩薩種性と不定性のために説かれる。五種姓の義の詳細については別章に説いた通りである。

別明此教所被機者、於五性中、但為菩薩及不定者。（『西教寺所蔵 円測撰 無量義経疏』〔東國大学校・大津市歴史博物館、二〇一八年〕一八頁）

〔『無量義経』という経典を個〕別に〔取りあげて、〕この教えを被る機根を明かせば、〔『無量義経』は〕五種姓のなか、菩薩種性と不定性のため〔に説かれたもの〕である。

勝荘と同様、円測もまた経典の教えを受ける機根を菩薩種姓と不定種姓に定めていることが知られる。したがって、法蔵の批判の矛先は、玄奘門下、つまりは円測や勝荘に向けられていたと見て差し支えなかろう。

以上、本項では、法蔵が仏性論争を意識しながら、一分不成仏の立場に立つ唯識学派（円測や勝荘）の人師を批判していたことを確認した。これらの情報を踏まえ、次項においては法蔵、慧苑、澄観が『涅槃経』如来性品の経文をどのように受け止めていたのかについて検討してみたい（本稿では、女性が女性の身のままでブッダとなるのではなく、必ず男性のすがたを取るという「変成男子」については触れない）。

四、『涅槃経』如来性品の経文をめぐる華厳諸師の理解

『涅槃経』如来性品の経文が女身不成仏を説くものであり、これが性差別の思想と見なされていることについては、「一、『涅槃経』に見られる性差別の思想」で確認した通りである。それでは、『涅槃経』の当該経文を法蔵などの華厳諸師はどのように考えていたのであろうか。まず、法蔵の『華厳経探玄記《けごんぎょうたんげんき》』では、『華厳経』の「具足無上丈夫正法」(13)という語を次のように注釈している。

具足無上丈夫正法者、依涅槃経莫問男女。具四相義即名丈夫。謂、自正、正他、能随問答、善解因縁義。若不具此四種相義、雖曰男子、不名丈夫。女以反上即名丈夫。

（大正三五・二六一中）

（『華厳経』に）「具足無上丈夫正法」とあるのは、『涅槃経』に依拠すると男・女を問うことがない。（なぜならば、）四相の義をそなえれば丈夫と名づける（からである）。つまり、（『涅槃経』に説かれる四相とは、）一に（教えによって）自らを正す、二に（教えを理解して）他を正す、三に（相手の）問いに対し（教えを）答え（て説く）、四に因縁の義を理解する（ことである）。もしこの四相の義をそなえなければ、「男子」とはいうものの、「丈夫」とは名づけない。女性であっても、上述した（四相の義をそなえない）ことに反するのであれば「丈夫」と名づける（。要するに、四相の義をそなえれば、女性も「丈夫」と名づけられる）。

『涅槃経』如来性品に「もし仏性があることを知れば、我は『この人を丈夫のすがた（男性の徴）とする』と説く。もし女人がいて自身にたしかに仏性があることを知れば、これらは男子たることを知るであろう」とあるにも関わらず、法蔵は、『華厳経』に説かれる「具足無上丈夫正法」という語を『涅槃経』の別の経文、つまりは「四相の義をそなえれば男性も女性もともに『丈夫』と名づけられる」（要約）に基づいて、「『涅槃経』に依拠すると男・女を問うことがない」

（傍線部）と明言している。重要なのは、法蔵が「仏性があることを知るのが男子」「仏性があることを知れば女人は男子となる」という世俗的な二元論に基づいて「丈夫」を把捉しているのではないということである。つまり、法蔵は、『涅槃経』の「四相の義をそなえれば男・女ともに『丈夫』と名づけられる」という新たな教証（証拠）を提示することにより、男性も女性もともに出世間的な「丈夫（ブッダ＝悟り）」を得られると理解しているわけである。このような点からも法蔵が一切皆成仏の立場に立っていたことが窺い知れよう。

なお、法蔵が教証として用いた『涅槃経』如来性品には、

仏復告迦葉、「善男子、菩薩摩訶薩分別開示大般涅槃、有四相義。何等為四。一者自正、二者正他、三者能随問答、四者善解因縁義。…後略（大正一二・三八五中）

仏はまた摩訶迦葉菩薩に以下のように告げた。「善男子よ。菩薩摩訶薩が大般涅槃を区別（・解釈）し（、それを人々に）開き示すに、四相の義がある。四相とは何か。一には、（教えを理解して）自らを正す、二には（教えによって）他を正す、三には（相手の）問いに対し（教えを）答え（て説く）、四には因縁の義を理解することである。…後略

とあるだけなので、「丈夫」の語を加えて説明を行なう法蔵『華厳経探玄記』の引用の仕方は正確ではない。これは法蔵が『涅槃経』如来性品（四相）と梵行品（四法）の経文を混同したことに起因すると考えられる（後述）。

次に、法蔵の弟子である慧苑の『続《ぞく》華《け》厳《ごん》略《りゃく》疏《しょ》刊《かん》定《じょう》記《き》』を見てみよう。

云具丈夫形者、此有二義。一具男子根故。二具丈夫根故。二根何別。謂、男子但異女人、丈夫兼顕道徳。今意取後故云丈夫。不言男子也。涅槃十八云、一切男女若具四法則名丈夫。一近善知識、二能聴正法、三思惟其義、四如説修行。（新纂続蔵三・七〇五上～中）

（『華厳経』に）「丈夫形」とあるのは、これについて二義がある。一には男子の根（素質・能力）をそなえるから、二には丈夫の根をそなえるから（、この二つである）。（この）二つの根にどのような区別があるのか。つまり、（第一の丈夫は、）男子は女人と異なる（という単なる性別）、（第二の）丈夫は道徳（悟りの本質）をかねあらわす。今の意は、第二（の義）を取るから「丈夫」という。（ゆえに、性別としての）「男子」（である）とはいわない。『涅槃経』巻一八には以下のようにある。「すべての男・女が四法をそなえるのであれば『丈夫』と名づけられる。（四法とは、）一に善知識に近

づく、二に正法を聴聞する、三に義を思惟する、四に教えの通りに修行する〔ことである〕」と。

『華厳経』の「丈夫形」(14)を注釈するにあたって慧苑は、法蔵と同様、『涅槃経』の「すべての男・女が四法をそなえるのであれば『丈夫』と名づけられる」に依拠していることが明らかである。ただし、法蔵が『涅槃経』如来性品に基づいて四相（①自正、②正他、③能随問答、④善解因縁義）と丈夫を結び付けていたのに対し、慧苑は『涅槃経』梵行品の

善男子、一切男女若具四法則名丈夫。何等為四。一近善知識、二能聴法、三思惟義、四如説修行。善男子、若男若女具是四法、則名丈夫。（大正一二・四六九上）

善男子よ。すべての男・女が四法をそなえるのであれば丈夫と名づける。何を四法と呼ぶのか。一には善知識に近づく、二にはよく〔正〕法を聴聞する、三には義を思惟する、四に教えの通りに修行することである。善男子よ。男性であれ、女性であれ、この四法をそなえれば丈夫と名づける。

に依拠して、四法（①近善知識、②能聴法、③思惟義、④如説修行）と丈夫を説明している。そのため、慧苑のほうが出典に忠実な解釈を行なっているといえよう。

最後に、澄観の『華厳経疏演義鈔《けごんぎょうしょえんぎしょう》』を見てみたい。澄観は、自身が著した『華厳経疏』において

丈夫行者、涅槃十八云、一切男女若具四法即名丈夫。一近善知識、二聴聞正法、三思惟其義、四如説修行。又四相品具四相故、名為丈夫。又云、雖是女人能信自身有仏性者、即是丈夫。故男子不信即是女人。（大正三五・七一六中）

〔『華厳経』に〕「丈夫行」とあるのは、『涅槃経』巻一八に「すべての男・女が四法をそなえるのであれば丈夫と名づける。〔四法とは、〕一に善知識に近づく、二に正法を聴聞する、三に義を思惟する、四に教えの通りに修行する〔ことである〕」とある。また〔『涅槃経』の〕四相品には、「四相（①自正、②正他、③能随問答、④善解因縁義）をそなえるから丈夫と名づける」とある。また『涅槃経』には以下のようにある。「女人であっても自身に仏性があることを信じれば、〔それは〕丈夫（男性）に他ならない。ゆえに男子が信じなければ〔それは〕女人である」と。

と述べているが、このなかの傍線部について次のような注釈（『華厳経疏演義鈔』）を再び行なっている。

疏雖是女人下、亦是涅槃第九経末、前広説女人之過竟。便云、善男子。以是義故、諸善男子善女人等聴是大乗大

般涅槃経、常応呵責女人之相、求於男子。何以故。是大乗経典有丈夫相。所謂仏性。若人不知是仏性者、則無男相。所以者何。不能自知有仏性故。若有不能知仏性者、我説是等名為女人。若能自知有仏性者、我説是人為丈夫相。若有女人能知自身定有仏性、当知是等即是男子。釈曰、以此文証宗五性者、都非丈夫。若具四徳不揀男女、即丈夫矣。（大正三六・三九一中〜下）

『華厳経疏』の「雖是女人」より下は、これは『涅槃経』巻九の末において、広く女人の過失を説き終わって、以下のように説く箇所を指している。〔すなわち、〕「善男子よ。この義によって、様々な善男子・善女人が大乗大涅槃経を聞けば、女人のすがたを責め叱って男子を求めるべきである。〔それは〕どうしてか。この大乗経典に丈夫のすがた（男性の徴）があるからである。つまりは仏性である。もし〔ある〕人が仏性を知らなければ、男子のすがたではない。〔それは〕どうしてか。自身に仏性があることを知ることが出来ないからである。もしある人が仏性を知ることが出来なかったならば、我（釈尊）は『これらを女人と名づける』と説く。もし仏性があることを知れば、我は『この人を丈夫のすがた（男性の徴）とする』と説く。もし女人がいて自身にたしかに仏性があることを知れば、これらは男子たることを知るであろう」と〔あるのが、それである〕。〔これを〕解釈して〔私（澄観）は〕いう。「この文証によって五性を宗要とする者は、すべて『丈夫』〔をただしく解釈している〕とは認められない。もし〔善知識に近づく、正法を聴聞する、義を思惟する、教えの通りに修行するという〕四〔相の〕徳をそなえれば男・女をえらび分けない、これが『丈夫』に他ならない」と。

注目すべきは、ここで澄観が「五性を宗要とする者」を批判していることである。これはおそらく唯識学派の誰人かが『涅槃経』如来性品の経文（大正一二・四二二上〜中）に基づいて、『涅槃経』では、真如仏性を開顕する者を『男子』（成仏）、真如仏性を開顕できない者を『女人』（不成仏）とする（。このことから、『涅槃経』もまた無性有情の存在を否定するものではない）」（一分不成仏）という主張を展開していたことを予想せしめる。けれども、澄観が依って立つところは一切皆成仏の立場である。澄観は、法蔵以来の「すべての男・女が四法をそなえるのであれば『丈夫』と名づけられる」を最大の論拠として、唯識学派の五姓各別説を批判したのである。

おわりに

本稿は、田上太秀氏の研究に導かれながら、唐初期に勃発した「仏性論争」をキーワードとし、華厳学派の人師らが『涅槃経』如来性品の経文をどのように受け止めていたのかについて検討を加えたものである。その結果、法蔵、慧苑、澄観が「丈夫」(ブッダ=悟り)というのは男性・女性を問うものではなく、男・女ともに等しく「丈夫」を得られるとして、その根拠を『涅槃経』の別の経文(「すべての男・女が四法(四相)をそなえるのであれば『丈夫』と名づけられる」)に見出していたことを明らかにした。一切皆成仏の立場に立つ彼らが『涅槃経』如来性品の「もしある人が仏性を知ることが出来なかったならば、我(釈尊)は『これらを女人と名づける』と説く。もし仏性があることを知れば、我は『この人を丈夫のすがた(男性の徴)とする』と説く。もし女人がいて自身にたしかに仏性があることを知れば、これらは男子たることを知るであろう」などという、どちらか一方にのみ仏性を認めるような文脈を肯定するはずはなく、それを乗り越える新たな教証を発見し提示したことは、——あくまで現代的な視点ではあるが——彼らが「性差別の思想」と評される『涅槃経』の経文に否定的であったことを示唆する。中国の仏教者が培ってきた仏典解釈学の世界には、梵・漢・蔵などの原典からは見えてこない、多様な景色が広がっている。

注

(1) 荒井美月「仏教における女性研究の変遷——仏典の研究から実態の研究へ」(『現代社会研究科論集　京都女子大学大学院現代社会研究科紀要』一六、二〇二二年)。
(2) 田上太秀『仏教と女性——インド仏典が語る』(東京書籍、二〇〇四年)一八一—一八二頁。
(3) 末木文美士・下田正弘・堀内伸二編『仏教の事典』(朝倉書店、二〇一四年)三九〇—三九一頁。
(4) 沼波芳子「漢訳大乗経典にみる女人成仏——変成男子を中心に」(『東海仏教』五七、二〇一二年)。
(5) 仏性論争については、常盤大定『仏性の研究』(丙午出版社、一九三〇年)、師茂樹『論理と歴史——東アジア仏教論理学の形成と展開』(ナカニシヤ出版、二〇一五年)、師茂樹『最澄と徳一——仏教史上最大の対決』(岩波新書(新赤版)一八九九、岩波書店、二〇二一年)がとくに詳しい。
(6) 説一切有部から派生した唯識派(『瑜伽師地論』)は、衆生に五種類があると説いているだけで、必ずしも種姓に五種類があると説いていなかったことについては、大竹晋『仏のなりかた——上座部、説一切有部、唯識派による古典的成仏論』(春秋社、二〇二二年)を参照。
(7) 吉村誠『中国唯識思想史研究——玄奘と唯識学派』(大蔵出版、二〇一三年)を参照。
(8) 大竹晋『前掲書』一〇一頁。
(9) 以下に掲げるところは、吉村誠氏が紹介する仏性論争の経緯図に対して筆者が編集を加えたものである（吉村誠『前掲書』三六七―三六八頁）。

（10）吉津宜英『華厳一乗思想の研究』（大東出版社、一九九一年）、石井公成『華厳思想の研究』（春秋社、一九九六年）。

（11）『梵網経』については、船山徹『増補改訂 東アジア仏教の生活規則 梵網経 最古の形と発展の歴史』（臨川書店、二〇二三年）、同『梵網経の教え――今こそ活かす梵網戒』（臨川書店、二〇二三年）がとくに詳しい。

（12）『梵網経』にもまた「一切衆生皆有仏性（すべての衆生には、みな仏の本質・仏の本性がある）」（大正二四・一〇二三下）と説かれている。

（13）大正九・五一三下。

（14）大正一〇・一五〇上。

〈略号〉

大正：大正新脩大蔵経

新纂続蔵：新纂大日本続蔵経

転変する性

岸田悠里

インドにおいて、「性別」は変化し得るということが知られていた。よく知られているのは、女性の身体を捨てて男性になる「変成男子」であるが、男性の身体から女性になる例もある。仏教において、そうした性別の変化が何を示しているのか、その意図について考えてみたい。

はじめに

仏典において、身体的な性には少なくとも四種有ることが想定されていた。すなわち、男・女・黄門・二根である。黄門とは完全な男根を具えていない者、二根とは同一人で男根（男性器）と女根（女性器）の両方を具えた者を指す。部派仏教の教団内では出家して具足戒を受けることができるのは男女のみで、黄門と二根はいずれも受戒することが許されなかった。なお、大乗戒の根本経典である『梵網経盧遮那仏《ぼんもうきょうるしゃなぶっ》説菩薩心地戒品第十《せつぼさつしんじかいほん》』（『梵網経』）では、黄門も仏の戒を受けることができると説く(1)。

さらに、男女の区別は身体的特徴のみならず、機根（仏の教えを理解する能力）の上下や功徳の多寡によって決定づけられるとも考えられていた。五世紀に僧伽跋陀羅・釈僧猗によって翻訳された『善見律毘婆娑《ぜんけんりつびばしゃ》』（パーリ上座部に伝わる律の注釈書サマンタパーサーディカの漢訳書）には、男根と女根のうち男根を最上と位置づけ、罪の多い男子は男根を失って女根となり、女人でも功徳が多ければ男子に変じることが説き示される(2)。また、曇無讖訳『大般涅槃経』では、仏性を知覚

きしだ・ゆうり――比叡山国宝殿学芸員。専門は仏教学・東アジア仏教文化史。主な著書・論文に「『仏母経』の流行から見る疑経の受容」（荒見泰史編『仏教の東漸と西漸』勉誠出版、二〇二〇年）、「宗祐寺所蔵仏涅槃図と『小涅槃経』」（『龍谷大学大学院文学研究科紀要』三九、二〇一七年）などがある。

できる者を男相、そうでなければ女人と名付けると述べる。[3]

このように、仏典の中には女性が男性と比べて劣っており、罪が多いと述べるものも少なくない。また、女性は穢れており、梵天・帝釈天・魔王・転輪聖王・仏の位にはつけない（「五障」）とされ、男性のみが成仏できるという。では、女性が成仏するためにはどうすれば良いかというと、穢れた女身を捨てる、つまり男性に性別を変じるという方法が説かれた。いわゆる「変成男子」の思想である。仏教において、女身を捨てて男身に転変することは、成仏のために必要な条件であった。この「変成男子」については、仏教における女性差別という見方が強く、関心の度合いも高い。その分、研究も蓄積されている。[4]

女性の肉体を捨てるという例は、実は仏典の中に多数存在している。これは、肉体的な性別が何らかのきっかけで移り変わるという認識が、社会の中で共有されていたことを示すのではなかろうか。本稿では、仏教において、男から女あるいは女から男に性が転変することが何を示しているのか、その意図について検討したい。

一、「男性」から「女性」へ——欲心という罪

（1）欲心という悪因

さて、仏典の中に性別が変化する記述を探してみると、先述の通り、女性から男性へ変わった例は、『法華経』「提婆達多品《だいばだったほん》」をはじめ、多数存在している。他方、男性から女性へ変化した例も律典を中心に確認でき、その場合にどう対処すべきかが規定されている。これによって、当時のインドの社会で性の転変が知られていたことがわかる。本章では、欲心をきっかけに男から女へ性別が変化した事例を挙げ、その意図するところを検討していきたい。

まず、伝康僧会訳『旧雑譬喩経《ぞうひゆきょう》』（仏弟子や在家信者の行為を記した教訓的な説話である譬喩譚を集めた経典）には次のような記事が見える。

昔、阿那律がすでに羅漢になっていた時のこと、多くの比丘の中に女性のような美貌を持つ者がいた。ひとり草中で修行をしていると、ある軽薄な青年がその比丘を見て女性と勘違いし、凌辱しようとした。しかし、比丘が男性であることを知ると、青年は己の身体が女性に変化していることに気づく。青年は深く恥じ入って山の中へ逃げ込み、家に帰らなかった。青年の妻子は、数

年経っても戻らないことを嘆き悲しみ、たまたま乞食に訪れた阿那律に嘆き訴えた。阿那律は青年を探し出し、この青年が己の欲心を悔過すると再び男の姿になって妻子のもとに戻った。(5)

この場合、性別が変化する際の引き金は、美しい比丘に性的な欲望（「邪性」）を抱いたこととなっている。『旧雑譬喩経』では、青年が美貌の比丘を女性と見間違え、性欲を抱き、あまつさえ凌辱しようとした、その悪因の報いとして性別の変化が起こったという因縁が説示されている。(6) 記事の最後には「凡そ得道の人は、悪を以て之に向かうべからず。反て其の殃を受くなり」(7) と戒めており、少なくともここからは、男から女への性別変化が懲罰的な機能を持っていることがうかがえる。なお、同説話は梁代の仏教類書『経律異相』にも、阿那律にまつわる説話として収録される。ここに登場する阿那律は釈迦の十大弟子のひとりで、釈迦の従兄弟ともされている。(8)

また『増一阿含経《ぞういつあごん》』(9) には、山河草木がすべて焼き尽くされ人の命も失われた時、光音天は「欲心の多いものを女、少ない者を男」とし、交接させて最初の人を作ったとある。(10)『旧雑譬喩経』の説話にも、そうした欲心の強い者は女性であるという女性観が基盤にあり、たとえ男身に生まれても、欲心を起こせば相応の姿になるという教訓を説示しているのであろう。

（2）転根の比丘尼

さて、前掲の『旧雑譬喩経』の記事は、俗人男性に性の変化が起こった例であったが、比丘が女性へ転じた場合はどうなるだろうか。出家者が守るべき規則を定めた律文献を中心に、確認してみよう。

失訳『薩婆多毘尼毘婆沙《さつばたびにびばしゃ》』(11) では、比丘が水浴する際、竭支（左肩から右脇を覆う、長方形の布）を身に着けて上半身を覆うべきことが説かれる。その理由として、①はじらいを持つべきであること（「当有羞媿」）、②他人の欲を生じさせる（「喜生他欲想」）ことを挙げ、さらに次のような事例を示している。

昔、ある羅漢比丘が入浴しているところに、一人の比丘がいた。比丘はその羅漢の身体を見て欲心が生まれた。後からまもなく、その比丘の男根が落ち、女根ができた。そこで比丘は仏道修行を止めて世俗に戻り、子どもを生んだ。後に再び羅漢と出会い、そこで羅漢は比丘が女身に変化したことを知った。羅漢は比丘に悔過させ、彼の心がこの上なく純粋であることによって、ふたたび男根を得た。(12)

『毘尼毘婆沙』ではこれによって、「体を露わにしないのがよい」（「故宜不露形」）と教訓している。[13] ここでも、先に見た『旧雑譬喩経』の記事と同様、性欲という煩悩（「染」）が悪因となり、女身を成ずという悪果を得たのである。

ところで、この比丘は男根が堕落して女根ができた後、還俗して子を産んでいる。出産は生物としての女に特有の行為であり、この記事における「根」の転換が、機根といった能力や心の問題にとどまらず、肉体にも及んでいることがわかる。

ここで注目したいのは、転根した後の比丘の行動である。『薩婆多毘尼毘婆沙』では仏道修行を中止して子を産んだとあるが、転根して女になった比丘は、仏教教団から排斥されるのだろうか。

実は、比丘が転根した場合、比丘教団ではなく比丘尼教団の中で仏道修行を継続することができる。『善見律毘婆沙』には、男性から女性に変化した場合における、仏教教団内での処遇が規定されている。

女根を成ずるとは、夜中眠っている間に、男性の相貌〔すなわち〕牙や髭が失われ、女性の相貌になる。和上と具足戒とは、女性になる前のものに依ることを許し、あらためて師と具足戒とを請う必要はない。出家の年数は、最初に受戒した時の年数に従い、比丘尼僧団の中に入り、先の臘数に依って住することを許す。〔比丘と比丘尼で〕同じでない〔罪は〕出精（精液を故意に放出する）を初めとする。この罪は根を転じれば失われ、もし再び男子に戻ることができても罪にはならない。[14]

これによれば、男性から転根した比丘尼は他の比丘尼と変わらない待遇を受けることができ、女性として仏道修行を続けることが可能となるという。

また『十誦律』巻第四十にも、比丘が男根を失い女根ができたなら、先の出家・受具足戒の年数に従い、比丘尼教団に入ることができる旨を定めている。[15]

『善見律毘婆沙』では続けて、前掲の「罪の多い男子は男根を失い女根となり、功徳の多い女子は男子となる」という内容を説き、次のような例を示す。

二人の比丘がおり、同じ場所に住み、ともに講説を受け合い、経典を読んでいたが、一人の比丘が夜中に根を転じて女性になったので、二人はともに共眠の罪を得た。そのことを知って、転根の比丘は憂え悶えて泣き叫び、同房の比丘に対して今まで通り同じ場所に住むことを説いた。（中略）同房の比丘は転根の比丘を慰め終わると、このように言った。「あなたは比丘尼僧団の中で住すべきである」と。[16]

この記事からは、なぜ性別が転変したか、その理由は明らかにされていない。しかし文脈から、何らかの罪を犯した結果として転じたと見て良いだろう。これまでの例を見ると、同房で過ごしていた比丘に欲心を抱いたという理由が考えられようか。この後、転根の比丘尼は尼僧教団に移り、少なくとも、先天的女性の比丘尼から転根を理由に嫌悪されることはなかったようである。

また、「出精（故意に精を出す）」のように比丘と比丘尼との間で犯してしまう罪にも異同があり、こうした罪は転根によって失われると説く（傍線部）。ここまで見てきた『旧雑譬喩経』『薩婆多毘尼毘婆沙』では、転根した者がみずからの罪を悔い改めることにより、再び男子に戻っている。したがって、肉体の性別とは不変のものではなく、「心」などの内面によって変化しうるといえるのではなかろうか。

二、『維摩経』の天女と舎利弗

次は少し視点を変えて、男性と女性が入れ替わる例を見てみよう。鳩摩羅什が訳した『維摩詰所説経』（以下、『維摩経』）は代表的な大乗経典の一つである。同経の「観衆生品」では、一人の天女が重要な役割を担っている。この天女は、維摩詰の部屋の中に居て、ずっと身を隠していたが、維摩詰と文殊との対論を聞き、歓喜して姿を現した。そして天花を降らせたが、その花びらが比丘たちの衣に付着して取れなかった。舎利弗は天女に対し散華を止めるよう求めるが、逆に天女にやり込められてしまう。天女の高徳さに感心した舎利弗は「どうして女身を転じないのか？」と尋ねる。その舎利弗に対し、天女は神通力によって舎利弗を天女の姿に、天女自身を舎利弗の姿に変えてしまう。[17] これは『維摩経』の中でも有名な場面であり、『梵網経』の注釈書である智旭『梵網経合註』、寂光『梵網経直解』では「男を以て女と為す（以男為女）」という『梵網経』の語に対し、『維摩経』の天女と舎利弗の入れ替わりをその経証とする。つまり、男から女への性別変化としてもよく知られた内容であった。

さて何故、天女は自分と舎利弗の姿を入れ替えたのだろうか。天女は、女性の姿になった舎利弗に「どうして女性の身体を変えないのか」と問う。舎利弗は天女の姿をしたまま「私が今どうして女性の姿になったのかわかりません」と答えた。そして天女は「舎利弗よ。あなたがこの女身を変えることができれば、あらゆる女性もまた変えることができるだろう。あなたが女でないのに女性の身体を現しているように、あらゆる女性も女性の身体をしているけれど女性でない。このため、仏は、一切諸法は男でなく女でないと説いているのだ」とやり込めた。すなわち、一切諸法が空であるのと同じように、男や女という区別はないと説いている。これは『維摩経』に通底する空思想（存在するものは因縁によって生じたものので、固定的実体がないということ）に立脚すれば、男と女という区別は仮のもので、本来的には男も女もないということを示している。そのため、どうして女身を転じないのかと問う舎利弗は、仮の姿に執着した存在として滑稽に描かれているのである。このような、男性が女性にやり込められるという経典や注釈書の内容が、日本の仏教文学においては男女の

図1　赫連子悦等邑儀五百余人造像碑（部分）（The Metropolitan Museum of Art, https://www.metmuseum.org/art/collection/search/40406）

役割分担を否定するための材料として、しばしば用いられた。[18]

いわば「男女平等」とも言える『維摩経』の説は、女性を男性より低くみるという従来の仏教の立場（古代インド社会）に比すると先進的にも見えるかもしれない。しかし、藤田宏達氏によれば、この見解は大乗仏教の主流とはなり得なかったという。その理由は、大乗仏教における現実と理想の格差にあるとし、「大乗仏教が空不可得の立場から、男女の無差別平等をいかに強調したとしても、それによって現実社会における男女の差別が解消したというわけではない。（中略）実践的にはいわば理想論であり、現実に力を持ち得なかった。」と指摘する。[19]

しかしながら、この天女と舎利弗のやり取りは、とくに中国では大いに関心を集めたようで、早くから造形化された。たとえば、東魏の武定元年（五四三）の銘を持つ「赫連子悦等邑儀五百余人造像碑」[20]（メトロポリタン美術館所蔵、**図1**）には、向かい合う維摩詰と文殊菩薩とが描かれており、維摩詰の傍には散華する天女、文殊菩薩の傍には袖についた花を払う舎利弗がそれぞれ配される。時代は下るが、唐代中ごろ（盛唐）に開鑿された敦煌莫高窟第一〇三窟東壁門口上部の維摩経変では、文殊と維摩詰の傍に舎利弗と天女の姿が二度描かれており、両者の入れ替わりが顕著である。[21]このよう

に、教学レベルでは主流にならなかったとしても、この場面が『維摩経』の中でも人気のある題材であったことがうかがえよう。

三、利他行としての「現女身」

ここまで見てきたように、男から女へ性別を転じることは、あまりポジティブな意味を持たなかった。そもそも、女性は穢れた存在であり、女性のままでは成仏もできない。したがって、男から女への変化にはデメリットしかないのである。

他方、女から男への変化に関しては、成仏のためにほとんど必須の条件であり、讃嘆すべきこととされた。この変成男子の例については、沼波芳子氏の論攷が詳しい[22]。沼波氏は、漢訳大乗経典中の変成男子に関する記事を収集し、諸経典の中で説かれ方は様々であるとしても、その多くが女人成仏のために変成男子を説くと述べている。さらに、そうした経典の共通点として、①変成男子を遂げた女人は、長劫修行を経て仏となること、②変成男子を遂げる女人は凡夫ではなく、菩薩の仮の姿と説くこと、という二点を挙げる。少し性の転変という話題から逸れるが、ここでは、後者に注目したい。

変成男子を説く経典として第一に指を屈すべきは、鳩摩羅什訳『妙法蓮華経』「提婆達多品」である。ここでの主人公は龍女、すなわち娑竭羅《しゃから》龍王《りゅうおう》の八歳の娘であり、龍身（畜生）、年少、女身という三重苦を負っている。龍女は、菩提心を起こし、すぐさま不退転の位に達すると、無上正等覚を得た。しかし、舎利弗は「女性の体は穢れていて、仏法の器ではなく（女身垢穢、非是法器）、また五障があるので成仏できない」と龍女の成仏を信じなかった。その時集まっていた人々は、龍女がたちまちの間に男子に変わり、菩薩行を具え、すぐに南方無垢世界に行き、宝蓮華（の座）に坐し、等正覚を成じ、仏の三十二相八十種好がそなわり、あらゆる人々の為に素晴らしい教えを説くのを見た。

この龍女は凡夫の少女ではなく、「不退転辯才無礙」を得ており、疑念を持つ舎利弗に成仏を証明するために男子の姿を取ったにすぎないのである[23]。このほか、曇無讖訳『大方等大集経』「宝幢分中授記」や波羅頗蜜多羅訳『宝星陀羅尼経』「授記品第八」などにも菩薩が女身をもって女人救済の誓願を立てている[24]。こうした女性は、女性の姿をしていても、内面的には女性でなく機根の優れた存在、すなわち男性的な存在なのである。

再び『維摩経』に目を戻すと、この天女も実は不退転（菩薩として得た地位から二度と退かない）の境地に達した存在であることが説かれる。

その時維摩詰は、舎利弗に次のように語った。「この天女は、かつて九十二億の仏を供養し、すでに菩薩の神通を自在に楽しむことができ、願ったところはすべて具え、無生法忍を得て、不退転の境地に住している。本願によって、意のままに現れることができ、衆生を教化するのだ」と。[25]

この天女は自ら「女人相」を求めており、不退転の菩薩が衆生を教化するために化現した姿なのである。

すでに確認したように、女性は穢れや欲心が多く、男から女の身体になるということは、劣った存在になるということでもある。つまり、大乗仏典において、菩薩たちがあえて女身を現すのは、衆生、とりわけ女人救済のためであり、利他行なのである。菩薩が女身を現すことを「性別の変化」と呼ぶことが妥当かどうかは今後検討していかねばならないが、以上のような視点に立てば、女性への転変、延いては女身を現すことのイメージが、大乗仏典において変化したということが言えるだろうか。

高徳の女性を菩薩の化現と見ることは、女性を劣った存在とみる社会の中で、すぐれた女性の存在を認め、その地位を高めるために役立ったのではないかと考える。それが、自ら女人であることを選び、男性と対等に議論し、時には論破する女性にも表れている。

おわりに

以上、仏典の中に見られる性別変化の事例を概観してきた。雑駁な内容となってしまったが、最後に簡単にまとめておきたい。仏典における男女の性別は、身体的な違い以外にも機根の上下や功徳の多寡、欲心の多少などによる区別があった。女は男よりも劣っており、穢れた存在であるため、仏に成ることはできない。そのため、女性の身体を捨てて男に転じるという、変成男子が説かれたのである。

仏典中に女から男への変化が説かれる一方で、男から女への変化も説かれた。これは、欲心をきっかけに起こっており、悔過することによって再び男に戻っている。これは欲心を持つことに対する戒めのような役割を持っていたと考えられよう。また、男に戻らない場合、比丘は比丘尼教団に入ることができ、夏臈《げろう》も男性の時のまま、新しく師匠をとる必要もなかった。このように、性が転変した場合も想定して律が定められており、性別は変化し得るものと認識されていたことがわかる。

男から女への変化として最も知られていた『維摩経』「観衆生品」は男女の性別は仮のものであるとして男女の区別を

否定し、女性が性別に執着する男性を論破する。このような『維摩経』の所説は、教学レベルでは主流とならなかったが、広く民心を掴んだようである。

大乗経典の中には、高徳の女性を菩薩の化現と説くものがあり、これはあえて穢れた女身を現じることで衆生を救済する利他行のひとつと考えられる。

注

(1) 『大正新脩大蔵経』(以下、『大正』)第二四巻、一〇〇四頁中段。

(2) 『大正』二四、七二五上。

(3) 『大正』一二、四二二中。

(4) 仏教における「女性」の問題を取り扱った研究については、荒井美月「仏教における女性研究の変遷――仏典の研究から実態の研究へ」(『現代社会研究科論集　京都女子大学大学院現代社会研究科紀要』第一六号、二〇二二年)を参照。

(5) 『大正』四、五一六下~五一七上。現代語訳は西村正身・羅薫興『旧雑譬喩経全訳　壺の中の女』(渓水社、二〇一三年)七二―七三頁を参考にした。

(6) 『経律異相』巻一三では、「阿那律端正或謂美女欲意往向自成女人」という項目名を立ててこの記事を引用している。この項目名から、宝唱らもこの男性から女性への転身を、「欲意もて往向するに自ら女人と成る」すなわち自らの淫欲の心が原因であると考えたことが読み取れよう。

(7) 『大正』四、五一七上。

(8) 『旧雑譬喩経』では、美貌の比丘が阿那律とは断定されていないが、『経律異相』巻一三は、同記事を引用する中で美貌の僧と阿那律を同一人物としている。美貌の仏弟子として最も知られているのは阿難であろうが、『四分律』には阿那律が美男子の妻になりたい娼婦から結婚を迫られる説話が見え、阿那律の容姿も端正であったことがわかる(大正二二、六三七上~六三八上を参照)。

(9) 『増一阿含経』の訳出者およびについては諸説あり、いまだ定説を見ていない。平岡聡氏は、『増一阿含経』の中に説一切有部の伝承と重なる部分が数多くある一方で、明らかに異なる部分も見出せること、他部派の資料とも一致する用例や『増一阿含経』独自の用法もあることを明らかにした。その上で、『増一阿含経』が単一の部派に帰属させることができない文献であると指摘する(平岡聡「『増一阿含経』の成立解明にむけて」(一)(二)、『印度學佛教學研究』五六(一)、五七(一)、二〇〇七、二〇〇八年)。

(10) 『大正』二、七九九上~中。

(11) 『薩婆多毘尼毘婆沙』九巻は、薩婆多部(説一切有部)の律典である『十誦律』初誦から三誦までの注釈書で、近年では船山徹氏によって、五世紀前半の蜀の成都周辺で漢訳されたと指摘されている(船山徹「失訳仏典『薩婆多毘尼毘婆沙』九巻の漢訳年と漢訳地」『東方学』一四五、二〇二三年)。

(12) 『大正』二三、五六一上。

(13) 唐の道宣(五九五~六六七)が『四分律』に注釈を施した『四分律刪繁補闕行事抄』でも、『毘尼毘婆沙』の当該記事を引用して「洗浴している羅漢の身体がか弱く柔らかだったので、凡人が煩悩を起こして男根を失うことがあった(多論、凡露覆処浴、要不共白衣〈如論者好〉、要著竭支。一当有慚愧、二喜生他欲。因洗羅漢身耎、有凡見便起染失男根。乃至還悔、得本身)」(大正四〇、八六上)と述べ、男根が失われて女根が生じた因果関係を述べている。

(14)『大正』二四、七二五上。

(15)『大正』二三、二九五上。

(16)『大正』二四七二五中。

(17)『大正』一四、五四八中。

(18) 石井公成「女性が男性を論破する大乗経典——日本の女性文学への影響」(『アジア遊学二〇七 東アジアの女性と仏教と文学——女性と仏教の文学世界』二〇一七年)。

(19) 藤田宏達『浄土三部経の研究』(岩波書店、二〇〇七年)の三四三頁を参照、藤田氏は、女が男に転じる変成男子の思想を「男女の差別をいちおう認めた上で無差別思想を示したものであり、いわば現実に即した平等論と考えられたからである」と評価している。

(20) 金申『海外及港台藏歴代佛像珍品紀年圖鑑』(山西人民出版社、二〇〇七年)の八五頁。この石碑について、大谷由香氏、北村一仁氏よりご教示を賜った。

(21) 賀世哲『敦煌石窟全集七 法華経画巻』(商務院書館、一九九九年)、濱田瑞美「敦煌莫高窟初唐期の維摩経変——窟内配置と図様をめぐって」(『肥田路美責任編集『アジア仏教美術論集 東アジアII隋・唐』中央公論美術出版、二〇一八年)。

(22) 沼波芳子「漢訳大乗経典にみる女人成仏——変成男子を中心に」(『東海仏教』第五七号、二〇一二年)。

(23) 植木雅俊『差別の超克——原始仏教と法華経の人間観』(講談社文庫、二〇一八年)の二五八—二五九頁を参照。

(24) 前掲注⑭の一二一—一三頁を参照。

(25)『大正』一四、五四八下。

［II　性の超越と仏教］

律蔵に記載される「性転換」した人々

——上座部の比丘尼僧伽復興に関連して

サッチャーナンディー

Thitsar Nandi——龍谷大学大学院文学研究科博士課程。専門は仏教学。主な論文に「ミャンマー国家総統委員会編『比丘尼についての裁定資料』（Bhikkhunīwinissaya Sardan）翻訳と注解（前・後篇）」（『龍谷大学佛教学研究室年報』二五・二六、二〇二一・二〇二二年）、「諸律蔵における比丘尼犍度の研究——『パーリ律』八重法の第六重法を中心に」（『パーリ学仏教文化学』三六号、二〇二三年）などがある。

本稿は、『パーリ律』及び漢訳の諸律蔵に説かれる性転換の事例を示し、その異同を明らかにするものである。ここでの「性転換」とは、外科的手術などにより恣意的に性を変更することでなく、自然に性が転換した事態を意味する。この問題については、『律蔵』だけでなく『経蔵』にその所伝があるが、本稿では『律蔵』についてのみ示す。

はじめに

ミャンマーでは女性が「比丘尼（成人した出家女性）」となるための受戒儀礼の伝統が途絶えてしまっており、現在も仏教徒として出家修行する女性たちはいるものの、彼女たちは正式な受戒を経たものでないため、比丘尼とは認められず、ティーラシンという独特の存在とされてきた。こうした中で二〇〇三年、ティッサワーディーというミャンマーのティーラシンがスリランカ留学中に比丘尼となった。このことは国内で争議となり、ミャンマーの国家僧統委員会（以下僧統）[1]は上座部における比丘尼僧伽復興がほとんど全く不可能であることを公式に述べるため、ビルマ語で *Bhikkhunīwinissaya Sardan*（『比丘尼についての裁定資料』）[2]を上梓している。著者はこの *Bhikkhunīwinissaya Sardan* の全文を日本語訳し、これを二篇に分けて、前篇を『龍谷大学佛教学研究室年報』第二十五号に、後篇を同第二十六号に発表した[3]。その *Bhikkhunīwinissaya Sardan* において、上座部の比丘尼僧伽が不可能であることの根拠は様々に列挙されているが、その主たるものはいわゆる八重法(4)の規定にもとづくものである。これは、釈尊の義母マハーパジャーパティ・ゴータミー(Mahāpajāpatī-gotamī 大愛道《だいあいどう》)が女性として初めて出家を希望したのに際して、その条件として釈尊が制定したとされる八条からなる規定である。(5)その中でも特に、「パーリ律」ではその第六に挙げられる「二年間、六法(6)について学処を学んだ式叉摩那(7)は、両僧伽(比丘僧伽と比丘尼僧伽)において具足戒を受けることを求めなければならない。この法に遵って生涯犯してはならない」(8)という条文が根拠とされて、比丘尼僧伽の復興が不可能であることが説明される。つまり新しく比丘尼となるためには、すでに成立している比丘尼僧伽(受戒のためには最低十名の比丘尼が儀礼に参加する必要がある)からの承認が必須であり、現状において比丘尼が一人もいないミャンマーでは決して新しく比丘尼になることはできないというのである。

ところで、現代の世界各地に仏教が広まり、さらに女性拡張論が声高に叫ばれるようになった今、これは必然的というべきか、上座部における比丘尼僧伽復活が志され、スリランカでは、一九九六年十二月八日、サールナートの大菩提会の境内にある初転法輪が行われたというまさにその場所にて、クスマー(Kusumā)を主とした十人のダサシルマーターにより再興された。彼女たちは韓国の比丘・比丘尼の二部僧伽から『四分律』の法式による受具によって比丘尼となったと主張している。それはしかし、伝統的に上座部が信仰されてきた国々において論争を惹起することとなり、多くの場合その復活の正当性に疑義が提出されている。そもそも、ミャンマーの僧統に属する長老比丘たちが公式に比丘尼僧伽復興を不可としたのは、まさにその流れにおいて出されたものであった。

上座部における比丘尼僧伽復活に際して依拠すべきは、第一義的にはただ上座部所伝の「パーリ律」(Vinaya Piṭaka)である。しかし、インドおよびスリランカで上座部の名において実行された比丘尼僧伽復興のための受戒は、実は東アジアにおける『四分律』の伝統を借りて行われたものであった。こうした背景を持つ復興された比丘尼僧伽の正当性は、「パーリ律」と『四分律』さらには漢訳の諸律蔵、いわゆる五大広律(9)との比較研究を通じて今後検討されるべきである。実際『パーリ律』では、女性が比丘尼となるには両僧伽すなわち比丘と比丘尼の二部僧伽から具足戒を受けなければならない、としているのに対し、『四分律』ではただ比丘僧伽からとして、必ずしも両僧伽から具足戒を受けなければならない、とはしていない。なお、比丘尼となる必須条件に二部僧伽と言わず比丘僧伽としているのは、『十誦律』と『根本有部律』も同様である。「パーリ律」ではなく、その他漢訳仏典として伝わったものの中には、このように途絶えてしまった比丘尼僧伽を復活させるためのヒントが紹介されているのである。

本稿では特に、*Bhikkhunīwinissaya Sardan* の最終章に、「正統な比丘尼僧伽を復興しえる存在」として言及されている、「比丘が（自然に）性転換して比丘尼となった者」という、常識では考えられない極めて特殊な存在について焦点を当て、「パーリ律」および五大広律における「性転換」の事例について論じる。なぜなら、比丘として出家した男性が性転換して女性になった場合には、再度比丘尼僧伽で受戒する必要はないとさまざまの律蔵には説かれているからである。

なお、*Bhikkhunīwinissaya Sardan* の最終章に述べられている、「正統な比丘尼僧伽を復興しえる存在」という部分のみを示すと以下の通りである。[10]

現代の上座部仏教において比丘尼となる機会はもうないということを、根本原則[11]によって詳しく記したが、これ以上の疑念が残らないように、比丘尼になれる機会があることを仮定[12]によってさらに示す。*Vimati.* Vol.II. p.21 に、「比丘らの面前で具足戒を受けたのは釈女五百人あるいは（比丘から）性転換して（比丘尼となった）者らである。彼女たちは単部僧受具であった。教授する比丘は必ず波逸提である。[13]」

とあり、*Sāratha.* Vol.III. p.43 には、

「比丘らの面前で具足戒を受けたのは釈女五百人あるいは（比丘から）性転換して（比丘尼となった）者らである。[14]」

とあり、*Vajira.* p.238 に、

「比丘から性転換して（比丘尼となった）者らは釈女の比丘尼五百人のように単部僧受具となる。[15]」

と述べられていることにより、男性の比丘が男根[16]から女根[17]に変わった者は、比丘尼僧伽から再び具足戒を受ける必要はない。男性の比丘として比丘僧伽から受けた具足戒は毀損していないため、釈女の比丘尼五〇〇人のように単部僧受具の比丘尼である。

そのような、比丘から性転換した単部僧受具の比丘尼たちを、もし辺境（Paccanta-desa）の土地では五人[18]、中国（Majjhima-desa）では十人[19]集めることが出来たならば、まずその比丘尼たちから具足戒を受けて後に比丘僧伽によって具足戒を受けることにより、以八語得具足戒《いはちごとく》の比丘尼となることが出来るであろう。

そのように言うことは出来るけれども、現実として男性の比丘から性転換して比丘尼となった比丘尼僧伽の五人または十人を同時に探し出すことは、ほとんど不可能である。もし比丘から性転換した比丘尼僧伽の五人または十人を見つけ出すことが出来るのであれば、（正統な）比丘尼となる可能性があるということを知らせるため、また更なる疑念が残らないようにするために、仮定によって述べたと考えるべきである。

つまりパーリ律には性転換した者が新しく獲得した性のままで出家生活を続けることを許す内容が存在しており、ミャンマー僧統もこれを認識しているが、しかしそのような者を五人あるいは十人集めることは不可能であるから、これは仮定の話として出されたものであると認識する必要があるというのである。

しかしその他の漢訳律蔵がどのような状態を性転換とし、釈尊がどのような処分を下したと伝わるのかを概観してそのヴァリエーションを確認しておくことは、比丘尼僧伽復興の正当性を問う上で重要であろう。

一、「パーリ律」における性転換した者たちについての記述

「パーリ律」波羅夷《はらい》部分第一波羅夷の[20]教導事《きょうどうじ》[21]には、比丘から性転換して比丘尼となった者や比丘尼から性転換して比丘となった者について次のように述べられている。

その時一人の比丘に女性の特徴が生じた。世尊にこの意義を述べた。「比丘たちよ、（その女性の特徴が生じた比丘の以前の）その同じ和尚《わじょ》、その同じ具足戒、その同じ法臘（をそのまま通用させること）と、（女性の特徴が生じた比丘が）比丘尼たちと共住することを、私は許可する。（女性の特徴が生じた比丘が、以前犯して未だ懺悔《さんげ》・出罪《しゅつざい》していない）比丘たちの比丘尼たちと共通な罪は、比丘尼たちの前で出罪することを私は許可する。比丘たちの比丘尼たちと共通でない罪については無罪である」と。[22]その時、一人の比丘尼に男性の特徴が生じた。世尊にこの意義を述べた。「比丘たちよ、（その者が比丘尼だった時の）その同じ和尚、その同じ具足戒、その同じ法臘（をそのまま通用させること）と、（男性の特徴が生じた比丘尼が）比丘たちと共住することを、私は許可する。（男性の特徴が生じた比丘尼が、以前犯して未だ懺悔・出罪していな

い）比丘尼たちの比丘たちと共通な罪は、比丘たちの前で出罪することを私は許可する。比丘尼たちの比丘たちと共通でない罪については無罪である」と。(23)

この律の一節について、ブッダゴーサの『律註』(*Samantapāsādikā*)では、以下のように説明されている。

第十四事において「女性の特徴が生じた」というのは、夜の間に眠りに落ちた人（比丘）の髭・鬚などという男性の形状が全て消失して、女性の形状が現れた、ということである。「その同じ和尚、その同じ具足戒」というのは、前に選んだ和尚、前に受けた具足戒、それをそのまま許可する、（つまり）再び和尚を選ぶ必要はないし、具足戒を受ける必要もない、という意味である。「その同じ法臘」というのは比丘受戒以後の法臘の数、その同じ法臘の数を許可する、これからの（比丘尼になってからの）法臘の数を数えるのではない、という意味である。「比丘尼たちと共住することを」というのは、比丘尼たちと一緒に共住する、同住する、和合者となることを許可する、という意味である。

次のようなことが言われているのである――「今や彼女が比丘たちの中に住むことは相応しくない。比丘尼の住房に行って比丘尼たちと一緒に住むべきである。」と。

「比丘たちの比丘尼たちと共通な罪は」というのは、比丘たちの比丘尼たちと共通な教誡罪（応悔罪）あるいは出罪、「比丘尼たちの前で出罪することを」というのは、それら全てを、比丘尼たちの為すべき律羯磨《りつこんま》を為してから、比丘尼たちの前で出罪することを私は許可する、という意味である。「（比丘たちの比丘尼たちと共通でない）罪については無罪である」というのは、比丘たちの比丘尼たちと共通でない、精液の漏出などの罪、それらについては無罪である。特徴の転換によって、それらの罪は出罪されているのである。再び元の特徴が生じても、それらの罪については彼にとって必ず無罪である、ということが、先ずこれについての『パーリ裁定』である。(24)

以上のように、ブッダゴーサは律本文に「女性の特徴が生じた（itthiliṅgaṃ pātubhūtanti）」とあるのを、「髭・鬚などという男性の形状が全て消失して、女性の形状が現れた（itthisaṇṭhānaṃ uppannaṃ）」ことであるとし、「女根が生じた」とは言っていないのは、一応注意すべき点である。もっとも、ブッダゴーサも、人がたちまち一夜にして自然に性転換するという事態が一体どういうことか理解できず、このようなやや曖昧な表現に留まっただけであるかもしれない。(25)

いずれにせよ「パーリ律」では、男性が具足戒を受けて比丘となった後、自然に性が変わって女性となった際は、その者の和尚・具足戒・法臈をそのまま有効なものとして比丘尼とし、比丘尼僧伽に編入させるべきことが規定されている。その逆に、受戒して比丘尼となった女性が自然に性転換して男性となった場合も、比丘として同様に処遇されるのである。

二、『四分律』における性転換した者たちについての記述

『四分律』には性転換について三つの事例を、次のように示している。

①　その時、一人の比丘があって、女形に変化した。諸々の比丘は、（これをどう対処すべきか）考え、「（女性となってしまったその比丘を）滅擯《めっぴん》[26]するべきか、否か」と言った。仏陀は、「滅擯してはならない。（その比丘が）先に受けていた具足戒の年歳（戒臈）・和尚・阿闍梨《あじゃり》をそのままに、（その比丘を）比丘尼僧伽の中に置くことを許す」と説かれた。

その時、一人の比丘尼があって、男子形に変化した。諸々の比丘尼は、（これをどう対処すべきか）考え、「（男性となってしまったその比丘尼を）滅擯するべきか、否か」と言った。仏陀は、「滅擯してはならない。（その比丘尼が）先に受けていた戒の年歳・和尚・阿闍梨をそのままに、（その比丘尼を）比丘僧伽の中に置くことを許す」と説かれた[27]。

②　その時、一人の比丘があって、変化して男女二形となった。諸々の比丘は、（これをどう対処すべきか）考え、「滅擯するべきか、否か」と言った。仏陀は、「滅擯しなければならない」と説かれた。

その時、一人の比丘尼があって、変化して男女二形となった。諸々の比丘尼は、（これをどう対処すべきか）考え、「滅擯するべきか、否か」と言った。仏陀は、「滅擯しなければならない」と説かれた[28]。

③　その時、ある比丘が、賊にその男根ならびに睾丸を切断されてしまった。諸々の比丘は、（これをどう対処すべきか）考え、「滅擯するべきか、否か」と言った。仏陀は、「滅擯してはならない」と説かれた。

その時、ある比丘が、怨家によってその男根および睾丸を切断されてしまった。諸々の比丘は、（これをどう対処すべきか）考え、「滅擯するべきか、否か」と言った。仏陀は、「滅擯してはならない」と説かれた。

その時、ある比丘が、悪しき獣によって男根および睾丸を噛まれ（それらを失ってしまっ）た。諸々の比丘は、（こ

れをどう対処すべきか）考え、「滅擯するべきや、否か」と言った。仏陀は、「滅擯してはならない」と説かれた。その時、ある比丘が、業報因縁《ごうほういんねん》によってその男根を自然に失ってしまった。諸々の比丘は、（これをどう対処すべきか）考え、「滅擯するべきか、否か」と言った。仏陀は、「滅擯してはならない」と説かれた。

その時、ある比丘が、自らその男根を切断した。諸々の比丘は、（これをどう対処すべきか）考え、「滅擯するべきか、否か」と言った。仏陀は、「滅擯しなければならない」と説かれた。[29]

これら三つの内、一つ目だけが「パーリ律」と対応するも、残りの二つは「パーリ律」には見られない事例である。『四分律』では、両性具有者は滅擯すべきとしながらも、他者によって、あるいは自然に（不可抗力により）性器が損なわれた場合は、その比丘（または比丘尼を）滅擯する必要は無いと規定する。ただし、自らが自身の意思でその性器を損ねた場合は滅擯せよ、と規定している。すなわち、性転換と言っても現代外科的になされている人為的な性転換をした者は、出家者として認められないのである。

なお、これは以上に示した「パーリ律」および以下に示すその他の律蔵についても同様に言えることであるが、律文において「男形（女形）」と「男根」とが使い分けられている点には注意が必要である。

三、『五分律』における性転換した者たちについての記述

『五分律』における性転換についての事例は以下の通り。

その時、一人の比丘の男根が消滅して女根が生じた。諸々の比丘は、これにどう対処すべきかわからなかった。そこでこの事を仏陀に申し上げた。仏陀は、「（自然に性転換した）その者の受戒を（有効なものとして）そのままとし、またその請師をそのままにし、またその法臘をそのままにして、（その者は）比丘尼の住処に往き、比丘尼法に従って留まるように。もし以前、共比丘尼戒を犯していたならば、比丘尼僧伽において悔過《けか》せよ。もし以前、不共戒を犯していたならば、復た悔過する必要はない。これは比丘尼の女根が（自然に男根に）変化した場合も同様である」と説かれた。[30]

ある式叉摩那の女根が（男根に）変化したが、（比丘尼たちは）これにどう対処すべきかわからなかった。そこでこの事を仏陀に申し上げた。仏陀は、「（自然に性転換した）その者の出家を（有効なものとして）そのままとし、

もし年齢が二十に満ちていたならば、比丘僧伽の十人の（比丘の）元で具足戒を受けよ。もし年齢がいまだ二十に満ちていないならば、これを沙弥として扱うように。（このような対処は）沙弥尼についても同様である」と説かれた。[31]

ある沙弥の男根が（女根に）変化したが、（比丘たちは）これにどう対処すべきかわからなかった。そこでこの事を仏陀に申し上げた。仏陀は、「（自然に性転換した）その者の出家を（有効なものとして）そのままとし、もし年齢が（十八歳に）達していたならば、二歳戒[32]を与えなければならない。すなわち比丘尼僧伽において二歳戒を授けよ。もし年齢が未だ達していないならば、二歳戒を与えてはならない。これを沙弥尼として扱うように」と説かれた。[33]

その時、ある比丘が、欲望という火によって焼かれて我慢することが出来なかった。（そこでその比丘は）自らの性器を切断した。諸々の比丘は、この事を仏陀に申し上げた。仏陀は、（その比丘を）訶責し、「おまえはなんという愚か者であろうか。断ってはならないものを断ち、断つべきものを断たなかったのだ」と説かれた。（そこで仏陀は）諸々の比丘に、「もし（男性器の）頭、あるいは半分を切断したならば、突吉羅《とっきら》。[34]もしすべてを切断したならば、偸羅遮《ちゅうらんじゃ》。[35]もし一つの睾丸を切断したならば、偸羅遮。もし睾丸二つとも切断したならば、滅擯せよ。あるいは（性器を）悪しき獣によって嚙まれ、あるいは怨家によって害せられ、または自ら損壊して、再び男性機能を回復できない場合は、すべて滅擯しなければならない」と説かれた。[36]

ここで『五分律』は、性器が自分もしくは他者によって損壊され回復不能な場合は、等しく滅擯せよ、と規定している。この点は『四分律』と全く異なる。特に『五分律』はその性器の損傷の程度について詳細に規定しており、卵すなわち睾丸が二つとも失われた場合を「損壊」とし、その原因がなんであれ性器が損壊した者は追放すべきとする。先に示したように、『四分律』では、仮に男根および睾丸を失ったとしても、それが他者によってなされた場合であるならば、滅擯する必要は無いとしている。同様な事態が生じたとしても、その対処法・見解が部派毎にかなり相違していたことが、このような点からも知ることが出来よう。

四、『十誦律』における性転換した者たちについての記述

『十誦律』には性転換について二箇所に記述されている。[37]まず第一は、巻第四十（第六誦之五）明雜法之五の末、および巻第四十一（第六誦之六）明雜法之六の初であり、そこでは以下の通り述べられている。

巻第四十（第六誦之五）明雜法之五の末：

仏陀は舍衛國《しゃえこく》におられた。その時、ある比丘が男根を失って女根を成じた。諸々の比丘は、これにどう対処すべきかわからなかった。そこでこの事を仏陀に申し上げた。仏陀は、「（その者が）先に出家し具足戒を受けた年数をそのままに、比丘尼僧伽の中に編入せよ」と説かれた。[38]

仏陀は舍衛國におられた。その時、ある比丘尼が女根を失って男根を得た。諸々の比丘尼は、これにどう対処すべきかわからなかった。そこでこの事を仏陀に申し上げた。仏陀は、「（その者が）先に出家し具足戒を受けた年数をそのままに、比丘僧伽の中に編入せよ」と説かれた。[39]

巻第四十一（第六誦之六）明雜法之六の初：

仏陀は舍衛國におられた。その時、ある比丘が男根を失わずに女根を得た。諸々の比丘は、これにどう対処すべきかわからなかった。そこでこの事を仏陀に申し上げた。仏陀は、「滅擯せよ」と説かれた。[40]仏陀は舍衛國におられた。その時、ある比丘尼が女根を失わずに男根を得た。諸々の比丘尼は、これにどう対処すべきかわからなかった。そこでこの事を仏陀に申し上げた。仏陀は、「滅擯せよ」と説かれた。[41]

次に、同巻第六十一（善誦毘尼《ぜんじゅびに》序巻中）毘尼中雜品第三には、以下のように述べられている。

優波離《うぱり》が（仏陀に）「沙弥の受具足羯磨の時、もし男根が変化して女となったならば、（その沙弥は）比丘でしょうか、比丘尼でしょうか」と質問した。仏陀は、「比丘尼である」と説かれた。また、「式叉摩尼の受具戒羯磨の時、もし女根が変化して男となったならば、（その式叉摩尼は）比丘尼でしょうか、比丘でしょうか」と質問した。仏陀は、「比丘である」と説かれた。また、「もし、（その地域の）すべての比丘によって結界羯磨が行われている時、その僧すべて（の男根）が変化して女となったならば、その界は比丘界でしょうか、比丘尼界でしょうか」と質問した。仏陀は、「比丘尼界である」と説かれた。「もし（その地域の）すべての比丘尼によって結界羯

磨が行われている時、そのすべて（の比丘尼の女根）が変化して男となったならば、その界は比丘尼界でしょうか、比丘界でしょうか」と質問した。仏陀は、「それは比丘界という」と説かれた。「もし比丘が結界羯磨を行っている時、あるいは（女性に）変化する者があり、あるいは変化しない者があるとします。その界は比丘界でしょうか、比丘尼界でしょうか」と質問した。仏陀は、「もし説羯磨人が男であれば、その界は比丘に属す。（説羯磨人の男根が）女となっていたならば、その界は比丘尼に属す」と説かれた。「比丘が結界羯磨している時、説羯磨比丘ただ一人（の男根）が変化して女となったならば、その界は比丘界でしょうか、比丘尼界でしょうか」と質問した。仏陀は、「比丘尼界である」と説かれた。「比丘尼が結界羯磨している時、説羯磨人ただ一人（の女根）が変化して男となったならば、その界は比丘尼界でしょうか、比丘界でしょうか」と。仏陀は「比丘界である」と説かれた。[42]

この『十誦律』の雑品は、それが実際に起こったことではなく、「もし、仮に」という想定を様々にした、現実的ではない質疑応答が展開している点、いわゆる「律」とは性質を全く異にしたものであって、注釈書的な記述といえる。

五、『摩訶僧祇律』における性転換した者たちについての記述

最後に『摩訶僧祇律』における所伝は以下の通り。

三つの因縁によって「非比丘」となる。何が三であろうか。心に決意して捨戒すること、実際に（波羅夷罪などの違反が）あって僧伽から追放されること、形が変化して女となることである。これらを名づけて「三非比丘」とする。（形が変化して女となった比丘は、）比丘尼精舎に編入すべきであるけれども、比丘尼と共に覆障《ふくしょう》[43]を同じくしてはならず、（元から女性である比丘尼とは）別けさせよ。もし、（自然に性転換して比丘尼となった者が）後にまた男根を得たならば、比丘僧伽の中に還らせよ。（そのように性転換したとしても）なおその具足戒は有効であり、また本歳に復するものである。三つの因縁があって「非比丘尼」となる。何が三であろうか。心に決意して威儀を壊すこと、実際に（波羅夷罪などの違反が）あって僧伽から追放されること、形が変化して男となることである。比丘について説いたのと同様である。[44]

『摩訶僧祇律』では非比丘・非比丘尼となる原因を示す点において他律と異なる。特に、比丘（男性）であった者が比

丘尼（女性）となったとしても、他者から見えない場所に性転換して比丘尼となった者と元から比丘尼であった者とを同席させてはならない、としている点、さらには性転換して比丘尼となった者が再び性転換して比丘となった場合についての処遇を示している点が特徴的である。前者は一見、現実的な対処であると思えるが、しかしそれはその性転換に「疑い」が無ければ、そうはさせないようなものであろう。また、後者は『十誦律』と同様、そのような事例が実際にあって裁定されたことのようには思われない記述である。

おわりに

以上、「パーリ律」および漢訳の諸律蔵に説かれる「性転換」の事例を示し、その異同を明らかにした。比丘あるいは比丘尼が性転換した場合、どちらも僧伽から追放されず、変化した性別に対応する僧伽に編入するという対処法は、『四分律』や『五分律』そして『十誦律』は「パーリ律」と一致している。しかし、「パーリ律」では全く言及されていない、男女両形が生じたり、自然に欠損したり、他者に損壊されたり、自ら切断したりする事例については、『四分律』や『五分律』そして『十誦律』では共通して言及されている。とはいえ、漢訳の諸律蔵もそれぞれ詳らかにしている点やその対処法に大きな異なりが見られ、必ずしも一致していない。

そもそも『律蔵』には、「性転換したという者」の言が誠か嘘かを、実際にその者の身体を確認して判定するなどの術について全く触れられておらず、その規定も存在していない。そのような事実からすれば、それはあくまで自己申告によるものであったのかもしれない。

元来、「人が自然に性転換する」という事態自体が現代の常識からすれば理解できない常軌を逸したことであるけれども、それが諸々の律蔵に伝え記され、また現代における比丘尼僧伽復興の鍵として（それがたとえ揶揄気味にであっても）ミャンマーの僧統によって論じられている以上、それがいかなることか真剣に探るべき問題であろうと筆者は考える。とはいえ、本研究は未だ途上であり、いまだ諸律蔵のそれについての所伝を完全には洗い出せておらず、また論ずべき課題を多く残している状態である。今後はより一層、諸律蔵はもとより律註および古代インドでの「性転換」についての研究を深めていく予定である。

注

（1） ビルマ語の正式名称はNaingandaw Thanga Mahar Naryaka Aphawe、英語での正式名称はThe State Saṃghamahānāyaka Committee（SSMC）。これを今仮に「国家僧統委員会」と日本語

訳し、本稿において用いる。

（2） Bhikkhunīwinissayaとは、パーリ語がビルマ語に転訛した綴りによる書題であり、パーリ語で正しくはBhikkhunīvinicchayaで、その意は「比丘尼についての裁定」。Sardanはパーリ語ではなくビルマ語で「資料」の意。

（3） サッチャーナンディー（二〇二一）及び同（二〇二二）を参照。

（4） aṭṭha-garudhamma. 釈尊の養母Mahā-pajāpatī（マハーパジャーパティー／大愛道）を初め、女性が比丘尼として出家することを許すに際し、釈尊がその必ず守るべき条件として課した八箇条。後述。

（5） ①受戒してから百年を経ていようと、比丘尼は、今日受戒したばかりの比丘であっても礼拝・奉迎・合掌・尊敬しなければならない。この法を恭敬し、尊重し、信奉し、供養して生涯犯してはならない。②比丘尼は、比丘のいない住処において雨安居してはならない。この法を恭敬し…（以下同）。③比丘尼は、半月毎に、比丘僧伽にて布薩についての質問と教誡とを受けに行くことという、二つの法を請わなければならない。④比丘尼は、雨安居後、両僧伽において見・聞・疑の三事によって自恣を行わなければならない。⑤比丘尼は、もし重法を犯したならば、両僧伽において半月摩那埵を行わなければならない。⑥二年間、六法について学処を学んだ式叉摩那は、両僧伽において具足戒を受けることを求めなければならない。⑦比丘尼は、比丘に対していかなる理由でも罵ったり謗ったりしてはならない。⑧今より以降、比丘尼たちが比丘たちに（教誡や教法などについて）話すことは禁じられる。比丘たちが比丘尼たちに（教誡や教法などについて）話すことは禁じられない。

（6） 比丘尼となるべく具足戒を受ける以前の二年間、式叉摩那（Sikkhamānā／正学女）として受持すべき六種の学処（六法戒）。①故意に、生きものを殺さない。②故意に、未だ与えられていない物を我が物としない。③欲情の心を持って男性に触れない。④事実と異なる言葉・虚言を発しない。⑤正午から翌日の日の出までの非時に固形物を口にしない。⑥いかなる酒類も飲まない。

（7） sikkhamānā. 女性が比丘尼となる以前の二年間、妊娠していないか、比丘尼としての生活に耐えうるかなどを見極めるために設けられた立場。基本的に十八歳以上の者がなり得る、沙弥尼と比丘尼の中間的立場。正学女とも。

（8） Vassaṃvuṭṭhāya bhikkhuniyā ubhatosaṅghe tīhi ṭhānehi pavāretabbaṃ – diṭṭhena vā, sutena vā, parisaṅkāya vā. Ayampi dhammo sakkatvā garukatvā mānetvā pūjetvā yāvajīvaṃ anatikkamanīyo. Vin. Cv. (CS: p.444/ PTS: p.255).

（9） 『十誦律』・『四分律』・『五分律』・『摩訶僧祇律』・「根本説一切有部律」（以下「根本有部律」）の、往古の支那に伝えられ漢訳された五つの律蔵。

（10） サッチャーナンディー（二〇二二）一四五―一四六頁を参照。

（11） pakati niyama.

（12） parikappa.

（13） bhikkhūnaṃ santike upasampannā nāma parivattalingā vā pañcasatasākiyāniyo vā, etā pana ekato upasampannā ovadantassa pācittiyameva.

（14） bhikkhūnaṃ santike upasampannā nāma parivattalingā vā pañcasatasākiyāniyo vā.

（15） bhikkhussa liṅgaparivatthane ekato upasampannāya vasena āpatti sākiyānīnaṃ viya.

(16) purisa-liṅga.

(17) itthi-liṅga.

(18) pañca vagga. 辺境の地方で比丘が十人存在しない場合は、五人による受具が許される。

(19) dasa vagga. 受具足戒は本来的には十人以上の比丘が界内にあって、その全員の許可を得ることに依って成立する。

(20) pārājikakaṇḍa pathamapārājika

(21) Vinīta-vatthu. ミャンマー語訳は「世尊が自分で指導され、制される事」としている。

(22) tena kho pana samayena aññatarassa bhikkhuno itthiliṅgaṃ pātubhūtaṃ hoti. bhagavato etamatthaṃ ārocesuṃ. "anujānāmi, bhikkhave, taṃyeva upajjhaṃ tameva upasampadaṃ tāniyeva {tāni (sī. syā.)} vassāni bhikkhunīhi saṅgamituṃ {saṅkamituṃ (sī. syā.)} . yā āpattiyo bhikkhūnaṃ bhikkhunīhi sādhāraṇā tā āpattiyo bhikkhunīnaṃ santike vuṭṭhātuṃ. yā āpattiyo bhikkhūnaṃ bhikkhunīhi asādhāraṇā tāhi āpattīhi anāpattī"ti. (Pārājikakaṇḍa. Pathamapārājika. Vinītavatthu) (CS: p.43) PTS: Vin.Vol-1 p.35 南伝大蔵経第一巻律蔵一五五頁。

(23) tena kho pana samayena aññatarissā bhikkhuniyā purisaliṅgaṃ pātubhūtaṃ hoti. bhagavato etamatthaṃ ārocesuṃ. "anujānāmi, bhikkhave, taṃyeva upajjhaṃ tameva upasampadaṃ tāniyeva {tāni (sī. syā.)} vassāni bhikkhūhi saṅgamituṃ {saṅkamituṃ (sī. syā.)} . yā āpattiyo bhikkhunīnaṃ bhikkhūhi sādhāraṇā tā āpattiyo bhikkhūnaṃ santike vuṭṭhātuṃ. yā āpattiyo bhikkhunīnaṃ bhikkhūhi asādhāraṇā tāhi āpattīhi anāpattī"ti. (CS: pp.43-44) PTS: Vin.Vol-1 pp.35-36.

(24) SP. cuddasame vatthumhi itthiliṅgaṃ pātubhūtanti rattibhāge niddaṃ okkantassa purisasaṇṭhānaṃ massudāṭhikādi sabbaṃ antarahitaṃ itthisaṇṭhānaṃ uppannaṃ. tameva upajjhaṃ tameva upasampadanti pubbe gahitaupajjhāyameva pubbe kataupasampadameva anujānāmi. puna upajjhā na gahetabbā; upasampadā na kātabbāti attho. tāniyeva vassānīti bhikkhūpasampadato pabhuti yāva vassagaṇanā, taṃyeva vassagaṇanaṃ anujānāmi. na ito paṭṭhāya vassagaṇanā kātabbāti attho. bhikkhunīhi saṅgamitunti bhikkhunīhi saddhiṃ saṅgamituṃ saṅgantuṃ samaṅgī bhavituṃ anujānāmīti attho. idaṃ vuttaṃ hoti — appatirūpaṃ dānissā bhikkhūnaṃ majjhe vasituṃ, bhikkhunupassayaṃ gantvā bhikkhunīhi saddhiṃ vasatūti. yā āpattiyo bhikkhūnaṃ bhikkhunīhi sādhāraṇāti yā desanāgāminiyo vā vuṭṭhānagāminiyo vā āpattiyo bhikkhūnaṃ bhikkhunīhi saddhiṃ sādhāraṇā. tā āpattiyo bhikkhunīnaṃ santike vuṭṭhātunti tā sabbāpi bhikkhunīhi kātabbaṃ vinayakammaṃ katvā bhikkhunīnaṃ santike vuṭṭhātuṃ anujānāmīti attho. tāhi āpattīhi anāpattīti yā pana bhikkhūnaṃ bhikkhunīhi asādhāraṇā sukkavissaṭṭhi-ādikā āpattiyo, tāhi anāpatti. liṅgaparivattanena tā āpattiyo vuṭṭhitāva honti. puna pakatiliṅge uppannepi tāhi āpattīhi tassa anāpattiyevāti ayaṃ tāvettha Pāḷivinicchayo. (CS: p.237/ PTS: p.237)

(25) ブッダゴーサは、『パーリ裁定』Pāḷivinicchayaにもとづいて注釈した後に、Pāḷimutto Okkantikavinicchayaという別の文献によって、比丘尼戒の種々の規定との関連などを更に詳しく具体的に記述しているが、本発表では触れない。

(26) nāśana. 僧伽から永久追放して二度と受け入れないこと。

(27) 大正大蔵経第二十二巻律部一 No. 1428 四分律（姚秦罽賓三藏佛陀耶舍共竺佛念等譯）卷第三十五（二分之十四）受戒揵度之五：［813b15］爾時有一比丘、變為女形、諸比丘念言：「應滅擯不？」佛言：「不應滅擯、聽即以先受具足戒年歲、和尚、阿闍梨送置比丘尼眾中。」爾時有一比丘尼、變為男子形、諸比丘尼念言：「應滅擯不？」佛言：「不應滅擯、聽即以先受戒年歲、和尚、阿闍梨當安置比丘眾中。」

（28）[813b21] 爾時有一比丘，變為男女二形，諸比丘念言：「應滅擯不?」佛言：「應滅擯。」爾時有一比丘尼，變為男女二形，諸比丘尼念言：「應滅擯不?」佛言：「應滅擯。」

（29）[813b24] 爾時有比丘，被賊截其男根并卵，諸比丘念言：「應滅擯不?」佛言：「不應滅擯。」爾時有比丘，為怨家截其男根及卵，諸比丘念言：「應滅擯不?」佛言：「不應滅擯。」爾時有比丘，為惡獸嚙男根及卵，諸比丘念言：「應滅擯不?」佛言：「應滅擯不?」佛言：「不應滅擯。」爾時有比丘，業報因緣男根自落，諸比丘念言：「應滅擯不?」佛言：「不應滅擯。」爾時有比丘，自截其男根，諸比丘念言：「應滅擯不?」佛言：「應滅擯。」

（30）大正大蔵経第二十二巻律部一 No. 11 五分律（彌沙塞）（宋罽賓三藏佛陀什共竺道生等譯）巻第十七第三分初受戒法下：[119a11] 時有一比丘男根滅女根生，諸比丘不知云何？以是白佛，佛言：「應即以此受戒，即以此請師，即以此年歳往比丘尼住處，依比丘尼法住；若先犯共比丘尼戒，應於比丘尼中悔；若先犯不共戒，不復悔。比丘尼根變亦如是。」

（31）[119a15] 有一式叉摩那根變，不知云何！以是白佛，佛言：「應即以此出家，若年滿二十，於比丘眾中十人與受具足戒；若年未滿二十，即是沙彌。沙彌尼亦如是。」

（32）式叉摩那として二年間遵守すべき六種の戒。六法戒。

（33）[119a19] 有一沙彌根變，不知云何？以是白佛，佛言：「應即以此出家，若年滿，應與二歳與二歳戒，即是沙彌尼。」

（34）Pāḷi: dukkaṭa. Skt: duṣkṛta. 悪作。三人から一人の比丘・比丘尼に対し告白・懺悔、あるいはただ心の中で懺悔することによって出罪できる軽微な罪。

（35）Pāḷi: thullaccaya, thūlaccaya. Skt: sthūlātyaya. 一般的に偸蘭遮は波羅夷と僧残の未遂罪に当るものと考えられているが、未だに不明確な点が多い。李慈郎「偸蘭遮（thullaccaya）について」（『印度學佛教學研究』第六十六巻第二号）では、「誰かが波羅夷と僧残を試みたが、最初の段階でやめると越毘尼（vinayātikrama）であり、続ければ偸蘭遮、実際に犯すと波羅夷と僧残である」（Hirakawa 1982: 106, n. 11）という平川説を引用しつつもそれでは十分ではないと述べている。

（36）[119a23] 爾時有一比丘為欲火所燒，不能堪忍，自截其形。諸比丘以是白佛，佛訶責言：「汝愚癡人！不應截而截，應截便不截！」告諸比丘：「若截頭及半，突吉羅；若都截，偷羅遮；若去一卵，偷羅遮；若去兩卵，應滅擯。若為惡獸嚙，若怨家所害，及自爛壞，不復能男，皆應滅擯。」

（37）十誦律の訳出と構成については種々の問題が指摘されている。これについては平川彰著作集第九巻『律蔵の研究Ⅰ』一二七一一三七頁および一五八一一六一頁を参照。

（38）大正大蔵経第二十三巻律部二 No. 1435 十誦律（後秦北印度三藏弗若多羅共羅什譯）巻第四十（第六誦之五）明雜法之五の末：[295a24] 佛在舍衛國。爾時有比丘失男根成女根，諸比丘不知云何？是事白佛。佛言：「即以先出家受具戒歳數，遣入比丘尼眾中。」

（39）[295a27] 佛在舍衛國。爾時有比丘尼，失女根得男根。諸比丘尼不知云何？是事白佛。佛言：「即以先出家受具戒歳數，遣入比丘眾中。」

（40）[295b08] 佛在舍衛國，爾時有比丘，不失男根得女根。諸比丘不知云何？是事白佛。佛言：「應與滅擯。」

（41）[295b10] 佛在舍衛國。爾時有比丘尼，不失女根得男根。諸比丘尼不知云何？是事白佛。佛言：「應與滅擯。」

（42）同巻第六十一（善誦毘尼序巻中）（東晉罽賓三藏卑摩羅叉續譯）毘尼中雜品第三：[456b19] 優波離問：「沙彌受具足羯

磨時，男根轉成女，為名比丘、名比丘尼耶？」佛言：「名比丘尼。」又問：「式叉摩尼受具戒羯磨時，女根轉成男，為名比丘尼、名比丘耶？」佛言：「名比丘。」又問：「若一切比丘結界羯磨時，僧都轉成女，是界名比丘界、名比丘尼界耶？」佛言：「名比丘尼界。」問：「若一切比丘尼結界羯磨時，都轉成男，是界名比丘尼界、名比丘界耶？」佛言：「是名比丘界。」問：「若比丘結界羯磨時，或轉者、或不轉者，是界名比丘界、名比丘尼界耶？」佛言：「若說羯磨人，是男，界屬比丘；成女界，屬比丘尼。」問：「比丘結界羯磨時，說羯磨比丘獨轉成女，是界名比丘界、名比丘尼界耶？」佛言：「名比丘尼界。」問：「比丘尼結界羯磨時，說羯磨人獨轉成男，是界名比丘尼界、名比丘界耶？」佛言：「名比丘界。」

(43) 覆い遮るもの、あるいは覆い隠されて他者から見えない場所。

(44) 大正大蔵経第二十二巻律部一 No. 1425 摩訶僧祇律（東晉天竺三藏佛陀跋陀羅共法顯譯）卷第四十比丘尼戒法・明雜跋渠・第五跋渠：[547c25] 有三因緣非比丘。何等三？心決定捨戒、有實事僧驅出、形轉為女，是名三非比丘。應遣詣比丘尼精舍，不得共比丘尼，同覆障應別。若後還得男根者，當還比丘僧中，故名具足，亦復本歲。有三因緣非比丘尼。何等三？心決定壞威儀、有實事僧驅出、轉形為男。如比丘中說。

略号及び参考資料

〈略号〉

CS : Chaṭṭhasaṅgīti edition.

Cv : Cūḷavagga.

JAOS : Journal of the American Oriental Society.

JIABS : Journal of the International Association of Buddhist Studies.

PTS : Pāḷi Text Society.

Sārattha : Sāratthadīpanī-ṭīkā.

SP : Samantapāsādikā.

Vajira : Vajirabuddhi-ṭīkā.

Vimati : Vimativinodanī-ṭīkā.

Vin : Vinaya.

〈一次資料〉

Chaṭṭhasaṅgītiyātherā［1958］*Cūḷavagga Pāḷi*, Chaṭṭhasaṅgīti Edition, Yangon: Myanmar, Ministry of Religious Affairs Press.

Mahābuddhaghosa, Bhaddanta［1995］*Mahāvagga Aṭṭhakathā* (suttanta), Chaṭṭhasaṅgīti Edition, Yangon: Myanmar, Ministry of Religious Affairs Press.

——［1978］*Saṃyutta Nidānavaggakhandavagga Aṭṭhakathā* Volume I, Chaṭṭhasaṅgīti Edition, Yangon: Myanmar, Ministry of Religious Affairs Press.

——［1957］*Sammohavinodanī Aṭṭhakathā*, Chaṭṭhasaṅgīti Edition, Yangon: Myanmar, Ministry of Religious Affairs Press.

〈二次資料〉

Ashin Janakābhivaṃsa［1961］*Pārājikabhāsāṭīkā Volume II*, Amarapūra: Sagaing, New Burma Press.

Dhammadinnā

——［2017］Karma here and now in a Mūlasarvāstivāda avadāna: How the Bodhisattva changed sex and was born as a female 500 times, *Annual Report of The International Research Institute for Advanced Buddhology at Soka University for the Academic Year*, 21, pp. 63-94.

——［2017］Soreyya/ā's double sex change: on gender relevance and Buddhist values［4 figures］, *Annual Report of The International*

Research Institute for Advanced Buddhology at Soka University for the Academic Year, 22, pp. 9-34.

Diana Y.Paul［1970］*Women in Buddhism*, images of the Feminine in the Mahāyāna Tradition, University of California Press.

I. B. Horner［1952］*The Book of the Discipline*（Vinaya-Piṭka）Vol-V（Cūḷavagga）, Luzac & Company Ltd, London.

J.J.Meyer［1971］*Sexual Life in Ancient India*, Delhi.

Juo-Hsüeh Shih［2000］*Controversies Over Buddhist Nuns*, Pāḷi Text Society.

Miriam L.Levering［1982］The Dragon Girl and the Abbess of Mo-shan: Gender and Status in the Ch'an Buddhist Tradition, *Journal of the International Association of Buddhist Studies* 5.

Nancy Schuster

——［1981］Changing the Female Body, Wise Women and the Bodhisattva Career in Some Mahāyāratnakūṭasūtras, *Journal of the International Association of Buddhist Studies* 4.

Petra Kieffer-Pulz［2017］Sex-change in Buddhist Legal Literature with a focus on the Theravāda tradition, *Annual Report of The International Research Institute for Advanced Buddhology at Soka University for the Academic Year*, 21, pp. 27-62.

R.M.Smith［1955］*The Story of Ambā in the Mahābhārata*, Adyar Library Bulletin 19.

Sasaki Shizuka［2004］*A Problem in the Re-establishment of the Bhikkhunī Saṅgha in Modern Theravāda Buddhism*, The Eastern Buddhist, 36-1&2, pp. 184-191.

W.D.O'Flaherty［1980］*Women, Androgynes, and other Mythical Beasts*, Chicago.

W.Norman Brown［1927］*Change of Sex as a Hindu Story Motif*, The Journal of the International Association of Buddhist Studies 47.

平川彰『律蔵の研究』「第六章犍度部組織の原形の研究」（東京出版社、一九六〇年）

――『インド仏教史』上巻「燃燈仏授記」（東京出版社、一九七四年）

――『初期大乗仏教の研究Ⅰ』（『平川彰著作集』第三巻、春秋社、一九八九年）

――『二百五十戒の研究Ⅰ』（『平川彰著作集』第十四巻、春秋社、一九九三年）

――『二百五十戒の研究Ⅳ』（『平川彰著作集』第十七巻、春秋社、一九九五年）

――『比丘尼律の研究』（『平川彰著作集第』十三巻、春秋社、一九九八年）

森章司・本澤綱夫「*Mahāpajāpatī Gotamī*の生涯と比丘尼サンガの形成」（『原始仏教聖典資料による世尊伝の研究』論文10、中央学術研究所紀要、二〇一〇年）

藤田宏達『浄土三部経の研究』（岩波書店、二〇〇七年）三三四―三四五頁

原実『二つの性転換物語』（田賀龍彦博士古稀記念論集『仏教思想仏教史論集』横組、山喜房仏書林、二〇〇一年）一―一五頁

サッチャーナンディー「ミャンマー国家総統委員会編『比丘尼についての裁定資料』（*Bhikkhunīwinissaya Sardan*）翻訳と注解（前篇）」（『龍谷大学佛教学研究室年報』二五号、二〇二一年）九八―一二九頁

――「ミャンマー国家総統委員会編『比丘尼についての裁定資料』（*Bhikkhunīwinissaya Sardan*）翻訳と注解（後篇）」（『龍谷大学佛教学研究室年報』二六号、二〇二二年）一六八―一四〇頁

［III　理想化される女性像］

浄土真宗本願寺派における母親像

小野嶋祥雄

おのしま・さちお――龍谷大学非常勤講師。専門は仏教学。主な論文に「近代仏教者の自殺観」（『龍谷大学仏教文化研究所紀要』五一、二〇一二年）、「敦煌文献中の三一権実論争関係資料」（『印度学仏教学研究』六九―二、二〇二一年）などがある。

明治時代に新たに唱えられた男女同権論に対して、本願寺派の僧侶はこれを真俗二諦論の枠組みで捉え、俗諦においては男女同権論を批判して当時の主流的な規範であった良妻賢母を称揚し、真諦の上では既に男女平等は実現されていると主張した。また、本願寺派の法話の中で定番となっている阿弥陀仏の慈悲を母親の愛情に譬える法話には、本願寺派が定める法話の様式や、本願寺派に存する性別による役割分担からの影響が考えられる。本稿は、これらの議論の中で言及される母親像を通じて、本願寺派におけるジェンダー平等の問題について考えようとするものである。

はじめに

筆者が僧侶として所属する浄土真宗本願寺派（以下、本願寺派）では、ジェンダー平等は実現されているのであろうか。阿弥陀如来の本願によってすべての者が平等に救われるという親鸞の教えからすれば、性別にもとづく役割分担や差別を正当化し温存することは本来認められないはずである。

この点について、ジェンダーの視点から本願寺派の諸制度を検討した渡辺典子氏の指摘によれば、昭和六年（一九三一）九月十六日に初めて女性僧侶の得度式が行われたことで二十三名の女性僧侶が誕生し、昭和二十一年（一九四六）には女性が住職となることも認められるなど、性別にもとづく役割分担や差別は制度上は解消されてきたという(1)。しかしながら、制度としては解消されたものの、性別にもとづく役割分担は依然として解消されておらず、本願寺派においてジェンダー平等が実現されているとは言い難い状況が存在する。

本稿では、①明治時代に新たに唱えられた男女同権論に対して当時の本願寺派僧侶がどのような反応を示したのか、②本願寺派の法話の中で阿弥陀仏の慈悲を母親の愛情に譬える法話が定番となっている背景、といった二つの問題を取り上げ、これらの中で語られる母親像に焦点をあてた検討を通じて、本願寺派に存在するジェンダーの問題について考えていきたい。

一、明治時代における男女同権論と真俗二諦論

（1）男女同権論に対する反応

明治時代が始まり男女同権論が議論されるようになると、本願寺派僧侶の著作中にもそのことについての言及が見られるようになってくる。本願寺派では明治二十年（一八八七）頃を境に男女同権論が盛んに取り上げられるようになるが、この時期は中西直樹氏が「仏教教化団体の近代化に向けた再編の起点となった時期」と指摘するものであり(2)、本願寺派において開設された婦人会や女学校に参加する女性への教化の中で男女同権論について触れられることが増えていったようである。

当時の本願寺派僧侶の男女同権論に対する言説には、論者によって細かな異なりはあるものの、以下の四点の共通点を見て取ることができる。

①西洋主義（文明開化・欧化政策・キリスト教）の浸透によって男女同権論が議論されるようになったとの認識を示すこと。

②男女同権論に対して批判的な態度を示し、当時の理想的な女性のあり方についての主流的な考えである良妻賢母を称揚すること。

③西洋主義やキリスト教の影響によって唱えられ始めた男女同権論は平等の一側面のみを説くもので、本願寺派を含む仏教は平等と差別の両面を説くよりすぐれた教えであると主張すること。

④五障三従などの教えを説くことを理由に浄土真宗の教えを男尊女卑と捉えることは誤りであり、男女同じく救われることを説く浄土真宗の教えこそが真の男女平等の教えであると主張すること。

これらの中、③④については次節にて検討することとし、本節では①と②について確認しておきたい。

まず、本願寺派の僧侶が男女同権論が唱えられた契機をどのように認識していたかであるが、この点について、本願寺

派の機関誌である『教海新潮』の主筆として活動し、仏教婦人会の全国的設立に影響を与えた仏教系新聞『奇日新報』を創刊した干河岸貫一（一八四七～一九三〇）は、『仏教婦女修身の心得』の冒頭に、

　近来欧羅巴の学問大いに開け、何事も西洋風でなければ珍重せられぬといふ世態となり、中に就て女子の事に就ては、男女同権とか自由結婚とかいふ事を唱和し、又福澤翁が女大学を改作して、益軒惕斎が書た様な女を卑屈に導くものではいかぬ、大いに女子の権利を伸張し、今までの如く男子の玩弄物たるに甘んじてはならぬといふ(3)

と述べ、何ごとも西洋風でなければ重視されない世相となる中で男女同権論が唱えられるようになったとの認識を示している。このような認識は干河岸ひとりの認識にとどまるものではなく、当時の本願寺派僧侶の著作には同様の認識が多数示されている。一例を挙げれば、関東開教の任に当たった小野島行薫（一八四七～一九二七）の「婦人教育」には、

　先年来社会の風潮が。一時は丸で西洋主義となりまして婦人の教育迄が。一も二もなく西洋主義を取ると云う様な。ありさまでして。イヤ髪は束髪でなくてはいかん。（中略）料理は洋食でなくては。衛生に害があるとか。いや男女同権とか。自由結婚とかと。親も子も西洋熱に浮かされて。(4)

とあり、社会の風潮が西洋主義となって、束髪や洋食などの西洋に由来する文化が流行していることを述べた上で、そうした西洋熱に浮かされたものの一つとして男女同権論が取り上げられている。

　なお、右に取り上げた干河岸や小野島の言説からも既に明らかなように、本願寺派僧侶の男女同権論に対する態度は批判的なもので、彼らの批判は男女同権論と共に唱えられた自由恋愛・自由結婚・独身主義等にも及ぶものである。それでは、どのようなあり方をあるべき女性像と考えていたのかというと、この点については、先に引用した小野島行薫「婦人教育」の中に、宗門校である相愛女学校の教育のあり方を述べる以下の記述が参考になるであろう。

　大阪の別院内に設置してあります。相愛女学校の如きは。別して大善知識の御手許より。月々御文庫の幾分を。御下附になる程の学校であるから。時々学校内におきまして。法話会を設け。二諦相資の妙教を聴聞させ。弥陀無辺の光明に摂められ現当の幸福を全ふじ。法の為め国の為になるべき。天晴なる女子となり。他日卒業の後は。世の良妻と賛められ。賢母と敬はれ。子女を教育するに誤りなく。家事を整理するに惑ひなく。日々夜々報恩の

称名と共に。家内の和合を謀り。連添ふ夫の事業を助くるには。如何なる辛苦艱難を嘗むるも厭はず。金剛不壊の信心を土台とし。因縁約束と云ふ事を明に信じ。進にも退くにも。阿弥陀如来の親様に。御伺ひを申上る心得にて。其日〳〵を美しく渡る身に育てよとある。深重の思召に基いての教育でありますから。誠に結構な事で御座ります。(5)

ここでは、「良妻」と「賢母」であることが理想的な女性のあり方として語られ、役割としては家庭内における子女の教育・家事と夫の事業の補佐が挙げられている。この記述の中には、「日々夜々報恩の称名と共に」とあるように、本願寺派の教義にもとづく論述もなされてはいるが、その内実は当時の主流的な考えである良妻賢母の規範に従うものであろう。

男女同権論に対して良妻賢母こそが理想の女性のあり方であるとするのは、小野島に限らず、当時の本願寺派僧侶の共通認識である。(6) このことは、「二諦相資の妙教を聴聞させ」とあることからも窺われるように、当時の本願寺派において支配的な教義であった真俗二諦論から導き出される当然の帰結である。明治十九年（一八八六）に制定された宗制第二条には、

一宗ノ教旨ハ仏号ヲ聞信シ大悲ヲ念報スル、之ヲ真諦ト云ヒ、人道ヲ履行シ王法ヲ遵守スル、之ヲ俗諦ト云、是即チ他力ノ安心ニ住シ報恩ノ経営ヲナスモノナレハ、之ヲ二諦相資ノ妙旨トス(7)

とあり、本願寺派の宗旨は真俗二諦にあることが明言されている。明治時代における真俗二諦の理解は、出世間の信心を真諦とし、世間において国民として守るべき倫理・道徳を俗諦とするものである。(8) この真俗二諦論に則れば、理想的な女性のあり方に関する当時の主流的な考えである良妻賢母こそが俗諦となる。そのため、本願寺派の僧侶が男女同権論を批判し良妻賢母を称揚することは、真俗二諦論から導き出される自然の成り行きとして理解できるのである。

(2) キリスト教批判と浄土真宗が説く真の男女平等

前節で確認したとおり、本願寺派僧侶の著作の中で男女同権論が議論されるようになった契機は、世間に広まる西洋主義に対応するためであった。なお、ここに言う「西洋主義」とは特にキリスト教が念頭に置かれて用いられた言葉だったようで、そのことは、キリスト教を批判する文脈の中で男女同権論に論及されていることからも明らかである。

本願寺派の僧侶の中で男女同権論が取り挙げられるようになった明治二十年頃は、仏教界がキリスト教を警戒して敵視

する風潮が強かった時代である。そのような風潮の中で著された一文に、東京帝国大学などの講師を務め、東洋大学・龍谷大学の学長を歴任した仏教学者である前田慧雲（一八五一～一九三〇）の「第百三十七　耶蘇教及ひユニテリヤンは如何」がある。この中で前田はキリスト教が説く道徳が不正義であることを、「一に上帝を真実の父と為し今生血肉の父母を仮と為すこと」、「二に茫漠たる天賦平等の説を根拠として男女同権を説き遂に貴賤貧富に及ぶこと」、「三に禽獣を以て人類の受用に供する為に上帝之れを造りたると云ふこと」の三点から論じており、第二の男女同権論に関する論点は以下のように敷衍されている。

　第二の男女天賦同権説は婦たるものをして其貞操を傷け遂に家庭の調和を破らしむるに至る蓋天賦平等説の害は啻に男女の関係のみに止らす広く貴賤貧富に及ひ遂にかの愚悪なる虚無党社会党等を発生するの原因となるものなり(9)

　なお、キリスト教批判の文脈中で男女同権論に言及することは、本願寺の執行も務めた名和淵海（一八六三～一九三〇）の『通俗仏教大討論会　全』にも確認することができる。本書の「第二論　日本臣民は仏耶孰れを信ずべきや」には、キリスト教には日本人として信仰することができない三点があることが述べられ、その第二に「第二　耶蘇教は平等の主義のみを説て差別を知らざるが故に社会の秩序を紊すの恐れあり」を挙げて、

　其次に耶蘇教は平等の主義のみを説て差別を知らざるが故に社会の秩序を紊すとは先其一二を挙て申さば男も女も共に人間なり男が女を選むの権あれば女も男を波根除る権利あるとか男が不品行すれば女も不品行をせぬが損だとか斯まで烈しき説教は致しませねど男女同権を押し立る教義の弊害は必ず茲に至るものです(10)

と詳述されている。この名和の「耶蘇教は平等の主義のみを説て差別を知らざるが故に」との記述によく現れているように、キリスト教に対する批判点は平等の一側面のみを見て男女には区別が存在することを見ていないというものである。

明治時代の本願寺派僧侶の著作中には、西洋主義やキリスト教にもとづく男女同権論と対峙する中で、浄土真宗こそが真の男女平等を説いているとの主張が見られる。今、その一例を挙げれば、多くの真宗関係の著作を著し、司法保護事業においても活躍した濱口恵璋（一八七四～？）の「浄土教義と婦人」には、

　生理上から見ても、社会上の地位から見ても、また仏教の婦人観から見ても男女は全く同一ではない。そこに劃

然たる区別が存するのである。この差別を全ふじて平等に体達することの出来るのは浄土門である。弥陀如来の本誓である。これが差別を泯亡して平等を主張すれば悪平等となりて彼の忌はしき男女同権論を主張し、男女が同じ事業をせねば同権でないと云ふやうな誤謬に陥るのであるが、何も同一の仕事をせないからと云ふて、平等と云へないことはないのである。我々は弥陀を信ずることによりて男女同権の幸福を享受し得るのである。(11)

とあって、男女には区別が存在することを述べて、この男女の区別をなきものにするのが男女同権論であると批判している。そして、現実には存在する男女の区別を認めつつ、男女といった性別を超えてすべての者が平等に救われることを説く浄土真宗の教えこそが真の男女平等を実現しているというのである。

なお、濱口の「浄土教義と婦人」には、右に引用した一文に続いて、

差別的見解に立てる聖道自力の法門や、社会上の制裁などは男子を同一《ママ》に見ることは出来ないが、たゞ弥陀の本願は女人成仏の願と云ふのを立てられて、女人が男子と同様に仏果を証得することが出来るのである。金剛堅固の信心、押せども、つけども動かざる信仰の地に住し、如来の誓願を信じて無上菩提の証果を期しつゝ、たとひ此の世には男女の差別があつて、女子は男子に従はねばならぬことがあつても未来は同一の結果を得るのみならず、かの軽佻浮薄なる男子が花に戯れ酒に酔ひて以て快楽となせるに比して自分は如来によりて其期する所や更に大なるものがあると云ふ自信力も湧き来るのである。(12)

と述べられており、聖道門と浄土門を対比して、聖道門では男女の差別が存在するものの、男女の区別なく浄土に往生して仏となることができる浄土門には男女の差別は存在しないと断言している。右の引用の前段には「比丘は二百五十戒なれども比丘尼は五百戒と云ふことになつて居る抔の差別があるが」とあるので、濱口が聖道門には差別が存在すると考えた根拠には、女性の出家者である比丘尼が守る律の条項が男性の出家者である比丘よりも多いこと等が念頭に置かれていたようである。

なお、聖道門と浄土門の対比を通じて男女同権論を論じることは、前田慧雲の『真宗説略』にも見られるものである。

問浄土門ニ於テ、女人ヲ以テ五障三従ヲ有スル所ノ至重罪人ト為ス者、夫ノ男女同権ノ説ト相背戻シ、大ニ今日ノ風教ニ害アリト謂フヘシ、如何、答女人ヲ五障三従トナスハ、元ト聖道門ニ於テ説ク所ナリ、浄土門ニ在テハ、

凡聖男女、其成仏ノ道ニ於テ、平等ノ資格ヲ有シテ、一箇ノ信心、五乗ヲシテ斉シク涅槃ヲ証セシムル者ナレハ、五障モ三従モ、敢テ択フ所ニアラサルナリ、然ルニ、頻ニ女人ヲ五障三従ト談スルニ、聖道門ノ説ヲ借テ、女人ヲシテ念仏ノ正機タルヿヲ、深ク信セシメン為ノ手段ナルノミ[13]

ここでは、まず、浄土門において女性を五障三従の罪深き存在と説くことは、男女同権論にもとる教えであり、教化の妨げとなるのではないかとの問いが立てられている。そして、その答えとして、女性は梵天王・帝釈・魔王・転輪聖王・仏になれないとする五障、幼くしては親に仕え・嫁いでは夫に仕え・老いては子に仕えるべきとする三従は聖道門の説であって、浄土門では凡夫と聖者や男性と女性は浄土に往生して仏となるという点においてまったく平等であると結論づけている。

浄土に往生して仏となるという点において男女は平等であり、これこそが真の男女平等であるとする濱口や前田の言説は、前節にて取り上げた真俗二諦論に則った解釈であるといえよう。浄土に往生して仏となるという点において男女は平等であるというのは真諦においての平等であり、身体的・社会的には男女の区別が存在することを受け入れることを説いて良妻賢母を理想的な女性のあり方とするのは、俗諦において当時の規範となっている倫理・道徳に従う姿勢を示すものである。

二、母親の愛情と阿弥陀仏の慈悲

(1) 阿弥陀仏の慈悲を母親の愛情に譬える法話

本章では、これまでの検討とは視点を変えて、本願寺派の法話において伝統的に語られてきた阿弥陀仏の慈悲を母親の愛情に譬える法話について検討を加えていきたい[14]。

本願寺派における仏道実践は法話を聞く聴聞にあるが、阿弥陀仏の慈悲を母親の愛情に譬えることは法話の中で定番化された語りの一つとなっており、その語りの骨子はおよそ以下のようなものである。つまり、母親の愛情とは、たとえ子どもの反発にあったとしてもその子を愛し続ける無条件のものであり、子どもがどのような失敗しても、また道を外れたとしても見捨てることはない。阿弥陀仏の慈悲も同じで、私たちがどのような罪を犯したとしても、またどのような迷いの中にあっても決して見捨てることなく、常に私たちを救い取ろうと働きかけ続けている、というものである。

阿弥陀仏の慈悲を母親の愛情に譬える法話では、上記の骨子の上に母親の愛情に気づかされた自身の体験等を重ね合わせた語りが行われている。話者個人の体験に基づく語りであることから法話の内容には細部に異なりがあるものの、本願寺派の出版社である本願寺出版社から刊行されている法話集や『本願寺新報』の「みんなの法話」には阿弥陀仏の慈悲を母親の愛情に譬える記述をしばしば目にすることがあり[15]、このような語りがある種の定番となっていることが分かる。

本章では、この母親の愛情を阿弥陀仏の慈悲に譬える法話が語られる背景には、教義的な背景に加えて、本願寺派が定める法話の形式や本願寺派に存在する性別にもとづく役割分担からの影響が考えられることを明らかにしたい。

(2) 教義的な背景

まず第一に、本願寺派の法話において阿弥陀仏の慈悲が母親の愛に喩えられる背景には、宗祖である親鸞の著作中に根拠となる文言が存在することが挙げられる。後に詳しく述べるように、本願寺派の法話の形式の中には「讃題」という一段があり、所依の経典である「浄土三部経」(『無量寿経』『観無量寿経』『阿弥陀経』)や親鸞の主著とされる『教行信証』から主題となる一節が読み上げられる。阿弥陀仏の慈悲を母親の愛情に譬える法話では、以下に示す親鸞の『浄土和讃』と『高僧和讃』の文を讃題にして語られることが多いようである。

①『浄土和讃』「諸経讃」[16]

平等心をうるときを　一子地となづけたり
一子地は仏性なり　安養にいたりてさとるべし

すべてのものを分け隔てなく見る心を得る境地を、あらゆるものをひとり子のように哀れむ一子地と申しあげる。この一子地は仏性である。浄土に至ってはじめてさとることができる。

②『浄土和讃』「勢至讃」[17]

子の母をおもふがごとくにて　衆生仏を憶すれば
現前当来とほからず　如来を拝見うたがはず

子が母を慕うように、命あるものが阿弥陀仏を心から信じると、この世でも次の世でも、間違いなく仏を見ることができる。

③『高僧和讃』「善導讃」[18]

釈迦・弥陀は慈悲の父母　種々に善巧方便し
われらが無上の信心を　発起せしめたまひけり

釈尊と阿弥陀仏は慈悲深い父母である。巧みな手だてをさまざまに施し、わたしたちにこの上ない真実の信心をおこさせてくださった。

なお、①「諸経讃」の「一子地」の左訓には「三界の衆生をわがひとり子とおもふことを得るを一子地といふなり」、

③「善導讃」の「釈迦弥陀」の左訓には「釈迦は父なり、弥陀は母なりとたとへたまへり」とあり、阿弥陀仏の慈悲を母親の愛情に譬えることは親鸞の著作にその根拠を求めることが可能である。

ただここで注意しておきたいのは、親鸞の著作中に述べられている母や子は抽象化されたものであって、親鸞とその母というような具体的な母子の関係の中で述べられたものではない点である。阿弥陀仏の慈悲を母親の愛情に譬える法話は、子である話者とその母親という具体的な母子の関係として語られるものなので、親鸞の著作中に見られる母と子の記述とは隔たりが存在する。このような隔たりを持ちながらも、母親の愛情を阿弥陀仏の慈悲に譬える法話が定番となっているのは、本願寺派の法話の様式や性別による役割分担の影響が大きいと考えられるので、この点について以下に検討を進めていきたい。

(3)法話の様式と性別による役割分担

本願寺派の布教伝道の肝要は、「自信教人信（みづから信じ、人を教へて信ぜしむること）」にあるとされる。そのため、本願寺派の法話では、聖教の文々句々を講義するだけでは充分ではなく、自分自身が救われた経験を通じて教えが語られることが求められている。また、本願寺派の法話には一定の型が定められているところに特色があり、本願寺派の教師教修必修テキストに指定されている『浄土真宗本願寺派 僧侶教本B』には、法話の様式が以下のように図示されている[19]。

讃題 ┐
序説 ┴― 導入 ――――――― 起
本説 ┬― 法義説 ――――― 承
　　 └― 譬喩・因縁 ― 転
結勧 ―― 合法 ――――――― 結

この図にも明示されているとおり、本願寺派の法話にはその様式の中に譬喩が組み込まれている。なお、法話の中の譬喩の位置づけについては、布教の手引書として評価の高い布教研究所編『布教法入門』に、

そこで譬喩と云うことは、類似聯想の応用に外ならぬものである。布教に譬喩を用うると云うことは、

一、難解のことを解り易すからしめること

二、趣味なきものを趣味あらしめること

此の二つの利益があるので、試みに無形のものを話する場合に、全く此の譬喩なく話して見るに、どうしてもうまく説明出来るものでない[20]。

とあり、譬喩とは類似・連想であり、難解な話を平易にする

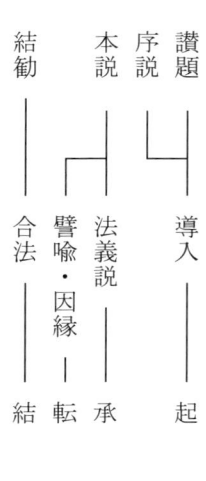

ことと話の中に情趣を起こすことの二つの効果があることを述べている。阿弥陀仏の慈悲を母親の愛情に譬える法話が盛んに語られることは、この譬えが阿弥陀仏の慈悲を分かりやすく趣のある話しとして多くの人に受け入れられてきた証左なのであろう[21]。

以上、これまで確認してきたとおり、本願寺派の法話では自らの経験を通じた話であることと譬喩を用いることが求められている。先にも述べたように、親鸞の著作中に見られる母や子は抽象化されたものであって、子である話者とその母親という具体的な母子の関係の語りは直接的には導き出されるものではないが、このような法話の様式がその隔たりを埋める要因となっているのである。

また、本願寺派において阿弥陀仏の慈悲を母親の愛情に譬える法話が盛んに語られる別の要因としては、本願寺派に存在する性別による役割分担からの影響が考えられる。本願寺派の寺院と僧侶には多様なあり方が存在し、その役割分担も一律的なものではないが、その多くは男性の住職とその配偶者である妻が坊守となって寺院を護持運営しているというケースである。そして、教えを説く立場にあるのは男性であることが多いことは、以下に示す二〇二二年三月三十一日現在の住職数・布教使数の男女の内訳を見れば明らかであろう[22]。

住職　八七六七（男：八三五八　女：四〇九）
布教使　三四九二（男：三二三八　女：二五四）

このことに加えて、各種の統計が示すように夫婦間における育児は妻がより多くの時間を費やしている状況が存在する。これらの事柄は、本願寺派において阿弥陀仏の慈悲を母親の愛情に譬える法話が定番化していることと無関係であるとは思えないのである。つまり、阿弥陀仏の慈悲を母親の愛情に譬える法話の前提には、法話の話者は住職の配偶者である妻（話者から見れば母）によって主に養育された結果として、身近な例として母親の愛情を譬喩として用いるのではないかということである。このことは、阿弥陀仏の慈悲を父親の愛情に譬える法話が語られることは稀であることからも推測されるものである。この阿弥陀仏の慈悲を母親の愛情に譬える法話の定番化と本願寺派寺院における性別による役割分担の関連については、推測の域を出るものではなくより詳細な検討を必要とするものではあるが、重要な問題であると思われるので問題提起としてあえてここに記しておきたい。

（4）法話に対する疑義

阿弥陀仏の慈悲を母親の愛情に譬える法話は、好意的に受け入れられてきた一方で、その内容に対して疑義を呈する僧侶も存在した。一例を挙げれば、本願寺派僧侶である松原致

遠（一八八四～一九四五）の『他力救済の意義』には、

世間普通よく「お慈悲々々」と申しますが、さう云ふ場合に、いつでも娑婆の母の愛が例に引かれます。（中略）娑婆の母のお慈悲は、人間性から生れたものでございますから、これを以て如来のお慈悲に喩ふるのは如何かと思ひます。それは理想的な母のお慈悲は尊いが、併し、この現実の人間の慈悲と云ふものが、どこまで真実であるか、人間の母の慈悲と云ふものは、末の通らぬものであります。[23]

とあり、母の慈悲は人間性から出たものなので、これを阿弥陀仏の慈悲の譬えとすることは妥当かとの疑問を呈している。

たしかに、仏典中には衆生が起こす慈悲と仏が起こす慈悲は区別されて説かれていることからすれば、この『他力救済の意義』の批判はもっともなものであろう。たとえば、『大智度論』（大正二五・二〇九中下）には衆生縁・法縁・無縁といった三種の慈悲が説かれるが、この中、凡夫が起こすのは衆生縁の慈悲で、これは父母・兄弟・姉妹など、世俗の人間関係に基づく慈悲であるとされる。一方、諸仏が起こす「無縁」は、父母や兄弟などの特定の条件に関わらず起こされる慈悲であり、衆生縁とは区別されている。

ただ、前にも挙げた布教研究所編『布教法入門』には、譬喩について、

その比較する事柄は、少しの点に於いて類似するも、多くの点に於いて類似せざるを良とす。之れも実際かくあるべきことで、全く異なりた物が、或一点に於いて類似するため譬喩になるので、同じものを重ねて話しする様では、譬喩にはならぬのである。[24]

と述べており、譬喩は一部のみが類似しているから譬喩たり得ると解説されている。この譬喩の定義よりすれば、母親の愛情と阿弥陀仏の慈悲とは全く同じである必要はなく、部分的な類似によって譬喩として用いることが首肯される。

なお、『他力救済の意義』の阿弥陀仏の慈悲を母親の愛情に譬える法話への批判には、以下に示すとおり、もう一つの別の観点からの批判が見られる。

併し、今は私は慈悲そのものを言ふのでない。いま言はうとするのは、子供が母のお慈悲に対する態度です。（中略）一体、母の愛に対した時に、母の慈悲を子供が本当に知つて居るか。皆さんは、多くの方が子供衆を持つて居られませうが、本当に母の慈悲を知つて居る子供がどこに居るか。母の慈悲が気に入る時には喜ぶし、気に入らなければスネるんです。小言を言ふ。人間性と云ふものは皆かうです。さうでせう。普通、親父よりもお

ふくろが喜ばれるのは、親父は頑固ですが、おふくろは言ふことをきくからでせう。おふくろは瞞し易い、小遣を余計呉れる、それが有難いので、母の本当の慈悲は分つてはゐないのでせう。一体、母であらうが父であらうが、子供はすべて利用価値にする。親を利用しようとする。自分の都合のいゝお慈悲は喜ぶが、都合の悪い方のお慈悲は喜ばぬのです。[25]

ここでの論点は、母の慈悲を語る者が自分の都合からではなく本当に母の慈悲を理解しているのかを問うものである。『他力救済の意義』自体の論旨からはやや外れるかもしれないが、この記述からは、阿弥陀仏の慈悲を母親の愛情に譬える法話に関して以下の重要な視点が導き出される。つまり、母親の愛情を阿弥陀如来の慈悲に譬えて語ることは、「母であることの苦しみ」など、母親の子どもに対する愛情以外の要素を捨象してしまう恐れがあるということである。

おわりに

以上、雑駁ながら、明治時代の本願寺派僧侶の男女同権論への対応と、本願寺派において一つの定番となっている阿弥陀仏の慈悲を母親の愛情に譬える法話について検討してきた。

まず、浄土真宗で語られる母親像という観点からまとめると、明治時代に新たに唱えられた男女同権論に対応する中で、この時代の本願寺派僧侶たちは当時の主流的な規範であった良妻賢母こそが理想の女性のあり方であるとの立場を取っていた。また、本願寺派の法話の中で阿弥陀仏の慈悲を母親の愛情に譬える法話が定番となっていることについては、この譬えが阿弥陀仏の慈悲を分かりやすく趣のあるものとして多くの人に受け入れられてきた結果であると思われる。

また、本稿の検討を通じて、明治時代になって唱えられた男女同権論は、本願寺派では真俗二諦論の枠組みの中に組み込まれていったことが明らかとなった。この真俗二諦論にもとづく男女同権論の解釈によれば、真諦においては男女平等が認められるものの、社会に存在する様々な男女の区別を俗諦において是認してしまうことになる。つまり、日々の生活の中で女性が直面する性別にもとづく役割分担や差別はあくまでも俗諦の問題として取り扱われ、真諦においては既に男女平等は実現されているという理解からは、その問題の解消に向けた強い取り組みは期待されないであろう。

なお、真俗二諦論は本願寺派の戦争協力を後押しした教義として、戦後においては批判的に取り扱われることが主流となっている。また、多様な価値観が存在する現代社会では俗諦となるべき一つの価値観が存在し得ないことから、現代において男女平等を真俗二諦論の枠組みで論じることは不可能であろう。しかしここであえて留意しておきたいのは、現代においても「救いの面においては男女は平等である」という考えは本願寺派の教義の根幹として存在しているということである。決して「救いの面においては男女は平等である」との教義自体に問題がある訳ではないが、この教義が現実に存在する男女不平等の問題を隠蔽し、その問題解決の取り組みを阻んでしまうことにならないよう注意していく必要があると思われるのである。

さらに、もう一つの論点である阿弥陀仏の慈悲を母親の愛情に譬える法話の検討からは、この法話が、本願寺派が定める法話の様式や、本願寺派に存在する性別にもとづく役割分担からの影響が考えられることが明らかとなった。

ここでも留意しておきたいのは、多様な女性の存在が可視化されてきた現代において、母親の子どもに対する愛情を手放しに称揚することが、聴聞に来た人にどのように受け取られる可能性があるのかという点である。法話を聴聞する女性の中には、選択的・非選択的に結婚をしていない女性、結婚をするも子どもを持たないことを選択した女性、結婚をして子どもを持つことを望むも叶わなかった女性、母親となったものの「母であることの苦しみ」に苦しめられている女性など、様々な女性が存在する。[26] もちろん、こうした女性の存在は今になって新たに現れたのではなく過去にも存在していた。しかし、子どもを産むことを当たり前とする風潮の中で、声をあげることに困難な状況があったり、声はあげたもののその声がかき消され、法話においてもその存在に焦点があてられることは少なかったように思われる。

各種の法話の指南書には法話を作成する時の注意点として、差別語や不快語は用いていないか、文脈上においても差別的な内容になっていないかを常に確認すべきことが挙げられている。法話において母親の子どもに対する愛情を肯定的に言及することは、そのこと自体が差別的な言説であるとは言えないであろうし、話者が母親の愛情を通じて阿弥陀仏の慈悲に気づいたことを法話で語ることは、その話者の味わいとしてなんら咎められるべきでないことは改めて強調しておきたいが、阿弥陀仏の慈悲を母親の愛情に譬える法話は本願寺派における性別にもとづく役割分担からの影響も考えられるので、このような観点が存在することを常に顧みる必要があると思われるのである。

注

（1）渡辺典子「女性僧侶の誕生——西本願寺におけるその歴史」（女性と仏教 東海・関東ネットワーク編『仏教とジェン

ダー――女たちの如是我聞』朱鷺書房、一九九九年)。ただし現在に至るまで、本願寺派が定める諸制度において、性別にもとづく役割分担や差別がすべて解消されているとは言い難い。「本山典令」が定める本願寺住職(=門主)の相承の順序には、「第17条 住職は、世襲であって、宗祖の系統たる大谷宗家の家系に属する者が、次の順序によって、これを伝承する」とあり、第一に「住職の嫡出の長男子」、第二に「住職の嫡出の長男子の長男子」、第三に「前号以外の住職の嫡出の長男子の子孫」、第四に「前各号以外の住職の子孫」、第五に「住職の兄弟及びその子孫」、第六に「住職の最近親の系統に属する者」とあって、「長男」による相承が前提とされている。また、「宗派の重要な宗務に関し評議、又は議決する機関として、宗会を置く」と定義される宗会において、今もなお坊守には選挙権・被選挙権が与えられないままでいる。

(2) 中西直樹「近代仏教婦人会の興起とその歴史的意義」(岩田真美・中西直樹編『仏教婦人雑誌の創刊』法藏館、二〇一九年)。

(3) 千河岸貫一『仏教婦女修身の心得』(興教書院、一九〇一年)一頁。

(4) 小野島行薫「婦人教育」(『真俗二諦 領解文百席談 下』、興教書院、一八九八年)二〇八頁。引用文の漢字は常用漢字に改め、引用文に付されている圏点やルビは割愛した。以下の引用文もこれに同じ。

(5) 小野島行薫「婦人教育」(『真俗二諦 領解文百席談 下』、興教書院、一八九八年)二一〇―二一一頁。

(6) 明治時代の本願寺派僧侶が語る良妻賢母論について一例を挙げれば、前田慧雲の「女子の心得」には「そこで唯学問、教育にばかり依頼せず、修身道徳を充分に訓陶して、将来立派なる賢母良妻たるの資格を作らねばならぬ、要するに女子として、第一に修むべき事は学業よりも、技芸よりも、心の養成をなす方に心懸けるが何よりも肝要の事である、婦徳を修養して、心を善に導くように心懸けて貰はねばならぬ。」(『仏教講話録 明治38年下関仏教講話会刊』、大日本仏教青年会、一九〇六年、一五二頁)と「賢母良妻」の語が見える。また、脇谷撝謙の「浄土教義と婦人」には「処女時代に操守堅く、人の妻となりては一種の人格を備へて夫に待づき、人の母となりては一つの理想を以て子女を訓育する。かくて婦人の一生に始めて意義があるのである」(星野慶勝『布教の栞』、本山布教会、一九一一年、二六九頁)とあり、妻としては夫にかしずき母としては子どもの教育にあたることが女性の一生の理想として語られている。引用文の漢字は常用漢字に改め、引用文に付されている圏点やルビは割愛した。以下の引用文もこれに同じ。

(7) 本願寺史料研究所『増補改訂 本願寺史 第三巻』(本願寺出版社、二〇一九年)一七七頁。

(8) 明治時代の真俗二諦論については、梯實圓(著)浄土真宗教学研究所(編)『教学シリーズ№2 真俗二諦』(本願寺出版社、一九八八年)、宇治和貴「近代の真宗と真俗二諦――梅原真隆を通して」(『真宗研究』四八号、二〇〇四年)を参照した。

(9) 前田慧雲「第百三十七 耶蘇教及ひユニテリヤンは如何」(『真宗問答』、哲学書院、一八九〇年)一三五頁。

(10) 名和淵海『通俗仏教大討論会 全』(顕道書院、一八九二年)二七頁。

(11) 濱口恵璋「浄土教義と婦人」(星野慶勝『布教の栞』、本山布教会、一九一一年)三〇〇頁。

(12) 濱口恵璋「浄土教義と婦人」(星野慶勝『布教の栞』、本山布教会、一九一一年)三〇〇―三〇一頁。この中、「男子を同一に見ることは」とあるのは「男女を同一に見ることは」の誤植であろう。

(13) 前田慧雲『真宗説略』(都屋書店、一八八九年)五七―五八頁。

(14) 阿弥陀仏の慈悲を母親の愛情に譬える法話については、本稿でも取り上げた松原致遠『他力救済の意義』(求道会出版部、一九三六年)に「世間普通よく「お慈悲々々」と申しますが、さう云ふ場合に、いつでも姿婆の母の愛が例に引かれます」(一四頁)とあることから、本書の刊行年である一九三六年には既に定番の法話として認識されていたことが分かる。

(15) 『本願寺新報』(一・十・二十日の毎月三回発行。一月一日号は「新年特集号」、八月一日号は「お盆特集号」、七月十日号・十二月十日号は休刊)は、本願寺出版社から発行され、本願寺派の全箇寺に配布される宗派の機関誌的な位置づけの新聞である。「みんなの法話」は『本願寺新報』内の一つのコーナーで、浄土真宗本願寺派の僧籍を有する者が執筆しており、布教使、宗門関係校の教員、総合研究所の研究員による執筆が多い。

(16) 書き下し文は『註釈版』五七三頁、現代語訳は『三帖和讃(現代語版)』五五頁。

(17) 書き下し文は『註釈版』五七七頁、現代語訳は『三帖和讃(現代語版)』六八頁。

(18) 書き下し文は『註釈版』五九一頁、現代語訳は『三帖和讃(現代語版)』一〇九頁。

(19) 浄土真宗本願寺派僧侶養成部・浄土真宗本願寺派総合研究所編『浄土真宗本願寺派 僧侶教本B』(本願寺出版社、二〇二一年)一四四頁。

(20) 遠藤了義「布教法講義」(布教研究所編『布教法入門』、百華苑、一九六一年)二五九頁。

(21) 母親の子どもに対する愛情が感動を呼び起こすことについては、堀越英美『不道徳お母さん講座 私たちはなぜ母性と自己犠牲に感動するのか』(河出書房出版、二〇一八年)より大いなる示唆を得た。

(22) 浄土真宗本願寺派総局公室編『宗勢要覧2021(令和3)年度版)』にもとづく数字である。

(23) 松原致遠『他力救済の意義』(求道会出版部、一九三六年)一四―一五頁。

(24) 遠藤了義「布教法講義」(布教研究所編『布教法入門』、百華苑、一九六一年)二六六―二六七頁。

(25) 松原致遠『他力救済の意義』(求道会出版部、一九三六年)一六―一七頁。

(26) 子ども持たない選択をした女性を取り巻く息苦しさについては、チェ・ジウン(著)オ・ヨンア(訳)『ママにはならないことにしました 韓国で生きる子なし女性たちの悩みと幸せ』(晶文社、二〇二二年)や若林理央『母にはなれないかもしれない 産まない女のシスターフッド』(旬報社、二〇二四年)を参照した。また、母であることの苦しみについては、オルナ・ドーナト(著)鹿田昌美(訳)『母親になって後悔してる』(新潮社、二〇二二年)や前田正子・安藤道人『母の壁 子育てを追いつめる重荷の正体』(岩波書店、二〇二三年)を参照した。

［コラム］

我を抱擁せよ――『華厳経』の婆須蜜多女をめぐる教理解釈と明恵

野呂　靖

のろ・せい――龍谷大学心理学部准教授。専門は仏教学（日本仏教）。主な著書に『明恵上人夢記訳注』（共著、勉誠出版、二〇一五年）、『日本仏教と論義』（共著、法藏館、二〇二〇年）、『凝然教学の形成と展開』（共著、法藏館、二〇二一年）、『『華厳経』を見ること、聞くこと、飲み込むこと――論義における中世僧侶の教理意識とその周辺』（近本謙介編『ことば・ほとけ・図像の交響法会・儀礼とアーカイヴ』勉誠社、二〇二二年）などがある。

はじめに

正徳四年（一七一四）十二月十七日、東大寺東照宮にて厳修された「東照宮法楽講」では、「七難即滅」と「当相即道」という二つの論題を扱う論義が行われた（『東照宮法楽講問用意』東大寺藏、架蔵番号一二一・五七七）。「七難即滅」は文字通り災厄の除滅に関わるものであり、「当相即道」もまた「当相」すなわち現象世界のすがたそのものが菩提（道）となるかを論じたもので、いずれも「煩悩即菩提」をテーマとする。この法会にて現実の社会的課題や人間の欲望と仏法との関係を論じるテーマが選択された理由は定かではない。しかし、戦乱に生きた徳川家康公の菩提を弔うにふさわしい論題であったと思われる。

この「当相即道」こそ、『華厳経』「入法界品」に登場する遊女の善知識、すなわち婆須蜜多女《ばすみったにょ》を華厳教理のうえでどのように位置づけるかをめぐる論題である。「抱擁」と「接吻」によって「離欲実際法門」という高い宗教的境地に至る道を示す婆須蜜多女の教えは『華厳経』の教説のなかでも異例であり、中国の華厳思想家たちを悩ませた問題であったが、日本の華厳宗でも同様に議論の対象となっていたのである。

一、性的な教説と「入法界品」

『華厳経』「入法界品」は、善財童子という若い青年が五十三人（五十五箇所）の善知識を歴訪する物語としてよく知られている。この善知識のうち、約半数近い二十人が比丘尼や女神、釈尊の母であるマーヤー（摩耶）夫人など女性であることは、多様な存在から教えを承けることを重視する「入法界品」の特色として興味深い。

なかでも注目されるのが第二十六番目に登場する遊女の善知識、婆須蜜多女

（ヴァスミトラ）である。婆須蜜多女の存在が『華厳経』中でも異例であることは、彼女のもとに向かおうとする善財童子を周囲の者たちが訝しがるというシーンが描かれていることからも窺われる。煩悩から離れているはずの善財がなぜ遊女のもとに赴くのかというのである（大正九、七一六下）。

しかし、善財童子が実際に婆須蜜多女のもとに参ると、彼女は厳かな容貌をもち、すでに欲望を離れた真実清浄なる法門（離欲実際清浄法門）を成就し、人々を導く善知識であった。その様子を経典は次のように描写する。

> そのとき、善財はその女人のところで宝の獅子座や容貌が厳かで調っており、身体は真金色で、目や髪は紺色、［その身長は］長すぎず短すぎず、白色でも黒色でもなく、身体の各部分が調っているのを見た。宝の網が［身体を］覆い、首と頭に［宝飾品が］かけられている。［周囲を］大衆たちが取り囲み、みな善を行っている。
>
> （『六十華厳』大正九、七一七上）

そして婆須蜜多女は、次のような印象的な教えを善財童子に語るのである。

> ［婆須密多女は次のように仰った］。もし私と寝床を共にする衆生がいれば、解脱光明三昧を得る。もし私を見る衆生がいれば、寂静諸行三昧を得る。もし私と阿梨宜（抱擁）する衆生がいれば摂一切衆生三昧を得る。もし阿衆鞞我（接吻）する衆生がいれば諸功徳密蔵三昧を得る。このように一切衆生が私のもとに詣でるならば、みな離欲実際法門を得る。
>
> （同、七一七中）

「私と寝床をともにし、抱擁・接吻することで離欲実際法門という教えを獲得することができる」という婆須蜜多女の教えは、性的な行為そのものを一種の法門として捉えるものといえるだろう。六十巻本の仏陀跋陀羅『華厳経』（六十華厳）では「阿梨宜」「阿衆鞞我」などと音写し、直接的な表現は避けられているが、実叉難陀訳『華厳経』（八十華厳）ではそれぞれ「抱持於我」、「唼我脣吻」とその行為を生々しく伝えている（大正十、三六六上）。

さて、こうした「入法界品」の教説をどのように華厳教理の上で捉えるかについては、中国の華厳思想家たちによって種々の解釈が示されてきた。例えば華厳宗の伝統では第三祖に位置づけられる賢首大師法蔵（六四四～七一二）は、婆須蜜多女の欲望肯定的な言動について、「［婆須蜜多女は］すでに欲を離れているが、あえて欲があることを示すことで欲を離れさせる目的がある」と解釈する（『華厳経探玄記』大正三五、四一七上）。そのうえで次のように述べている。

阿梨宜とは［中国では］抱持・摩触のこと。これは［教えを］摂受する相であるから、［衆生が］その三昧を得るのである。阿衆毘とは［中国では］嗚口という。…このように［『華厳経』本文の］以下の文章はすべて極位の大菩薩の所作であり、下位の［修行者の］知るところではない。…私（法蔵）はどうしてこれを知ることができようか。（大正三五、四七一上）

つまり法蔵は、経典に説かれる「抱擁」や「接吻」を字義通り受け取るのではなく、あくまで衆生が種々の三昧を獲得するというメタファーであるとし、教理的な問題として読み直していく。法蔵がこの解釈に苦心したであろうことは、注釈の最後に「無尽の功徳蔵に回向する」と述べて、盧舎那仏の悟りの領域の問題として処理していることからも明らかだろう（同、四七一上）。法蔵の注釈で注目されるのは、婆須蜜多の行為は性的なむさぼり（貪愛）であると認めつつも、貪愛は慈悲に准じるものであり、菩薩行を妨げる作用は低いと述べている点である。貪愛を衆生救済のための「慈悲」として捉え直す視点は後述の明恵とも共通するものがある。

いずれにせよ、性的な言説を教理的に意味づける傾向は中国の思想家に共通しているようであり、法蔵と同時代の李通玄『新華厳経論』も「抱持」は衆生を摂受すること、「接吻」は教説を受けとる意味だという（大正三六、九八〇中）。『華厳経』の持つ生々しさを伴う性的表現は、中国の祖師たちによる注釈の過程で次第に脱色されるに至るのである。

二、日本華厳の解釈

日本の華厳文献のなかで、婆須蜜多女を直接的にとりあげた議論はきわめて少ない。しかしその数少ない用例の一つが、冒頭に紹介した論義「当相即道」である。この論題が東大寺など華厳寺院で作成された時期は未詳だが、南北朝期の東大寺戒壇院僧、盛誉（一二七三～一三五一／六二）が編集した論義書『華厳手鏡』（一三三九年成立）にはまとまった形でその内容が示されている。

問う。円教の意では貪・瞋・癡などの煩悩をもって菩提に至る道程とすることはあるか。

答える、云々。事物の姿（当相）がそのまま［菩提に至る］道と考える。この点について［疑問がある］。およそ仏果は障を離れた円満の位であり、［一つとして］迷を絶たないことはない。煩悩とは無始よりこのかた［積み重ねられた］惑であり、悟りを妨げないことはない。［仏果と煩悩とは、］その義は天と地ほどに異なっている。どうして［煩悩が］菩提の道となるだろうか。このことから『華厳経』のなかに、まず貪・瞋・癡などの八万四千の煩悩を挙げ、そ

> の次にこの多くの煩悩がすべて除滅すると述べている。もし煩悩のままが菩提の道であれば、どうして煩悩を除くということがあろうか。どうであろうか。
>
> 答える。事物の姿（当相）がそのまま［菩提に至る］道という法門は理解しがたい世界であるが、その奥深い趣旨を伺うならば、いましばらく宗祖（法蔵）の解釈によれば、勝熱（勝熱婆羅門）・満足（無厭足王）・波須蜜（婆須蜜多女）の三人の善知識の法門をもって「三毒即道」の大義を述べている。つまり、まず［これらの善知識の教えが］空に即するものであり（即空）、衆生を摂取するものであり（摂生）、惑をとどめるものであること（留惑）などの義門を挙げおわって、なお非を選び分けて［その法門］を肯定し、「当相をそのまま肯定することは［即空・摂生・留惑の三義］とは同じではない。理解がきわめて難しい不思議［の法門］だからである」と解釈している。円経（華厳経）の深い趣旨を探り、祖師の解釈の義理を思うに、［勝熱婆羅門の教えのように］堅牢三昧の法門は実に刀山火聚の勢いに表れ、［婆須蜜多女の教えのように］離貪欲の際を離れるという法門はまた抱持・接吻の相となる。［無厭足王の教えのように］如幻解脱の法門はたちまちに瞋怒傷殺の形となる。このように、八万四千の法門はただちに八万四千の塵労を表すのであるから、現実の姿（当相）を動かさずして直ちに法門となるのである。
>
> （大日本仏教全書一三）

ここに明らかなように、煩悩を抱えた姿そのものが菩提に至る法門となることは仏道として一見理解しがたいものの、『華厳経』の「不思議の法門」においてのみ成立することが強調されている。婆須蜜多女の教説もそうした『華厳経』の奥深い趣旨（深旨）を成立させる根拠として提示されているのである。

冒頭に紹介した「東照宮法楽講」の論義は、こうした『華厳手鏡』の問答を踏まえて作成されたと考えられ、貪・瞋・癡の「当相」がただちに菩提の法門となるといえるかという、『華厳手鏡』と同一の問いが設定されている（前掲『東照宮法楽講問用意』）。そこでは、迷いと悟りの領域が混乱するだけでなく、三毒という煩悩のあり方をもって法門を顕現させるというなら罪を犯すことを認めるのかという、仏教者の実践に関わる具体的な批判も示されている。

もっとも、両者とも議論の中心は煩悩をどのように意味づけるかにあり、婆須蜜多女そのものに焦点が当てられているわけではない。抱擁や接吻を説く婆須蜜多女の教えが「貪欲を離れさせる法門」とされるように、性的な言説はやはり法蔵の解釈を踏まえた教理的な理解によって覆われているのである。

三、明恵の夢想と婆須蜜多女

一方、こうした教理解釈とは別の観点から婆須蜜多女が取り上げられている例として、最後に鎌倉初期の明恵の『夢記』をみておこう。

明恵が生涯にわたり夢や好相の記録を付けていたことは周知の通りであり、高山寺蔵、寺外所蔵を含め、約四七〇点あまりが現存している（奥田［二〇一五］）。そのなかには木像の天女と接吻する夢や、女性と「欲事」を行う夢など性的な内容の夢相がしばしば登場する。とりわけ注目されるのが、以下の夢である。

> 一、同じき廿四日の夜の夢に云はく、一の大堂有り。其の中に一人の貴女有り。面貌ふくらかをにして、以ての外に肥満せり。青きかさねぎぬを着給へり。後戸の如くなる処にして対面す。心に思はく、此の人の諸根相貌、一々香象大師の釈と符合す。悉く是れ法門なり。此の対面の行儀も又法門なり。此の人と合宿し、交陰する人、皆菩提の因縁と成るべしと云々。即ち互ひに相抱き馴れ親しむ。愛憐の思ひ深し〈此の行儀、又大師の釈と符合する心地す〉。同じき廿五日、記文を見出すと云々。
>
> （奥田［二〇一五］二一三頁）

ふくよかな貴女と対面し、その女性の女根などの特徴に言及しつつ、最終的には互いに抱き合い「馴れ親しむ」というきわめて生々しい夢の記録である。注目されるのは、その女性の相貌などが香象大師（法蔵）の解釈と合致していると述べている点である。明恵はそれだけではなく、「合宿し、交陰する」ことによって「菩提の因縁」となるともいい、その方法（行儀）もまた法蔵の解釈に符合するというのである。ここには明らかに、先に見てきた婆須蜜多女をめぐる法蔵の理解、すなわち性行為を華厳の法門として捉え直す理解が前提になっているとみることができるだろう。この夢に早い段階から注目したフレデリック・ジラール氏がやはり同様の指摘を行っているがきわめて妥当な見方と思われる（Girard.［一九九〇］）。

華厳宗の教理解釈のうえでは抑制的に捉えられていた『華厳経』の婆須蜜多女は、明恵の夢想という内的世界において、むしろ生き生きと躍動しているかのようである。

ただし、明恵がこうした性的な夢を記録していることをもって、明恵の性行為への関心（女犯の希求）を示すものと捉えるのは早計であろう。明恵が「これは法門である」「世間の欲相に非ず」と強調するように、明恵の宗教世界においては性行為であっても、それが悟りの領域（実際）に至ることそのものを意味していたと思われる。つまり、ここでも性的行為を字義通り捉えるのではなく、仏道実践として捉え直されているのである。明恵が夢想の世界で行った「互ひに相抱き馴れ親しむ」という行為は、まさに『華厳経』や法蔵の解釈という華厳宗の教理の歴史を実際に体験（再現）することであったと思われる。

明恵は晩年、華厳の実践行（仏光三昧観）と密教の五秘密法とを融合させる実践に傾倒する。この五秘密法は、金剛薩埵を中尊とする欲、触、愛、慢の四菩薩の五尊を観想する儀礼であり、文字通り四つの煩悩そのものが菩提となることを体験する実践である。そのなかで、明恵は欲・触・愛・慢の煩悩のうち、触は仏に近づくことであり、田夫が后に恋をするという身分違いの恋のように、凡位から遠く仏果を恋することを意味すると解釈している（『五秘密』、『高山寺典籍文書の研究』八二一上）。そのうえで、「仏果ニ向テ欲スルハ是大智也。衆生ニ向フハ即チ大悲也」という。つまり、貴女への欲望や抱擁など性的行為は「仏果を恋すること」そのものであるとして、決定的に重要な実践的意味が与えられている。

明恵の基本的立場は「厳密」とされるように、華厳（顕教）と密教との融合を志向するものであったが、「抱擁」という性的行為もまた、顕・密の両面から仏道実践に関わる行為として捉え直されていたといえるだろう。

本稿で取り上げた盛誉や明恵が生きた中世の仏教社会において、性的言説が必ずしも珍しいものではなかったことは、近年報告された禅密文献が伝えるところである（末木［二〇二二］）。現実の世俗の世界と仏法世界とを架橋する性行為をめぐる問題が、教理解釈の世界でどれほどの広がりを見せるものか、東大寺に継承される論義「当相即道」の分析を含めて今後の検討課題としたい。

参考文献

一色順心「華厳の修行道と女性善知識」（『仏教学セミナー』六〇、一九九四年）
奥田勲「明恵と女性 華厳縁起・善妙・善妙寺」（『聖心女子大学論叢』八九、一九九七年）
奥田勲他『明恵上人夢記訳注』（勉誠出版、二〇一五年）
木村清孝「華厳思想家と反道行」（『印度学仏教学研究』一七、一九六九年）
末木文美士『禅の中世 仏教史の再構築』（臨川書店、二〇二二年）
前川健一「明恵における不淫戒の問題」（『明恵の思想史的研究 思想構造と諸実践の展開』法藏館、二〇一二年）
野呂靖「明恵の顕密観――五秘密与五聖同体説を中心に」（『印度学仏教学研究』五四・二、二〇〇六年）
野呂靖「コラム：『華厳経』を見ること、聞くこと、飲み込むこと――論義にける中世僧侶の教理意識とその周辺」（近本謙介編『ことば・ほとけ・図像の交響 法会・儀礼とアーカイヴ』勉誠社、二〇二二年）
Frédéric Girard Un moine de la secte Kegon à l'époque de Kamakura, Myōe（1173-1232）et le "Journal des ses rêves" par Frédéric Girard. --École française d'Extrême-Orient, 1990.

［Ⅳ　ルッキズムな仏教］

美僧の登場

河上麻由子

かわかみ・まゆこ――大阪大学大学院人文学研究科准教授。専門は東アジア史。主な著書に『古代アジア世界における対外交渉と仏教』（山川出版社、二〇一一年）、『古代日中関係史』（中央公論新社、二〇一八年）などがある。

現代には、男性の美醜を論じるのは女性という先入観がある。しかし史料を紐解けば、俗人であっても、出家者であっても、男性に「美」を見出す主体は基本的に男性に占められることがわかる。この場合の「美」とは、容止美や貴族的な素養など、男性社会で理想とされる要素を兼ね備えていることを意味した。男性美は俗界における出世だけでなく、僧界における出世さえも後押しした。

はじめに

清少納言（生没年不詳）の『枕草子』には、説法する僧侶の美醜に触れた文章がある。

説経の講師は、顔の美しい人がいい。講師の顔をじっと見つめていればこそ、その人の説くことの尊さも自然感じられるのだ。さもないと、よそ見をしてしまうので、たちまち説教も聞き忘れるから、にくらしい顔の説教師の話を聞くのは、おそらく罪を犯しているのだろうと感じられる。

（説経の講師は、顔よき。講師の顔をつとまもらへたるこそ、その説くことのたふとさもおぼゆれ。ひが目しつれば、ふと忘るるに、にくげなるは、罪や得らむとおぼゆ。）

（『枕草子』「説教の講師は」三一）(1)

右が、当時の貴族女性に一般的な態度であったのかはわからない。清少納言らしい、先鋭な美意識の発露とみることもできよう。

ただし、同様の事例を他に見出せないわけではない。阿部肇一によれば、中国唯一の女性皇帝として著名な武則天（在位六九〇～七〇五）の時代、神秀《じんしゅう》（六〇六？～七〇六）と慧能《えのう》（六三八～七一三）という二人の禅僧がいた。神秀が眉目のはっきりとした秀麗な顔立ちだった――とはいえ、武則天に見えた時には神秀はすでに老齢であったが――のに対し、慧能は色が浅黒く農夫のような顔立ちだったために、貴族的な趣味に合う神秀が武則天の庇護を受け、神秀の系統の禅が長安周辺を席巻したという。[2]

この二つの事例をみると、いつの時代にも女性は男性の顔――相手が出家者であってすら！――にばかり注目するのだという感慨を覚えるかもしれない。

しかし、いかなる時代・地域の史料であっても、男性が男性の容貌を批評する記述は数多く見出せるが、女性が男性の容貌を批評する記述はほとんど見出せない。それは僧侶の美醜についても同様である。

一、男性美とは

東アジア仏教において、僧侶に美を見出すことは六朝時代から始まるようである。美しいとされる僧侶の特徴は、美しいとされる俗人男性の特徴とほぼ重なる。よって僧侶の美を語る前に、男性美について整理する必要がある。

六朝期（ここでいう六朝とは、魏・晋と、劉宋・南斉・梁・陳の六朝を指す）には基本的に、貴族社会に受け入れられる美貌と教養を兼ね備えた男性が、美しいと称賛された。[3] ただし女性美がそうであるように、[4] 男性美もまた、美しいとされる男性の目元・口元などがどのような形状であるのか、具体的に書かれることは基本的にない。例えば東晋成帝（在位三二五～三四二）の皇后の父である杜乂《とがい》（生没年不詳）は、魏晋期の代表的な美男子であるが、

王右軍《おうゆうぐん》（王羲之《おうぎし》、三〇三～三六一）は杜弘治《とこうじ》（杜乂）をみて讃嘆して言うことには、「顔色は凝った油のように（白く艶やかで）、瞳は漆をおとしたように（黒々としている）。あたかも神仙中の人のようである」といった。そのころ王長史（王濛、三〇九～三四七）の姿形を称賛する人がいた。（しかし）蔡公（蔡謨《さいぼ》、二八一～三五六）は、「諸人の杜弘治を見たことがないことが残念でならない」と言った。

（王右軍見杜弘治歎曰、「面如凝脂、眼如點漆。此神仙中人」。時人有称王長史形者。蔡公曰、「恨諸人不見杜弘治耳」。）

（『世説新語』容止篇二六）

というように、王羲之・蔡謨といった当時の上級貴族によっ

てその美貌が讃嘆された。杜乂自身も貴族社会の一員であり、狭いホモソーシャル内で、男性の外見が評価された事例である。[5]

『世説新語』の中で杜乂と並び称されるのが、衛玠《えいかい》（二八六～三一二）である。

王丞相（王導、二七六～三三九）が衛洗馬（衛玠）をみて言うことには、「みるからに華奢である。終日ゆったりとしているが、羅綺（のような薄絹にも）堪えないような様子である」という。

（王丞相見衛洗馬曰、「居然有羸形。雖復終日調暢、若不堪羅綺」。）　（『世説新語』容止篇一六）

衛玠もまた、王導にその華奢な風貌が讃えられる。『世説新語』以外にも、後述するように史書には多くの美男子が登場するが、どの男性が美しいのかを認定するのは、常に男性である。

男性貴族が認定した美の基準は、社会階層やジェンダーを超えて共有された。

潘岳《はんがく》（二四七～三〇〇）は姿形がたとえようもなく美しく、顔つきも優れていた。若い時に弾を小脇に抱えて洛陽の通りに出ると、出会った女性たちは、みな手を繋いで潘岳を取り囲んだ。（一方）左太沖《さたいちゅう》（左思《さし》、生没年不詳[6]）はこれ以上ないほどに醜かったのに、同じく潘岳を真似て（通りを）ぶらついた。すると婆たちがみな唾を吐きかけたので、しょんぼりとして引き返した。

（潘岳妙有姿容、好神情。少時挟弾出洛陽道、婦人遇者、莫不連手共縈之。左太沖絶醜、亦復效岳遊遨。於是群嫗斉共乱唾之、委頓而返。）　（『世説新語』容止篇七）

この史料は、女性が主体的に男性の美醜を判断した史料として扱われることがある。しかしそれはあたらない。美の基準を定めるという権威的な行為は、社会の上部にあって権力を掌握する集団に独占されるのが普通である。右の史料は、男性貴族がいう美の基準が、市井の女性にまで共有されたことを示すものと解すべきである。[7]

ところで、『世説新語』は劉宋の時代にまとめられたもので、後漢末から魏晋にかけての人々の言行を記している。右で潘岳を取り囲んだのが洛陽の女性たちであるように、『世説新語』が伝える美の基準は、西晋崩壊前、漢人貴族たちが華北にいた頃のものを基盤とする。

南朝を通じて貴族社会に変化が生じなかったわけではない。[8]とはいえ、『世説新語』にみえるような男性美に関する認識は、南朝を通じて影響力を保ったようである。

何炯《かけい》（生没年不詳）は色が白く、容貌が美しかった。従兄の何求（生没年不詳）・何点（四三七～五〇四）はいつも何炯について、「(昔は)『叔宝(衛玠)は精神が清らか、弘治(杜乂)は肌膚が清らか』といったものだが、今この子を見るに、また衛玠・杜乂をまのあたりにするかのようだ」と言っていた。

（炯白皙、美容貌。従兄求・点毎称之曰、「『叔宝神清、弘治膚清』、今観此子、復見衛・杜在目」。）

（『梁書』巻四七、何炯伝）

何求・何点兄弟の発言は、『世説新語』品藻篇四二に付けられた劉孝標《りゅうこうひょう》（四六二～五二一）注所引の、東晋袁宏《えんこう》（三二八～三七六）『江左名士伝』中にある「劉真長曰、『吾請評之、弘治膚清、叔宝神清』。論者謂為知言」[9]という劉惔《りゅうたん》（生没年不詳）の言と一致する。何求らの手元には本書があったのだろう。『江左名士伝』は佚書である。謝安《しゃあん》（三二〇～三八五）が語る西晋以前の話に基づいて書かれたもので、「正始名士」（曹魏正始年間の名士）「竹林名士」（正始以降、魏が滅ぶまでの名士）「中朝名士」（西晋の名士）で構成されていたらしい。[10] 曹魏～西晋の名士を扱う東晋時代の書物が、何求・何点らの時代にも読まれていたこと、それが男性美に関する意識形成に影響を与えていたことがわかる。

『世説新語』においては超俗的な男性美が好まれたことは、先行研究でしばしば指摘されてきた。[11]『世説新語』の貴族的美意識では、ギラギラとした生命力は野鄙に通じるのであり、現世的な汚濁やなまなましい現実感から遠かった、精神的に浄化された雰囲気のあるものに美的感動を覚えたとされる。[12] そして、『世説新語』に見出されるこのような美意識は、西晋・東晋・南朝を通じて支配的であったとみてよい。[13]

前掲した史料には、色白であること、目元が美しいことなどが言及されていた。このほかに、髪が黒々としていること、背が高いことなどが男性美の基準としてよく言及される。

（謝）晦《かい》（三九〇～四二五）は風采が優れており、談笑に優れ、眉目は秀麗で、鬢も髪も漆を塗ったよう（に黒々としていた）。文義に渉猟し、明敏で事物に精通していた。高祖（劉裕、在位四二〇～四二二）は深く（謝晦を）称賛し、（その寵愛に）群僚で及ぶものはいなかった。

（晦美風姿、善言笑、眉目分明、鬢髪如点漆。渉猟文義、朗贍多通。高祖深加愛賞、羣僚莫及。）

（『宋書』巻四四、謝晦伝）

（何）敬容《けいよう》（?～五四九）は身長が八尺もあり、色は白く鬢と眉も美しかった。性格は慎み深く厳かで、衣冠は鮮やかに麗しく整えてあった。朝庭に列立すればいつも、その容姿と立ち居振る舞いは抜きん出ていた。

（敬容身長八尺、白皙美鬚眉。性矜莊、衣冠尤事鮮麗。毎公庭就列、容止出人）（『梁書』巻三七、何敬容伝）

右で称賛される謝晦と何敬容は、美と教養によりあるいは皇帝の寵臣となり、あるいは朝廷に列立すれば官人たちの耳目を集めるなど、彼らの貴族的な美しさは男性社会において意味をもった(14)。

これら男性美の基準のうち、色の白さ、目元の美しさ、高身長であることなどは、後述するように、僧侶の美を語る時にも言及される。ただし俗人の美を構成する要素のうち髭や髪については、僧侶は虚飾を取り去るために髭や髪を剃るよう定められており(15)、僧侶が備える美の要素として言及されることはない。

時に六群比丘は、剪刀を用いて鬚と髪を切っていた。仏は、「そのようにしてはならない」と言った。彼らは髪を剃っても鬚は剃らなかった。仏は「髪も髭も剃るように」と言った。（ところが）彼らは髭を剃っても髪は剃らなかった。仏は「鬚も髪も剃るように」と言った。（次に）彼らは髪を抜いた。仏は「そのようにしてはならない」と言った。（ところが）彼らは髪をそのままに留めてしまった。仏は、「そのようにしてはならない」と言った。（今度は）彼らは髭を撚って撥ね上げた。仏が言うには「そのようにしてはならない。この馬鹿者どもよ、私が制定した所を避けて更に余計なことをなしている。今より以降は、鬚と髪は全て剃るように」といった。

（時六群比丘、以剪刀剪鬚髪。仏言、「不応而」。彼剃髪不剃鬚。仏言、「応剃鬚髪」。彼剃鬚不剃髪(16)。仏言、「応剃鬚髪」。彼抜髪。仏言、「不応而」。彼留髪。仏言、「不応而」。彼撚髭令翹。仏言、「不応而。汝等癡人、避我所制更作余事。自今已去、応鬚髪盡剃」。）

（『四分律』巻五一、『大正新修大蔵経』二二、九四五頁c二〇～九四六頁a二）

右で釈迦は六群比丘とのやり取りを通じて、髪のみならず髭も剃るよう定めている。ところが豊かな頭髪と鬚髭は、中国では男性美の重要な基準だった(17)。そのため出家者が頭髪・鬚髯を剃ることは、男性美の喪失と同義になったはずである。

実際、初唐の護法僧として著名な法琳《ほうりん》（五七二～六四〇）は、唐の高祖（在位六一八～六二六）との応答において、出家を「美容」を捨てることであると述べた。

高祖は（傅《ふ》）弈《えき》（五五五～六三九）が献上した書をいれて、詔を下して諸の沙門に尋ねて言うことには、「父母の（授けてくれた）鬚髪を捨て去り、君臣の（関係にあって身に付ける）華服を捨て去る、その利はいかなる門の中にあり、益はいかなる情の内にあるのか。損益の二宜について、どうぞ妙釈をしていただきたい」という。さて法師は伏檻することと長期に及んでいたが、大道を進まんことを思っていたところ、幸いにもこの詔問を承け、そこで答えて言うことには、「（中略）そうして悉達太子は、衰龍の衣を捨て去り（王位を辞して）、福田の服を身につけ（出家し）、（分段生死と変易生死という）二種の生死より出でんと誓い、志は一妙の涅槃を求め、道を弘めて以て（父母・師・国王・施主の）四恩に報い、徳を育みて以て（欲有・色有・無色有の）三有に資したのです。これが（出家）の利と益です。（中略）ここにその徳を慕い、悪を断じてもって身を立て、その風を敬い、己を潔くして善を修めるのです。そのため（父母に与えられた）姿形を毀ちてもその志を成さんとして、故に鬚髪の美容を棄て、俗を変じて以て仏の道に会わんとして、故に君臣の華服を捨てるのです。（以下略）」と。

（高祖納弈献書、乃下詔問諸沙門曰、「棄父母之鬚髪、去君臣之華服、利在何門之中、益在何情之内。損益二宜、請動妙釈」。而法師伏檻既久、思騁長衢、幸承斯詔問、遂陳対曰、「（中略）是以悉達太子、去衰龍之衣、就福田之服、誓出二種生死、志求一妙涅槃、弘道以報四恩、育徳以資三有。此其利益也。（中略）於是慕其徳者、断悪以立身、欽其風者、潔己而修善。故毀形以成其志、故棄鬚髪美容、変俗以会其道、故捨君臣華服。（以下略）」）

（『唐護法沙門法琳別伝』巻一、『大正』五〇、一九八頁c一五―一九九a四）

唐高祖の「なぜ父母からもらった鬚と髪を損ない、臣下としての栄誉を捨てるのか」という下問に対し、法琳は、父母が与えた姿形を損なってでも求法の志を遂げるため、「鬚髪美容」を放棄するのであり、慣わしを変えてでも仏の道を進むため、臣下として君主に仕える栄誉を放棄すると回答した。すなわち法琳の言に従えば、出家した男性は、中国の伝統的な美の基準にそむくはずである。ところが事実はそうではなかった。

二、南北朝時代の美僧

六世紀初めに南朝で書かれた『高僧伝』は、美しい僧侶について以下のように記す。

・「訶羅竭伝」『高僧伝』巻一〇、『大正』五〇、三八九頁a三―七[18]

訶羅竭《からかつ》（?～二九八）は、もとは樊陽《はんよう》の人である。若くして出家し、経典二百万言を諷誦した。性格はさっぱりとしていて、戒にもとづく節操を守り、挙措動作はみごとで、素晴らしい容姿をしていた。（訶羅竭者、本樊陽人。少出家、誦経二百万言。性虚玄、守戒節、善挙厝、美容色。）

・「竺潜深伝」『高僧伝』巻四、『大正』五〇、三四七頁c一二―一八(19)

竺潜《じくせん》（二八六～三七四）、字は法深《ほうしん》、俗姓は王、瑯琊《ろうや》の人、東晋の丞相だった武昌郡公王敦《おうとん》（二六六～三二四）の弟である。（中略）潜は教えを授かって以降、浮世の栄華をばっさりと切り棄て、根本の道を大切にして学問に励み、深淵な言葉によって教化を盛んにし、名声は西晋朝にあまねく広まり、風姿容貌は、堂々としていた。

（竺潜、字法深、姓王、瑯琊人、晋丞相武昌郡公敦之弟也。（中略）潜伏膺已後、剪削浮華、崇本務学、微言興化、誉洽西朝、風姿容貌、堂堂如也。）

右の僧侶はどちらも、容姿のみならず、立ち居振る舞いや風姿が賛美されている。外見的要素が整っていたことに加えて、貴族社会に受け入れられる素養を身につけることで、僧侶たちが「美」とされえたことが推測できる。

しかし『高僧伝』で美貌とされる僧侶の数は、続く『続高僧伝』に比べて極めて限られている。これと関連して注目されるのが、『世説新語』における僧侶の容姿の扱いである。

王子猷《おうしゆう》（王徽之、三三八～三八六）が謝万《しゃまん》（三二〇～三六一）を訪れると、林公（支遁《しとん》、三一四～三六六）が先に坐にあり、（人々を）ひどく見下していた。王が言うことには、「もし林公に鬢と髪が揃っていたならば、風格はこれ（今の様子）よりも優れていたのではあるまいか」という。謝が言うことには、「唇と歯は互いを必要とし、片方を無くすこともできないが、鬢と髪とはどうして精神に関わろうか」という。林公は大変気分を悪くして、「（私の）七尺の身を、今日はあなたがた二賢に委ねよう」と言った。

（王子猷詣謝万、林公先在坐、瞻矚甚高。王曰、「若林公鬚髪並全、神情当復勝此不」。謝曰、「脣歯相須、不可以偏亡、鬚髪何関於神明」。林公意甚悪曰、「七尺之軀、今日委君二賢。」）

（『世説新語』排調篇四三）

頭髪・鬚があれば今よりも風格が備わろう、という王徽之の発言の意図は、どれほど高慢な態度を取ろうとも、頭髪と鬚のない支遁には、王徽之たち貴族男性が備えうる「神情」が欠けていると揶揄することにあるのだろう。これに対し、謝安は、頭髪と鬚は精神の高邁さには関わるまいと嗜める。気を悪くした支遁は、好きなように批評するが良いと返答している。頭髪と髭がないことは、王徽之らが生きた四世紀には、風刺の材料となりえるようなものであった。なお、頭髪・髭を失うことへの違和感・忌避感が唐代まで存続したことは、先の法琳の発言から明らかである。

ところが、たとえ少数でも『高僧伝』(六世紀初頭成立)には美貌の僧侶が記され、『続高僧伝』(七世紀半ば成立)にはより多くの美貌の僧侶を見出せるようになる。この背景には、美意識におけるかなりラディカルな変化があったに違いない。そしてそれにはおそらく、仏典に登場する美僧が関わっていた。

仏典における美僧の元祖は、釈尊の十大弟子の阿難《あなん》である。阿難の美貌は釈迦その人の言葉で語られた。南北朝時代によく読まれた『大智度論《たいちどろん》』より引用しておく[20]。

阿難の(容貌が)端正で清浄であることは、すばらしく磨かれた鏡のようであった。老けているとか若く見えるとか、美しいとか醜いとか、容貌のあり方は、すべて身体の中から現出するものである。その[阿難の]身体の美しさは、女人がこれを見たならば欲心がすぐに動く[ほどであった]。このため仏は阿難に覆肩衣の着用を許した。この阿難[という名]は、見る者の心眼を歓喜させることができるから阿難(サンスクリット語Ānandaは歓喜・至福の意味)と名づけられたのだ。造論者[である龍樹]は[以下のような偈頌を作成して阿難を]讃歎する。

「顔は清らかな満月のようで　瞳は青い蓮華のよう
仏法の大いなる海水が　阿難の心に流れ込んで　人の心眼に[働きかけて]　見る者を大歓喜させる
仏を見ようとやってきた人々に　共通する現象で[彼が]うつくしさを失うことはなかった」

(阿難端正清浄、如好明鏡。老少好醜、容貌顔状、皆於身中現。其身明浄、女人見之欲心即動。是故仏聴阿難著覆肩衣。是阿難、能令他人見者、心眼歓喜、故名阿難。於是造論者讃言

「面如浄満月　眼若青蓮華
仏法大海水　流入阿難心　能令人心眼　見者大歓喜
諸来求見仏　通現不失宜」)

(『大正』二五、八四頁a一三―二二)

阿難に至上の「美」が備わると説く釈迦の言葉は、その教えに心を寄せる人々に、鬚と髪を失った僧侶にも「美」は備わりえると認識させたに違いない。

阿難は、仏の十大弟子として視覚的に表現された。六世紀半ばになると、釈迦仏の脇侍として迦葉《かしょう》・阿難が造立さるようになる。十大弟子の最年長である迦葉が、こけた頬や浮き出た肋骨で、老年であることを表現されたのに対して、十大

弟子の最年少である阿難は、年若く表現された[21]。唐代にも阿難は、柔らかな若々しい顔立ちで表現される（敦煌莫高窟第四五窟など）。人々は、経典中の釈迦の言葉を介してのみならず、自らの視覚的な体験を通しても、阿難のように髪・鬚のない男性もまた「美」たりえることに、抵抗を感じなくなっていっただろう。

ところで、『世説新語』は支遁の容貌にしばしば言及した。王長史（王濛《おうもう》）はかつて病気になったとき、親疎となく（誰も家に）通さなかった。（ところがある日）林公がやって来た。門衛が慌ただしく言上して言うことには「異相の人が門前にやってきたので、申し上げざるを得ずにおります」という。王長史が笑って言うことには「これはきっと林公であろう」という。

（王長史嘗病、親疎不通。林公来。守門人遽啓之曰、「一異人在門、不敢不啓」。王笑曰、「此必林公」。）

（『世説新語』容止篇三一）

右について劉孝標《りゅうこうひょう》は『語林』（逸書）を引用して、『語林』を按ずるに、「人々がかつて阮光禄（阮裕《げんゆう》、生没年不詳）を誘って共に林公のところを訪れようとした。（しかし）阮は、『あの言葉を聞きたくは思うが、あの顔を見るのが嫌だ』と言った」とある。これによれば林公の姿形は、まことに醜悪で異様なものだったのだろう。

（按『語林』曰、「諸人嘗要阮光禄共詣林公。阮曰、『欲聞其言、悪見其面』」。此則林公之形、信当醜異。）

と、支遁の容貌が一際醜かったからであろうと解する。元裕の「顔を見たくない」という発言が、支遁の人となりを嫌ったものなのか、その容貌を嫌ったものなのか、『語林』の引く断片的な発言のみでは判断し難い。ただ他にも、

謝公（謝安）が言うには、「林公を見るに、双眼は暗闇として瞳は真っ黒である」という。孫興公（孫綽《そんしゃく》、生没年不詳）は「林公を見るに、角ばっていて威風があり爽気が現れている」（と言った）。

（謝公云、「見林公、双眼黯黯明黒」。孫興公「見林公、稜稜露其爽」。）

（『世説新語』容止篇三七）

ともある。僧侶である支遁の容貌は、しばしば男性貴族たちの話題に登った。貴族社会で活動するからには、出家者であろうとも、ホモソーシャルにおける外見評価から逃れることはできなかった。

先述したように、『続高僧伝』には美僧がより多く登場するようになる。具体的にどのような特徴が美しいとされたのかは、俗人の美男子と同じく詳しく語られることはない。ただし色の白さは美の基準となったようである。

そのころ彭城寺に宝瓊《ほうけい》（五〇四～五八四）というものがいて、講説に優れ、風采がよかった。容貌は珍しいほど白く、世に「白瓊」と称された。その事績は別伝にある。

（時彭城寺宝瓊者、善講説、有風采。形相奇白、世号「白瓊」。事見別伝。）

（「隋襄州龍泉寺釈慧哲伝」『続高僧伝』巻九、『大正』五〇、四九三頁c二八―二九）

宝瓊の伝にはさらに詳しく、

釈宝瓊、俗姓は徐氏、そもそも東莞《とうかん》の人だったが、（戦乱を）避けて莒を辞し、後に毘陵《びりょう》の曲阿《きょくあ》県に（移り）住んだ。（中略）身長は七尺五寸、背胛には龍文があり、口には三九歯があり、異相は際立っていた。さらに秀麗で風采がよく、温厚かつ威容があった。

（釈宝瓊、姓徐氏、本惟東莞、避難辞莒、後居毘陵曲阿県焉。（中略）身長七尺五寸、背胛龍文、口三十九歯、異相奇挺。故能疎秀風采、蘊籍威容。）

（「陳楊都大彭城寺釈宝瓊伝」『続高僧伝』巻七、『大正』五〇、四七三頁c六―一一）

と、その容姿が説明される。竜紋・多歯という異相は、宝瓊が凡人とは異なる存在であることを示す。宝瓊は色が白く背は高く、秀麗で威厳も備わっていたため時人から称賛され、「白瓊」と称された。

色の白さ以外にも、僧侶と俗人男性との間で、美とされる特徴は多くの場合で一致する。やや降って、南朝末期から唐初にかけて南中国で活躍した道慶《どうきょう》は、

釈道慶（五六六～六二六）、俗姓は戴、その祖は広陵《こうりょう》にいたが、後に（南に）進み長江を渡り、無錫《むしゃく》に家をおいた。十一歳で出家した。（中略）陳の天命がつき、法朋が離散すると、東して無錫に帰り、鳳光寺に居をおいた。学徒は再び集まり、教え導くことは以前と変わらなかった。後に毘壇《びだん》の弘業寺に止まり、専ら（教えを）広めることに勤め、寒さ暑さで（弘法を）放棄することもなかった。しかも（道慶は）立ち居振る舞いが美しく、言笑に優れ、名利に淡白で、人との交際を大切にした。字を書かせれば勢いよく流れるようで、琴や詩をさせても婉妙、風采は閑雅で緩やか、器量は虚凝、衆生に応じた方を用い、履機することは無忤であった。[22]

（釈道慶、姓戴、其先広陵、後進度江、家于無錫。年十一出家。（中略）及陳祚云亡、法朋彫散、東帰無錫、居鳳光寺。学徒載萃、誨誘如初。後止毘壇弘業寺、専事闡弘、無棄涼暑。然其美容止、善言笑、淡名利、厚交遊。毫翰奔涌、琴詩婉妙、風神閑縦、韻宇虚凝、応物有方、履機無忤。）

（「唐常州弘業寺釈道慶伝」『続高僧伝』巻一二、『大正』五〇、五〇一頁ｂ一六―二八）

というように、立ち居振る舞いは美しく、コミュニケーション能力が高く、名声や利益を求めることない高潔な人柄で、書法をよくし、琴や詩も上手く、閑雅で威厳があったという。(23)

智矩もまた、

釈智矩《ちく》（五三五～六〇六）、俗姓は呉氏、呉郡の人である。性格は重々しく落ち着いており、機会を捉えるのが上手く、容貌も美しく、雅であることはみなの手本となった。（中略）さらに草書と隷書が上手く、文章を偏愛した。（中略）初め興皇寺の朗公の講を聴き、討究すること（その意は）深遠であったので、学は当代随一と称された。しかも精神は高尚で、物に在っては峯より出で、威儀はゆったりと厳かで、立ち居振る舞いは端正だった。

（釈智矩、姓呉氏、呉郡人。性矜荘、善機会、美容貌、雅為衆表。又善草隷、偏愛文章。（中略）初聴興皇朗公講、討窮深致、学冠時雄。而神気高標、在物峯出、威儀庠序、容止端隆。）

（「隋西京日厳道場釈智矩伝」『続高僧伝』巻一一、『大正』五〇、五〇九頁ｂ一九―二四）

智矩は容貌が美しく、立ち居振る舞いは優れ、書法・作文に長じていたのみならず、教学においても時冠と賞賛された。陳が滅亡した後、智矩が煬帝に招かれたのも、その名声による。道慶にしても智矩にしても、貴族的な素養に優れていたからこそ、陳末という戦乱の時代に人々の支持を集めたのだろう。

男性たちは、俗人であっても、出家者であっても、男性に「美」を見出した。この場合の「美」とは、姿形の美しさのみならず、立ち居振る舞いや雰囲気の良さ、貴族的な素養の有無など、当時の男性社会で理想とされる要素を兼ね備えていることを意味していた。ホモソーシャルにおける敬意と憧憬を集める男性こそが、彼らにとっての「美男子」であった。

三、立身出世と美醜

ホモソーシャルで讃嘆される男性美は、政治的に対立する人間関係を円滑化しえた。まずは俗人男性のケースをみてみよう。

石頭で起こった事故（蘇峻《そしゅん》の乱、三二七年）により、朝廷はあわや転覆しそうになった。温忠武（温嶠《おんきょう》、二八八～三二九）と庾文康（庾亮《ゆりょう》、二八九～三四〇）は、陶公（陶《とう》侃《かん》、二五九～三三四）に投じて救援を求めた。（しかし）陶公が言うには、「粛祖（東晋明帝、在位三二三～三二五）の顧命は（私には）及ばず、しかも蘇峻が反乱を起こしたのも、（その原因となった）釁隙は庾一族によるのだから、その兄弟を誅殺したとしても、天下に謝するに足りないくらいだ」という。ときに庾亮は温嶠が乗る船の船尾でこれを聞いており、憂え怖れてどうすれば良いか分からずにいた。後日に、温嶠は庾亮に陶侃と会うよう勧めた。庾亮が決めかねて行くことができずにいると、温嶠が言うには、「溪狗（陶侃のこと）については私が知り尽くしている。卿はただこれ（陶侃）に会えばよい。きっと心配するようなことにはなるまい」という。庾亮は風采がよく容貌も大変優れており、陶侃は一度会ってすぐに考えを改めた。歓談と酒宴は一日中続き、（庾亮は陶侃から）たちどころに愛惜尊重されるようになった。

（石頭事故、朝廷傾覆。温忠武与庾文康、投陶公求救。陶公云、「粛祖顧命不見及、且蘇峻作乱、釁由諸庾、誅其兄弟、不足以謝天下」。于時庾在温船後聞之、憂怖無計。別日、温勧庾見陶。庾猶予未能往、温曰、[24]「溪狗我所悉。卿但見之。必無憂也」。庾風姿神貌、陶一見便改観。談宴竟日、愛重頓至。）

（『世説新語』容止篇二三）

東晋明帝が死去し、幼少の成帝（在位三二五～三四二）が即位すると、庾亮は外叔父としてその補佐に当たったが、陶侃ら貴族の反感をかった。また蘇峻（?～三二八）の軍権を削ごうとして、彼を反乱に追いこんだ。そのため、陶侃は当初庾亮に強い反感を抱いていたが、庾亮に会うとその容姿の美しさに心を動かし（傍線部）、蘇峻による反乱の平定に助力するようになる。庾亮の男性美は、ホモソーシャル（この場合南朝の貴族たち）で共有される理想を体現するものであり、それゆえに貴族社会が共有する問題＝蘇峻による反乱を解決する糸口となりえた。[25]

『世説新語』には、容貌に限らず、貴族男性が互いに人物評価を下す記載が多い。このホモソーシャルにおける人物評価は、評価対象となる男性にとって、その政治的・社会的地位を左右するものだった。[26] そして美と政治的・社会的地位の密接な関係は、出家者の場合でも変わらない。

釈慧超《えちょう》（?～五二六）、俗姓は廉《れん》氏、趙郡陽平の人である。（一族はかつて）中原の喪乱にあい、鍾離《しょうり》の朝哥《ちょうか》県に避難した。（中略）天監年間（五〇二～五一九）、帝（梁の武帝、在位五〇二～五四九）は（慧超を）招いて家僧とし、礼問することはとりわけ頻繁だった。（中略）しかし慧超は、驕らずに礼をまもり、寂静を好んで学問に励み、これにより遊処し、喜怒をあらわにすることがなかった。さらには、身長は八尺を超え、腰まわりは十囲もあり、ゆったりと温和で超然としていたので、当時に赫赫たる名声があった。

（釈慧超、姓廉氏、趙郡陽平人。中原喪乱、避難於鍾離之朝哥縣焉。（中略）天監年中、帝請為家僧、礼問殊積。（中略）而超、鳴謙蹈礼、好静篤学、従之遊処、未覿慍喜之儀。加以、形過八尺、腰帯十围、雍容高歩、當時誉顕。）

（「梁大僧正南澗寺沙門釈慧超伝」『続高僧伝』巻六『大正』五〇、四六八頁a一～b九）

慧超は、武帝の家僧に選ばれた人物である。人柄は謙虚で所作は礼にかない、静寂を好み学問を尊び、喜怒を表さなかった。しかも身長は八尺を超え、腰回りはゆったりと、温雅で超然でもあっていたので、名声を博したという。僧侶としての行動以外に、押し出しの良さも名声を得るのに有効だった。

次に挙げる僧遠の場合は、容貌の美しさが法会の満足感に直結した。

釈僧遠《そうおん》（四一四～四八四）、俗姓は皇、勃海重合《ぼっかいじゅうごう》の人である。その先祖は北地郡の皇甫氏であるが、海沿いの土地に難を避け、それ故「甫」を去って「皇」の字を残した。（中略）僧遠は三十一歳にして、始めて青州の孫泰寺において高座に登って講義を行った。話ぶりはすっきりのびのびとし、風采が秀でて整っていたので、四百余名の参者は、誰しも満足し感服した。

（釈僧遠、姓皇、勃海重合人。其先北地皇甫氏、避難海隅、故去甫存皇焉。（中略）遠年三十一、始於青州孫泰寺南面講説。言論清暢、風容秀整、坐者四百余人、莫不悦服。）

（「釈僧遠伝」『高僧伝』巻八『大正』五〇、三七七頁c八－一六）[27]

僧遠は説法が上手いだけでなく、風采が整っていたために、法会に参加した人々はその説法に満足したという。『高僧伝』の時代から、僧侶の美貌は在家者を引きつけた。説法する僧侶の美醜を取りざたするのは、清少納言や武則天だけではなかったわけである。その一方で、北朝の事例ではあるが、当時における美の基準を満たさず、揶揄される僧侶もいた。

釈法上（四九五～五八〇）、俗姓は劉氏、朝歌《ちょうか》の人である。五歳で入学し、たった七日で章句に通じた。六歳で叔父に連れられて寺の中で観戯したが、心が踊るようなことはなかった。ところが仏を礼し経を読むと、（法上の）声と語気は爽やかで群を抜いており、衆人は走り（来て法上を）取り巻き、一心に聞き入った。（中略）年齢が学歳に及ぶと、『法花経』の講義を始めた。疑難に応対しては、（その応答に）賛嘆・敬服しないものはいなかった。

（中略）ところが（法上は）姿形と容貌が美しくなかった。そこで時人は揶揄して言うことには、「黒沙弥が来たら、（問答に負けるだろうから）高座は災難だ」といった。

（釈法上、姓劉氏、朝歌人也。五歳入学、七日通章。六歳随叔寺中観戯、情無鼓舞。但礼仏読経、而声気爽抜、衆人奔遶、傾渇観聴。（中略）年暨学歳、創講法花。酬抗疑難、無不嘆伏。（中略）而形色非美。故時人諺曰、「黒沙弥若来、高座逢災也」。）

（「斉大統合水寺釈法上伝」『続高僧伝』巻八、『大正』五〇、四八五頁a一一一四）

法上は幼い頃から非常に聡明で、出家前から読経が上手く耳目を集めた。長じては法華経を講じ、問答に優れていたが、肌の色が黒く、当時の美の基準を満たしていなかった。そのため、「黒沙弥」と渾名された。(28)とはいえその才能は抜群だったため、のちに法上は北斉の僧正にまでなる。

法上や支遁のような名僧は、美しさという仏法には全く関係のないことで、否定的評価を受けることがあった。僧侶の美醜を論じたのは、男女に限られなかっただろうが、社会的影響力を考慮するに、男性社会――特に男性貴族たちからの評価こそがその人物の人生を左右したことが予想される。

おわりに

六朝時代に、男性の容姿や教養、雰囲気、衣服まで含めた外見的特徴を批評することは、男性同士においてこそ活発に行われたのであり、本来は「美容」を捨てたはずの出家者も、そのような美的批評の対象となりえたことを概観した。

六朝時代には、九品官人法の実施に伴い、美醜を判定基準に含めた人物評価が社会的に重視されるようになった。男性美を含む人物評価は、男性の起家・出世に直接的な影響を与えた。とくに政権周辺のグループは、私的な社会（門閥）でありながら、公的な政治上の決定権を持っており、彼らによる人物評価はクリティカルに重要だった。そのような社会だったからこそ、僧侶すらもその美醜が出世に大きな影響を与えたのだろう。

注

（1）枕草子は『新編日本古典文学全集　枕草子』（小学館、一九九七年）七二―七三頁を用いた。

（2）阿部肇一「中期南宗禅における異同」（『増訂　中国禅宗史の研究　政治社会史的考察』研文出版、一九八六年）一一五頁。

（3）六朝貴族社会における教養主義と、それによる「容儀」の尊重については、森三樹三郎『六朝士大夫の精神』（同朋舎、一九八六年）第一章を参照。

(4) 中国で女性美を説明する際に、顔の形やそれぞれのパーツの具体的な形状が史料にほぼ記されないことは、張競『美女とはなにか　日中美人の文化史』(晶文社、二〇〇一年、一三九―一六六頁) を参照。

(5) 『世説新語』は、『中国古典文学基本叢書　世説新語箋疏』(中華書局、二〇二一年) を用いた。史料の現代語訳にあたっては、井波律子訳註『世説新語　四』(平凡社、二〇二二年) を参考にしたが、異なる部分も多い。『世説新語』の日本における研究史は渡邉義浩「『世説新語』における貴族的価値観の確立」(『中国文化 研究と教育』七四、二〇一六年)、「『世説新語』の編纂意図」(『東洋文化研究所紀要』一七〇、二〇一六年)、中国における研究史は、孫婷「近三十年来『世説新語』研究総述」(『甘粛聯合大学学報　社会科学版』二七―六、二〇一一年) を参照。

(6) 劉孝標所引の『語林』では、左思ではなく張載 (生没年不詳) が潘岳と比較される (范子燁『中古文人生活研究』山東教育出版社、二〇〇一年、九四頁)。

(7) 井波律子は、『世説新語』は美男子を手放しで賛美する一方で、美しくないものに対しては非人道的なまでに手厳しく、麗しいものは善きもの、醜い者は悪しきものというその明快さは、貴族から一般大衆にまで行き渡っていたと述べる (井波律子訳註前掲『世説新語　四』二〇頁)。

(8) 川勝義雄は、劉宋成立後、王族と寒門出身者が軍事を担当し、貴族はそこから除外されたという貴族制変容の時代に、『世説新語』は、貴族のあるべき姿を伝えるために書かれたとする (川勝義雄「劉裕政権の成立と寒門武人　貴族制との関連において」「『世説新語』の編纂　元嘉の治の一面」『六朝貴族制社会の研究』岩波書店、一九八二年、初出はそれぞれ一九六四年、一九七〇年)。これに対して渡邉義浩は、『世説新語』とは、劉宋の貴族制を積極的に肯定し、貴族を存立させる根本となっている文化を継承していくための教養の書であったと反論する (「『世説新語』の編纂意図」『東洋文化研究所紀要』一七〇、二〇一六年)。なお、范子燁は、『世説新語』編さんには、俗権力から身を遠ざけ、身の保全を図る方便としての側面があること、また編纂当時における魏晋期への憧れを反映していたと述べる (『『世説新語』研究』黒龍江教育出版社、一九九八年、第二章)。

(9) 『世説新語』品藻篇四二には「弘治膚清、衛虎奕奕神令」とあって、『梁書』とは一致しない。衛虎は衛玠の小字。

(10) 松浦崇「袁宏『名士伝』と戴逵『竹林七賢論』」(『中国文学論集』六、一九七七年) 四頁。

(11) 李沢厚『美的歴程』(人民文学出版社、二〇二一年、初刊行一九八一年) 一〇八―一〇九頁、任全高「容止美　魏晋人的新発見与新追求」(『淮陽師専学報』一九九二年第四期) 四四頁など。

(12) 井波律子訳註前掲『世説新語　四』三二頁。脱俗した雰囲気に男性美を見出すことは、『世説新語』に先行する『名士伝』にも確認できる (張亜軍「『世説新語』注引袁宏『名士伝』考略」『古籍整理研究学刊』二〇一〇年三期、二六頁)。

(13) 李杰「晋人之美　品藻中的六朝士人形象」(『宝鶏文理学院学報　社会科学版』三六巻第五期、二〇一六年) 三八頁。『世説新語』における「人物品藻」については、宗白華「論『世説新語』和晋人的美」(『美学散歩』上海人民出版社、一九八一年、初出一九四〇年) 以来の豊かな研究蓄積がある。なお南朝では、時代が降るにつれて、『世説新語』に説かれたのとは異なる、豊満な男性に美を見出すことが増えていく。これについては別稿に述べる。

(14) 谷川道雄は、美貌と容止を兼ね備えた褚淵に、百官のみならず遠国の使者までも見惚れたことを一例として（『南斉書』巻二三）、優れた身体的特徴は貴族・朝士の間で称賛と憧憬の的になったと述べる（「六朝貴族における人格と身体」（『河合文化教育研究所　研究論集』二、二〇〇六年、二八―二九頁）。ただし男性に美を見出し、求めることは、六朝よりも遡る。先行研究としては、劉方「『詩経』人体美概念初探」（『自貢師専学報　総合版』一九九一年第一・二期）、邢義田「論漢代的以貌取人　従『行義』旧注説起」（『天下一家　皇帝・官僚与社会』中華書局、二〇一一年、初出一九九一年）、胡玲「英雄向凡人的退落　『詩経・国風』中的男子形象及男性美的変遷」（『湖北師範学院学報　哲学社会科学版』二七―四、二〇〇七年）など多数。

(15) 剃髪については柿沼陽平「魏晋南北朝時代における仏教と剃髪」（『東洋学報』一〇四―二、二〇二二年）が丁寧な議論を行っている。

(16) 「彼剃鬚不剃髪」について、『大正』は「彼剃鬚不剃髭」となっているが、これでは文意が通じない。『国訳一切経　四分律』（大東出版社、一九二九年）が「彼れ鬚を剃りて髪を剃らず」（一二一二頁）とするのに従った。

(17) 中国で頭髪の乏しさが「悪（醜い）」とされるのは、柿沼陽平「中国古代禿頭攷」（『中国文化の統一性と多様性』汲古書院、二〇二二年）によれば戦国時代にまで遡る（四六二―四六三頁）。また髭は、遅くとも漢代には「美」の要素となった（彭衛「漢代軀貌観念及其政治文化意義」『漢代社会風尚研究』三秦出版社、一九九八年、一一一～一一二頁）。例えば、『史記』では漢高祖が美しい須髯をたくわえていたとある（「高祖為人、隆準而龍顔、美須髯、左股有七十二黒子」『史記』巻八、高祖本紀八）。

(18) 訳は吉川忠夫・船山徹訳『高僧伝（三）』（岩波書店、二〇一〇年、三六五頁）を参考にした。

(19) 訳は吉川忠夫・船山徹訳『高僧伝（二）』（岩波書店、二〇〇九年、四七―四八頁）を参考にした。

(20) 史料の解釈は、大谷由香氏にご教示いただいた。

(21) 石松日奈子「北魏洛陽時代の仏教造像――龍門石窟と洛陽造像」（『北魏仏教造像史の研究』ブリュッケ、二〇〇五年）一五七―一五八頁。阿難の造形化が出家者に美を見出す契機になったという論点については、二〇二二年十二月十日「ルッキズムな仏教」（於龍谷大学）で行われた大島幸代氏の報告に示唆を受けた。先行研究についても大島幸代氏にご教示いただいた。記して感謝申し上げる。

(22) 「無忤」の意味については、石井公成「仏教の朝鮮的変容」（鎌田茂雄編『仏教の受容と変容　韓国篇』佼成出版社、一九九一年）七九頁を参照。

(23) 貴族的素養に恵まれた美僧は多い。例えば建元寺の僧韶（四四七～五〇四）は、「容姿は美しく、挙措は優れ、生まれつき性格は温和で、韻調はすっきりと雅やか、よく経数を弘めたので、名声が州里に広まった（美姿制、善挙止、情性温和、韻調清雅、好弘経数、名顕州壌）。」（「梁楊都建元寺沙門釈僧韶伝」『続高僧伝』巻五、四六〇頁a二四～二五）、また龍光寺の慧生（生没年不詳）は、「風采がよく、草書と隷書が上手かった（美風姿、善草隷）。」（「慧生伝」『続高僧伝』巻六、『大正』五〇、四七三頁a一）という。

(24) 正しくは「傒」か（『世説新語箋疏　中冊』の余嘉錫による校訂〈六八一頁〉）。

(25) 倪美玲「『世説新語』描容止以現神明論」(『青海社会科学』二〇〇三年第三期)六八頁、周暁宇「由表見里、形中涵神――従『世説新語 容止』看魏晋人的形体審美与理想人格」(『新紀実』三六、二〇二一年)二〇頁など。

(26) 矢野主税「状の研究」(『史学雑誌』七六―二、一九六七年)。一方閻歩克は、六朝の男性美は「女性化」したもので、かつ、身体美によって選官されたことが明らかな法令・条文は無いとする(「中古士族的容止崇尚与古人選官的以貌取人」『国学研究』一五、二〇〇五年、六七―七〇頁)。重要な指摘であるが、社会的な栄達は、南朝においては必ずしも官人としての栄達を意味しない。容貌や立ち居振る舞い、貴族的素養によって得られる名望は、男性たちにとって極めて重要な意味をもった。また六朝の男性美を「女性化」と評することには、現代的な価値観が影響してはいまいか。南北朝の男性美の差異は大きく、男性美を作り上げた社会背景を含めて、現代的視点を排除して検討する必要があるが、これは別稿で検討したい。

(27) 訳は吉川忠夫・船山徹訳前掲『高僧伝(三)』二〇九―二一〇頁を参考にした。

(28) 史料の解釈は胡頎氏にご指摘いただいた。他にも例えば、釈慧静(生没年不詳)、俗姓は王、東阿の人である。若くして伊水・洛水の地方に遊学し、後に徐州・兗州の地域を歴遊した。顔の色はとても黒かったが、しかし見識と理解力はすっきりと遠大であった。当時洛陽に沙門の道経がおり、やはり理解力は当世に抜きん出、慧静と名声を等しくしたが、しかし(道経は)耳がとても長くて大きく、それで当時の人々はこうはやし立てた。「洛下のでっかくて長い耳、東阿は墨のように真っ黒、質問されれば必ず応答し、応答すれば必ず相手を満足させる」。

(釈慧静、姓王、東阿人。少遊学伊洛之間、晩歴徐・兗。容貌甚黒、而識悟清遠。時洛中有沙門道経、亦解邁当世、与静斉名。而耳甚長大、故時人語曰「洛下大長耳、東阿黒如墨、有問無不酬、有酬無不塞」。)

(「釈慧静伝」『高僧伝』巻七、『大正』五〇、三六九頁b四―八)

とある。僧遠や法上の事例もふまえるに、肌の色が黒いことは、基本的にはマイナスの意味を持ったのだろう。訳は吉川忠夫・船山徹訳前掲『高僧伝(三)』七九頁を参考にした。

［IV　ルッキズムな仏教］

玄奘の肖像と玄奘イメージの系譜

大島幸代

記録を遡るかぎり、玄奘像の淵源となるのは、生前あるいは没後間もなく制作された二つの肖像画である。いずれも長安城内の、大慈恩寺翻経院と鶴林寺で制作された。これら玄奘イメージの起点となる肖像と、史料に残された玄奘の姿形に関するわずかな記録をあわせて、現存する玄奘像に実在した玄奘の相貌がどこまで写し出されているのかに迫った。

はじめに

天竺（インド）求法を成し遂げて、膨大な数の経典を漢訳した唐僧・玄奘については、複数残されている「玄奘伝」や玄奘が漢訳した経典群、旅の記録である『大唐西域記』等、

同時代の余人と比べて豊富な史料が伝えられている。しかし、人柄や姿形、容貌に触れる記録は、何を為したかという事績の情報量に比して極端に少ない。とりわけ玄奘に関する多くの情報を有するのが「玄奘伝」であるが、僧伝類の記載内容はその僧が成した事柄を時系列に列ねるのが一般的であり、そうした行歴から間接的に為人も含めた人物像を結ぶことになる。

本稿で見ていくのは、玄奘の生涯や教学、仏教史上の貢献ではなく、後世生み出された『西遊記』等の物語の類でもなく、相貌の問題である。玄奘に関する作品としては、その生涯を連続的に描き出す伝記絵「玄奘三蔵絵」（大阪・藤田美術館）が著名である。一方、単独あるいは群像として表された

おおしま・さちよ――大正大学文学部専任講師。専門は仏教美術史。主な著書に『来迎 たいせつな人との別れのために』（共編著、公益財団法人香雪美術館、二〇二二年）、『書物学二三　文化財をつなぐひと・もの・わざ』（共編著、勉誠社、二〇二三年）、論文に「退敵の毘沙門天と土地の霊験説話――唐末五代期の毘沙門天像の位置づけをめぐって」（『仏教文明と世俗秩序 国家・社会・聖地の形成』勉誠出版、二〇一五年）などがある。

肖像的作品、般若十六善神に関わる作品、説話画等に点描として登場する作品等があり、生涯の中から限定した場面をスポット的に表した像となっている。玄奘の頃に遡る遺例はなく、いずれにしても、玄奘の没後に玄奘の姿を実際には目にしたことのない人々によって、生前の姿を留めた肖像を発展させ、あるいは「玄奘伝」等をイメージソースとして像が結ばれたものである。こうした玄奘像には、現実の玄奘の為人や相貌がどこまで引き継がれ、写し出されているのだろうか。本稿はこうした素朴な疑問に端を発するものである。

玄奘という人物のどの部分に焦点を当てるかで、「玄奘をどう表すか」は異なってくるため、玄奘像にはいくつかの系譜がみとめられる。本稿では、玄奘の肖像に関して史料が伝える断片的な記録を整理し、玄奘像の系譜との関係を検討した上で、主流な系譜であったと考えられる「梵篋《ぼんきょう》を持つ玄奘像」を中心に、史料上の相貌に関する情報がどの程度継承されているのかを考察する。東アジアの時空間における「玄奘イメージ」の滔々たる流れを、俯瞰的に眺めるための布石としたい。

一、玄奘イメージの四つの系譜

玄奘の生涯における最大の事績は冒頭にも述べた通り、天竺求法とその長大な旅の中で収集し、将来した多くの経典を自ら漢訳したことの二つに集約される。造形作品の中の玄奘像は、概ねこの二つの偉業を表出するイメージを軸に展開した。そして、現存作品からは大きく四種のタイプが見出せる。

❶梵篋を持つ像（図1）
❷笈（経典）を背負う像（図2）
❸鬼神（童子形）を伴う像（図1）
❹馬を伴う像

日本で玄奘イメージとして定着してきた図像は、必ずしも最初から玄奘像として成立したものではない可能性がある。しかし、一旦これら全てを包含し、中国に淵源となるイメージを求めてみた時、❶から❹の四筋の流れが時代の下降とともに複雑に絡み合いながら、そして、例えば羅漢像のような親縁性のある仏教美術ジャンルをも巻き込みつつ、日本に流れこんできた様相が見えてくる。(1)

そのことを端的に示すのは、日本で数多制作された般若十六善神にかかわる作品群である。これらは、釈迦三尊や法《ほう》涌《ゆう》・常啼《じょうたい》菩薩、十六善神等とともに、玄奘と深沙大将が登場するのが、鎌倉時代以降の通例である。(2) その際の玄奘像は、上記❶から❹の中から適宜、選択かつ組み合わされた像で現れてくる。(3) 特に❶を表す般若十六善神像に関しては、鎌倉時

図1　玄奘三蔵像（奈良国立博物館）

図2　玄奘三蔵像（東京国立博物館）

代の南都において法相祖師の玄奘像として登場させられたもので、時代・地域ともに限定的であったとの指摘がある。(4) また最近、松岡久美子氏によって、常啼菩薩が錫杖を持つ行者形で表される場合には、玄奘像は❷が選択されており、画面内で、求法のために西方へ向かった玄奘と、般若の教えを求めて東方に出向いた常啼の対比が意識されているとの興味深い見解が提示されている。(5) 少なくとも鎌倉時代の日本においては、玄奘像の各系譜が出揃い、それぞれが内包する意味もある程度理解され、地域や時代の要請に応じて組み換えて採用されていた様相が見えてくる。

なお、本稿では「玄奘イメージ」ないしは「玄奘像」という語を使い、必要な場合を除いて「肖像」という言い方を避けた。梅津次郎氏は、対看写照を原則とする肖像画において、その相似性（写実性）が要求されているものを第一義的な肖像画、対看写照的な相似性をもたないが「肖像画としての要求にもとづき製作され、肖像画として取扱われている」ものを第二義的な肖像画と端的に分けているが、(6) これに照らすならば、多くの祖師像がそうであるように、本稿で扱う玄奘像は第二義的な肖像である。さらに言えば、ある種のアイコンと呼んだ方が適当であり、玄奘であると一目で識別できる要素、例えば象徴的な仕草や持物等の描出には強い意識がみとめられるものの、いわゆる伝神写貌にまで意識が向けられていたことを示す作品はほとんどないと考えられる。

二、玄奘の肖像の記録

——玄奘イメージの起点として

(1) 長安鶴林寺の玄奘像

中国では東晋時代から高僧の影像（肖像）の制作が行われており、(7) その伝統に則って、玄奘も肖像が制作された。『大唐大慈恩寺三蔵法師伝』（以下、『慈恩伝』）巻八によれば、顕慶元年（六五六）に玄奘と九人の大徳の肖像画が造られたという。(8) 唐高祖の側室だった河東郡夫人（薛道衡の娘）が出家を望んでいたため、高宗は禁裏内に鶴林寺を造り、そこに入らせ、玄奘と大徳九人を寺に迎えて受戒させた。その後に、巧匠の呉智敏に命じて戒師十人の影像を図さしめ、鶴林寺で供養したという内容で、生前に玄奘の絵像が制作されたことがわかる。残された記録に拠る限り、これが玄奘の最初の肖像であるが、複数人の肖像の一つであったという以外、どのような像容だったのか、その後この絵像がどのように使われたのかは記録がない。ただ、受戒を契機とする影像制作という経緯からは、天竺求法の途次の玄奘という姿を描出したとは考えにくい。また、高宗の命により本肖像画を制作した呉智敏は『歴代名画記』にも名が載り、具体的な作品は他に知られないが、帝室近辺で活動した画家であることを考えれば、玄奘像も相当の出来であったと想像される。

鶴林寺は、長安城内の禁苑の景陽門を入った所に位置していたようである。日本では早く、天平宝字八年（七六四）創建の薬師寺西院正堂障子や、弘仁四年（八一三）創建の興福寺南円堂の扉に玄奘像が描かれていたという記録がある。薬師寺西院正堂の障子絵像は、『薬師寺濫觴記』によれば「玉華殿様」(9)、すなわち玄奘の晩年、顕慶四年（六五九）に訳場が移され、さらに入寂の場所となった玉華寺に奉安された影像の図様を踏襲したものだったという。ただ、中国の史料に玉華寺の影像の記録は見えない。玉華寺は、陝西省銅川市に位置する離宮・玉華宮に造られた寺院であるが、あるいは長安禁裏内の鶴林寺と取り違えられ、日本で伝承された可能性もある。(10)

（２）長安大慈恩寺翻経院の玄奘像

そして、没後間もない頃までに制作された可能性があるのが、大慈恩寺翻経院の肖像画である。玄奘は、貞観二十二年（六四八）に慈恩寺に移り、将来した経典の漢訳を続けたが、この訳場に肖像が描かれたことは智昇撰『続古今訳経《ぞくここんやっきょう》図紀《ずき》』序文に詳しい。(11)『続古今訳経図紀』は、麟徳元年（六六四）以後の成立になる靖邁《せいまい》撰『古今訳経図紀』（現逸）の続集で、開元十八年（七三〇）に編纂された。

訳経図紀者、本起於大慈恩寺翻経院之堂也。此堂図画古今伝訳緇素、首自迦葉摩騰、終于大唐三蔵。邁公因撰題之于壁。自茲厥後伝訳相仍、諸有藻絵無斯紀述。昇雖不敏敢輒讃揚。雖線麻之有殊、冀相続而無絶。

（句読点は筆者）

（『古今訳経図紀』は、もとは大慈恩寺翻経院の堂から起こされたものである。この堂には、古今の訳経僧が描かれており、迦葉摩騰《かしょうまとう》からはじまり大唐三蔵（玄奘）に終わる。靖邁公は壁に題を撰述した。その後（玄奘以後）も伝訳は続き、翻訳三蔵の彩色に彩られた絵像はあるものの、紀述はなかった。わたくし智昇は鋭敏ではないけれどもこれを讃嘆・宣揚しようと思った。（靖邁の撰題と自分のものでは）絹糸と麻糸ほどに差はあるけれども、ねがわくはこれが続けられ、後世にわたり絶えることがないように。）

この序文からは以下のことが判明する。大慈恩寺の翻経院堂の壁には迦葉摩騰以下、玄奘までの「伝訳の緇素」の影像が描かれた。靖邁は「題」、おそらく小伝の類を撰述し、壁に書き付けた。この翻経院堂の壁画の影像と題をまとめたのが『古今訳経図紀』である。その後、智昇の頃には、玄奘以降の翻訳三蔵、すなわち智通から金剛智までの二十一人の肖像も描き加えられていたようだが、「紀述」（靖邁が撰述した「題」に相当するものか）は無かった。そのため、追加された影像には智昇が題を撰述し、『続古今訳経図紀』を作成した。現行の『続古今訳経図紀』は、翻訳三蔵の略伝と訳経典名が列記される形になっている。

迦葉摩騰から金剛智に到る古今の翻訳三蔵の影像が並ぶ様は、インドから伝入した後の中国仏教の歴史を視覚的に強くアピールするものであり、後世に至るまで、翻経院の壁画列僧像に触れる史料がしばしば見られるのは、このモニュメンタルな性格に起因しよう。それは、貞観十七年（六四三）に太宗が閻立本《えんりっぽん》に描かせた宮城内凌煙閣の二十四功臣図を彷彿させる。(12) 凌煙閣二十四功臣図と翻経院列僧像は、いずれも真の相貌を写す肖像として、特別な由緒を与えられたと推測される。

翻経院の玄奘像の像容について、同時代に遡る記録は残されていない。ただ、北宋時代の董逌《とうゆう》は、玄奘のある絵像を見て、『広川画跋《こうせんがばつ》』巻四「書玄奘取経図」に次のように記す。「西京（長安）の翻経院には嘗て玄奘が西域に游び、路道を経るところを写した像があった。この図がどうしてこれ（翻経院像）を写しきれているだろうか。玄奘は陳氏、偃師の人である。かつて霊岩に到ってまさに経典を西域に求めようとした。庭の栢樹が西を指すことおよそ十七年、ある日、栢樹の枝がまた東を指したため、門弟たちは師の帰朝を知ったという。ちょうどその時、玄奘は経を背負って東に向かっており、常に雲が華蓋状をなして伴い、玄奘が到達したところの四人は業を廃したと。この絵がその偉業を全く伝えきれていないのは嘆かわしいことである」。(13) この一節からは翻経院像をめぐる様々な状況が読み取れる。

まず、董逌の実見した玄奘像は、原本には到底及ばないが、翻経院像を継承する作品であると考えられていた。そして董逌の認識では、翻経院像は西域の旅路を行く「取経」姿の玄奘像であったという。ここで注意を要するのが「嘗」の語で、十二世紀前半の董逌の頃には既に翻経院の壁画は失われていたと推測される。慈恩寺は、長安の多くの寺院が甚大な損害を被った会昌の破仏でも、特例として存続が認められた寺院の一つだったが、その後、五代以降は衰退の一途をたどったと考えられている。[14] 慈恩寺についての記録は、大雁塔の記事に終始する傾向にあり、それ以外の堂宇や子院に記載が及ぶことは少ないのだが、熙寧年間（一〇六八～七七）の火災によって、とりわけ大雁塔の被害が大きかったこと、正大年間（一二二四～三二）には塔一つを残してほぼ滅尽していたこと（張礼『遊城南記』）が分かる。董逌の頃、既に失われていたとはいえ翻経院像の存在は広く知れ渡っていた。しかし、その像容については伝聞の域を出ない情報だった可能性がある。

九世紀半ばに翻経院を訪れた円仁は、そこで義浄の真影と玄奘の帰国を知らせたという摩頂松樹の画を実見したという。[15] 前述の『広川画跋』にある栢樹のエピソードは、松樹として語られることもあり、同様の伝説を指す。円仁が見たのはおそらく件の翻経院の列僧像だったと推測されるため、それが松樹だけの壁画だったとは考えにくい。何らかの玄奘像を伴うものだったとしたら、松樹のエピソードを重視し帰国の途につく玄奘を主題としていた可能性が高い。それは❷の系譜にある東京国立博物館本（図2）のような玄奘像や、京都・仁和寺が所蔵する「高僧図巻」甲巻（長寛元年（一一六三））に描かれた玄奘像（図3）へとつながっていく姿をしていたと考えられる。特に東博本は、竹笈に経巻を満々と詰めて歩みを進める姿であるから帰路であるに相違なく、頭上の黒茶色の笠は、『広川画跋』で玄奘の頭上を華蓋状の雲がついてまわったという記載を連想させる。

つまり、北宋時代には既に「取経」姿の玄奘像がある程度流布していたのであり、そのことは欧陽脩（一〇〇七～七二）撰『于役志《うえきし》』の記述からも確かめられる。[16] 後周の世宗が揚州に入城した際、寿寧寺を行宮とし、悉く坊の壁画を潰してしまったが、ただ経蔵院の「玄奘取経」壁画だけは残され、景祐三年（一〇三六）に欧陽脩が見た当時は絶筆と称えられていたという。この頃、流行を見せていた玄奘の旅を取り上げた「取経」像は、翻経院像に図様の典拠を持つという由緒とともに、相当程度制作されたと推測される。

ただし、その具体的な像容については、東博本や高僧図巻の玄奘像がどの程度、翻経院像を継承しているかは不明であ

図3　「高僧図巻」の玄奘像（京都・仁和寺）

る。特に、東博本の笈を負う玄奘像は、敦煌莫高窟の蔵経洞から発見された一連の取経僧図の図様を踏襲して成立したと考えられている。敦煌の取経僧図は、虎を連れる作例が多いこと、ギメ美術館所蔵の絹本像や天理大学附属天理図書館本には短冊形に「宝勝如来」と明記されていることから、谷口耕生氏によって求法僧・訳経僧から篤い信仰を受けた宝勝如来の化身として表された可能性が指摘されている。(17) また、南宋時代、一二〇〇年前後の作と推定されている諸尊降臨図（米国・個人蔵）には、多くの如来に混じって七人の比丘が登場するが、みな一様に東博本の玄奘と同様の笈と笠を負う姿である。彼らは、大石志盤撰『法界聖凡水陸勝会修斎儀軌』巻二で説かれる、水陸斎で上堂第六位に勧請する「十方法界伝持教法禅律諸宗諸祖師並諸眷属」のうち「訳経摩騰竺法蘭、求法奘三蔵等諸法師」と密接な関係を持つことが、井手誠之輔氏によって明らかにされている。(18) 七人は持物や容貌が描き分けられており、個別に像主が想定されていると考えられるが比定が難しい。とはいえ、笈と笠が、天竺・西域と中国を往還した求法僧あるいは訳経僧特有のモチーフとして機能していたことは確かめられる。

（3）泗州普照王寺の玄奘像

一方、翻経院像から展開した玄奘像とは別の系譜として❶があり、かねてより、入宋した成尋《じょうじん》が泗州《ししゅう》普照王寺で見た玄奘像との関連が指摘されてきた。(19) 普照王寺は、僧伽が七世紀末頃に建立した寺院で、僧伽信仰の高まりとともに、遺体を乾漆で処置した真身像を祀る寺として信仰を集めた。『参天台五台山記』熙寧五年（延久四年・一〇七二）九月二十一日条によれば、大仏殿の四壁外側には、西壁に①鳩摩羅什、②曇無讖、③仏図澄、④慧遠、⑤竺道生、東壁に⑥摂摩騰、⑦竺法蘭、⑧康僧会、⑨玄奘、⑩窺基という十人の影像が描かれ、それぞれ身の丈は六尺ばかりだった。像容についても簡単な記述があり、玄奘は左手に経を執り、右手は胸前で小指頭を捻じ、花鞋を履いていたという。(20) 足下の描写があるため立像であり、経を執ることから、訳経を行う姿、あるいは経典を講ずる姿だったと推測される。

この列僧像の人選の意図については明確ではない。大仏殿は丈六の釈迦・阿弥陀・弥勒の三尊像が本尊であり、本尊に面する戸の左脇には世親像が、右脇には文殊・普賢菩薩像が描かれていたという。弥勒から連なる法相の法脈と、仏教東伝に関わる高僧あるいは訳経僧とを織り交ぜて示したものだろうか。立像・坐像の違いはあれども、奈良・興福寺の大般若経厨子扉絵と目される「護法善神像」の玄奘像（鎌倉時代、十四世紀、**図4**）、奈良・薬師寺「木造玄奘三蔵坐像」（鎌倉時代、十三～十四世紀）[21]、奈良国立博物館「玄奘三蔵像」（奈良・西大寺伝来、鎌倉時代、十三世紀、**図1**）等が、概ね同趣旨の影像と考えられており、日本では法相祖師像としてこの姿が採用された。奈良博本は、左手に梵篋を執り、右手は胸前に挙げて第二指と第三指を立てる。色白の肉身、桃色に染まる頬、赤く立体感のある口唇の表現が目を引く。そして、鬼神形（童子形）の従者を連れる点で、先述した玄奘イメージの系譜

図4 「護法善神像」の玄奘像（奈良・興福寺）

❸との混合がみとめられる。また、「三国祖師影」の玄奘像は、梵篋を執る手が左右異なり、坐像であるが、大きくは普照王寺像と同じ系統に属すると考えてよいだろう（**図5**）。

玄奘像に関する記録は北宋時代に集中的に確認でき、他に蘇轍（一〇三九～一一一二）が登封郾城《えんじょう》で見た玄奘像（『欒城集後集』「題郾城彼岸二首」）等もある。玄奘イメージの起点となったのは、後世への影響力から見て、まずは大慈恩寺翻経院の壁画像であったに相違なく、その像容は西域を旅する「取経」像であった。そして、十一世紀には別のタイプの梵篋を持つ像も同様に流布していた。長安鶴林寺において、生前に描かれた玄奘像が供養されたことをいま一度想い起こしたい。鶴林寺像が造られた当時、玄奘は大慈恩寺においてまさに訳経に従事していたこと、また『薬師寺濫觴記』が伝える玉華寺の玄奘像は鶴林寺と誤認された可能性のあることも踏まえると、鶴林寺像こそが梵篋を持つ玄奘イメージの起点であった可能性も十分に考えられる。

三、記録された玄奘の相貌――「眉目疎朗」

ここで玄奘の相貌について、史料のわずかな記録を拾い上げておく。生前の玄奘を見知っている人物が著した玄奘伝には、次の史料がある。

図5　東博本「三国祖師影」の玄奘像

①道宣『続高僧伝』興聖寺本　六四九年以前成立
②慧立『慈恩伝』五巻本　六四九年以前成立
③冥詳『大唐故三蔵玄奘法師行状』（以下『行状』）　六六四年以後成立
④道宣『続高僧伝』高麗本（後人加筆）　六六九年以後成立
⑤慧立・彦悰『慈恩伝』十巻本　六八八年成立

これらは相互に影響を及ぼし合いながら複雑な過程で成立した。[22]『続高僧伝』は貞観十九年（六四五）に一旦脱稿するが、その後も道宣は追補し続けた。後人によって総章二年（六六九）以後に加筆された部分も含むのが、④の高麗本である。

ここでは玄奘伝の次の二つの部分に注目したい。一つがインドに到達しガンジス河で賊に遭遇した場面、もう一つが『慈恩伝』にある総評の部分である。

まず、ガンジス河で賊に襲われた場面である。どの玄奘伝も概ね同じ筋であるため概略を示すと、ガンジス渡河の際、急襲され賊に捕らえられた玄奘は、彼らの祀る大自在天あるいはドゥルガー女神の生贄として害されそうになった。しかし、弥勒菩薩を心に念じたところ大風が吹き、周囲は大荒れになったため、賊達は心を入れ替え、玄奘を解放したという。冥詳が撰述した③『行状』は、前半は貞観二三年（六四九）までに成立した『続高僧伝』の玄奘伝と慧立が撰述した五巻本『慈恩伝』の記事を抄出・補訂し、後半は以後の事蹟を晩年まで記した最初の通伝である。『行状』のガンジス渡河の場面には、賊は毎年秋に「質状端美」の人を生贄に捧げる習慣があり、捕らえた玄奘がこれにふさわしく「儀容美麗」であったと記される。この点は、玄奘の弟子である慧立と彦悰が撰述した⑤『慈恩伝』巻二も同様で、玄奘の容姿を「質状端美」「儀容偉麗、體骨当之」「形貌淑美」と三度言葉を変えて形容している。[23]

一方、帰国後の玄奘の訳場にも参加した道宣の④『続高僧伝』巻四の玄奘伝には、この場面で玄奘の容貌に関する記述は見えず、賊が何故、旅の一行の中で玄奘を選んだのか、その理由については触れられない。[24]別の部分で、父の陳慧が

「長八尺、明眉目」、兄の長捷法師が「容貌堂堂、儀局瓌秀」であったとする容姿に関しての記載があるため、この種の記述を排したわけではないようである。道宣は玄奘に対し、求法者、訳者として最大の賛辞を送っており、称えるべき業績の方に字数を割いたというところだろうか。

次に、総評である。これは⑤『慈恩伝』にだけある記述で、巻十末尾に挿入される。玄奘の容貌に関する部分を次に掲げる。[25]

法師形長七尺板。身赤白色、眉目疎朗。端厳若塑、美麗如画。音詞清遠、言談雅亮、聴者無厭。或処徒衆、或対嘉賓。一坐半日身不傾揺。服尚乾陀裁唯細氈。脩広適中行歩雍容。直前而視輒不顧眄。滔滔焉若大江之紀地。灼灼焉類芙蕖之在水。加以戒範端凝始終如一。愛惜之志過護浮嚢。持戒之堅超逾繫草。性愛怡簡不好交遊。一入道場非朝命不出。

（句読点は筆者）

重要な部分だけを意訳すると、「法師の形（すがた）は長（たけ）七尺余り。身は赤白色で、顔立ちはすっきりとして清らかだった。威厳ある様は塑造した像のようであり、美麗なる様は絵に描いたようである。声と詞は清く遠くまでとおり、言葉づかいは雅やかで明瞭であり、聴く者でこれを厭う者はなかった」とあり、また「ひとたび坐すと半日の間、身体を傾けたり動かしたりしなかった。服は乾陀羅の衣を裁断して細氈にしたものを尊んだ」とある。

身体的特徴については「長七尺余」「身赤白色」「眉目疎朗」といった具体的な描写がある。『慈恩伝』は全体に弟子による玄奘賛美の誇張が多く、ある程度差し引いて見なければならないが、この部分は繊細な言葉選びをしており、玄奘の相貌をできる限り正確に文字に残そうという態度がうかがえる。その姿勢は特に「眉目疎朗」と表現された特徴からうかがい知れる。これはどのような見た目を言うのだろうか。

「眉」は美しいことを表現する際に様々な修辞として使われ、隋唐時代の用例を求めると、太原崇福寺の僧崇政は「神気沈約、儀容整麗。秀眉広目、挺志高奇」[26]、隋の煬帝については「煬帝昔在晋蕃南鎮淮海。立四道場追徴四遠。（中略）然其儀相魁岸眉目高朗。貎体時事不在思量」[27]といった具合である。「眉目疎朗」の用例は他に確認できないが、『続高僧伝』巻一二の弁相伝に「相爲人敦素、形色鮮白、眉目濃朗、儀止閑泰」[28]とある「濃」の対義語である「疎」と思われ、「濃朗」が眉やまつげの濃い溌剌とした目もとを表現するのに対し、「疎朗」は毛が薄く（体毛が少ない、毛色が淡い、毛が細い等）目もとのすっきりとした様を表すものと推測される。「質状端美」「儀容美麗（偉麗）」「形貌淑美」では美しいことは分かるが、どう美しいのか定かでなかったが、「眉目疎朗」によってその美しさの方向性が見えてきた。目もとの様子を表すのに多様な用語がある中、玄奘の弟子たちが敢えて使用した「眉目疎朗」の表現に従うならば、玄奘はすっきりと涼やかな顔立ちだった可能性が高い。現在で言うところの「しょうゆ顔」が最も近いイメージだろうか。

四、「赤白色」の身色

(1) 玄奘の身色

玄奘の「七尺余り」という身の丈は、当時の表現においては身長が高いことを示す。「八尺」とされる父の陳慧は、極めて高身長の偉丈夫だったようであるが、玄奘はそこまでではないにしろ、高い方であったことは間違いない。そしても う一点、『慈恩伝』の記述から注目するのは肌の色の問題である。玄奘伝から玄奘の身色に関する記述をまとめておこう。

『行状』：顔色如常、赤白不異。（没後六十日の玄奘の容貌を記す部分）

『慈恩伝』：身赤白色（巻十の総評）、顔色赤白（没後の容貌を記す部分）

記載のあるものはみな一様に「赤白」色と表現する。「赤白」色とは、文字通り赤味を帯びた白色を示しており、つまり血色のいい色白の肌を言うと考えられる。似たような用語として「紅白」があるが、紅は主に仏舎利の色を表現するのに使われており、色味としてはやや紫がかる。

「赤白」色は流星の色に関する記述で多用されるが、人の身色に使用されることは少ない。『史記』巻一二三・大宛列伝の「大月氏」につけられた『正義』の注が数少ない用例の一つで、三国呉の万震による『南州異物志』によれば、大月氏の人々は赤白色の肌色をしていたとされている。前漢武帝の前一三九年に張騫が大月氏を訪れ、現地の情報を中国にもたらしたと伝えられる。大月氏の民族系統はイラン系遊牧民ほか諸説があり明らかではないが、わざわざ肌の色が記されていることから、中国の人々にとって自分たちとは異なる身色の人々、という認識があったことがうかがえる。また、『陀羅尼集経』には功徳天の身色には赤白色を用いることが記され、慧祥撰『古清涼伝』巻下には、武定年（五四三〜五五〇）に斉の隠士・王が出会った「赤白色で美眉」の人ならざる者が登場する等[29]、常人とは異なる存在を表現する際に用いられている。こうして見ると、「赤白」色と表記される玄奘の身色は特徴的なものだったと推測されてくる。

(2) 日本で制作された玄奘像の身色

さて、この身色は玄奘イメージにおいてどの程度意識され、取り入れられてきたのだろうか。ここでは、四つの系譜のうち❶の梵篋を持つ像を考察の対象とする。崇敬する祖師の肖像を身近に置き、その存在を指針として仏道修行を成すことが、仏教的肖像、いわゆる祖師像の誕生の最も大きな動機であった。玄奘像の場合はこれに加えて、渡天を成し遂げたことへの憧憬も強く作用し、❷の系譜の玄奘イメージを生み出した。❷では、旅をする姿こそが重要であり、他の求法僧や訳経僧とも図像を共有していることから、よりアイコン的意味合いが強く、考察の対象に適当ではないと判断したためである。

先述した通り、梵篋を持つ玄奘イメージの系譜上にあるのが「三国祖師影」の玄奘像である。「三国祖師影」は、インド・中国・日本の三国の高僧四十六人の肖像を集成した画巻である。すべて坐像であり、頭体の向きはまちまちで、短い賛が伴う像と伴わない像がある。玄奘像は賛がなく、名前のみ記され、玄奘と双璧をなす訳経僧の鳩摩羅什と、向かい合って描かれている。右手で梵篋を持ち、左手は梵篋の横で第一指と第二指を捻じる像容である。

本画巻の原本は小野流の祖・仁海（九五一〜一〇四六）が撰述したとされるが、原本は亡失しており、大谷大学博物館本、東京国立博物館本（京都・高山寺旧蔵）等、八種類の伝本が現存している。現存最古の写本が大谷大学本で、奥書によって、久安六年（一一五〇）に勧修寺にて寛信所持本を写したものであることが分かる。墨線による白描主体の作であるが、近頃の修理によって、唇や頬などにわずかな淡彩を施すことが報告されている。[30] 寛永一六年（一六三九）書写の仁和寺本には、仁海の弟子範俊が仁海自筆本を安置して「三国祖師影供」を行ったことが記されており、「三国祖師影」は祖師を祀る儀礼の中で用いられてきた。円仁を代表とする入唐僧の多くが様々な祖師像を将来したことは将来目録によって明らかだが、その背景には日本での祖師供養の盛行があった。例えば、円珍が作成した大中十一年（八五七）の『日本比丘円珍入唐求法目録』には、「大遍覚法師画賛一巻」が載録され、玄奘像に賛文が伴う画巻が伝えられている。[31]

伝本の中で最も丁寧な描写が見られるのは東博本である。東博本は、寛信から弟子の仁済に伝えられた本を玄証が写したものと奥書にある。[32]「先徳図像」と称され、玄証の花押より文治二年（一一八六）以降の書写と推測されている。[33] 玄奘像（**図5**）は、目が丸く、釣り目で、頭髪や髭の剃り痕に淡墨を刷く。顎は四角く頬には張りがあり、皺もほとんど表されず、広い肩と堂々とした上半身は壮年期の容貌を思わせる。面貌には部分的に赤色の彩色が残る。この朱隅は、祖師

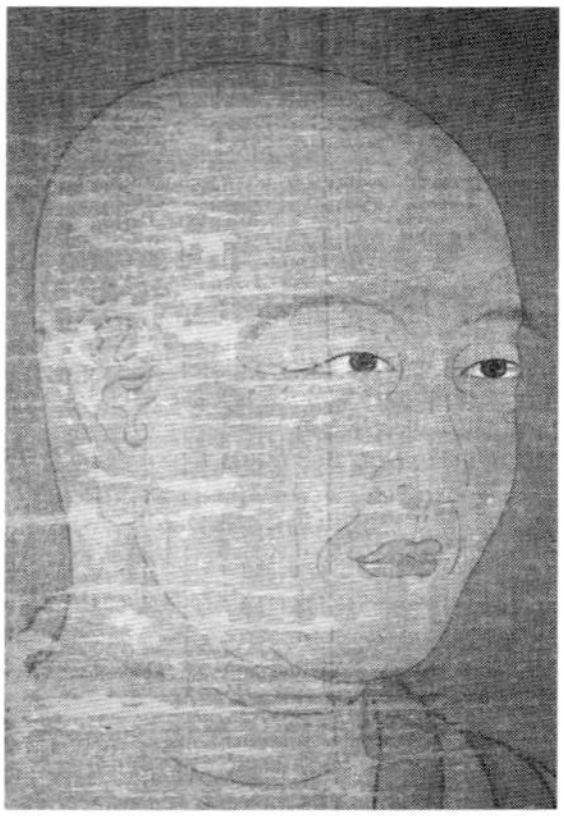

図6　奈良博本「玄奘三蔵像」

像の中では玄奘像、聖徳太子像、羅什像に顕著に残る。また、巻末近くの宝応菩薩像以下の神仏や伝説的人物の像はみな肌に赤色がのせられる。大谷大学本も踏まえると、原本には彩色があり、それを写した結果と考えられる。古川摂一氏は、「祖師の顔貌、唇部分には朱が挿され、頭部や顎の部分には淡墨が刷かれており、鑑賞性が意識された図像」とこの点を絵画表現上の問題として捉えているが[34]、像ごとに朱隅の程度に差を設けていたならば、玄奘の身色の問題とも関連してくる可能性がある。

それから、奈良博本「玄奘三蔵像」は、「眉目疎朗」「身赤白色」と評された玄奘の相貌がよく描き出された作品と考えられる。凹凸の少ないつるりとした顔の形や、やや細めだが存在感のある一重瞼の目、淡墨の細線で一本一本丁寧に引かれた眉毛等に、史料の伝える涼やかな目元が表現されている。

本作は身色にも丁寧な意識が向けられている（図6[35]）。肉身部の裏彩色には、わずかに赤味のある白肉色が施され、絹表からは眼窩、皺、耳輪等に沿ってほのかに朱隅が入れられ、控えめに立体感を表す。そして、頬の広い範囲に朱色が刷かれており、「上気した頬」という表現がふさわしい容色である。目は白色を塗って、目頭と眦に赤色を暈し、瞳は茶褐色を塗り、輪郭を墨線で起こし、瞳孔を墨で描く。頭部や顎には淡墨を刷くが、ごく薄いのは「疎朗」と通じる表現だろうか。口唇は濃淡二色の赤色で塗られ、濃赤色の線で縁取る。着衣部の裏彩色は、肉身部よりわずかに明度が低く、やや黄味の強い白茶色が全体に施されている。身にまとう袈裟は赤味のある黄色一色で塗られ、文様は表されず、襞に沿って淡墨の暈が施されている。金彩は用いられていない。薬師寺所蔵の「慈恩大師像」（平安時代）や兵庫・一条寺所蔵の「天台高僧像」等、平安時代中期に遡る彩色表現を想起させるところがあり、古い原本の存在をうかがわせる。本作は、『感身学正記』に西大寺の叡尊が建長三年（一二五一）に南都絵所吐田座の絵師である尭尊に描かせたという玄奘御影そのものと推定されており、もとは弘法大師像と一具だったという[36]。

（3）群像における玄奘像の身色

ただ、この身色表現は玄奘だからと言うよりも、原本の影響や絵師の特性という可能性もあるため、祖師群像における玄奘の身色も確認しておきたい。祖師群像の中に玄奘が登場する作品には、弥勒菩薩を中尊に、インド・中国・日本の法相祖師らを図式的に配した法相曼荼羅がある。中尊弥勒菩薩も一図の中に描く作品と、弥勒菩薩は彫像として厨子内に安置し、その扉絵に祖師像等を描く形態とがある。どの祖師像も身色をほぼ同色とする法隆寺本や東京藝術大学美術館所蔵の厨子扉絵等も見られるが、例えば、薬師寺本はインド地域の祖師の肉身を濃色とし、中国人僧はそれより明度の高い色で表し（**図7**）、細かな塗り分けを行っている。同じ中国僧の濮陽大師や淄州大師と比べると、明らかに玄奘と慈恩大師は身色が明るい。慈恩大師の方がより色が白い。また、興福寺の弥勒菩薩半跏像厨子扉絵（鎌倉時代、十三〜十四世紀、**図8**）は、二十二人の祖師を八面の扉に描く作品で、身色は大きく二種の塗り分けがみとめられる。黄味の強い白肉色と赤味の強い白肉色であり、さらにそれぞれ明度もわずかずつ差をつけている。玄奘は明度の高い、赤味の強い白肉色である。ここでも慈恩大師の方がより明るい桃色の肌で表されており、薬師寺本と同様の傾向を示す。

以上を踏まえると、玄奘の「赤白色」の肌についても、ある程度は継承されてきたようである。原本を忠実に写し伝えてきた結果であるにしても、そこに至るまで身色への意識が保持されてきたという事実こそが、重要な意味を持つ。

図7　法相曼荼羅　奈良・薬師寺

おわりに

玄奘イメージの四つの系譜が大陸で誕生し、それがうねりを伴いながら日本に伝わる

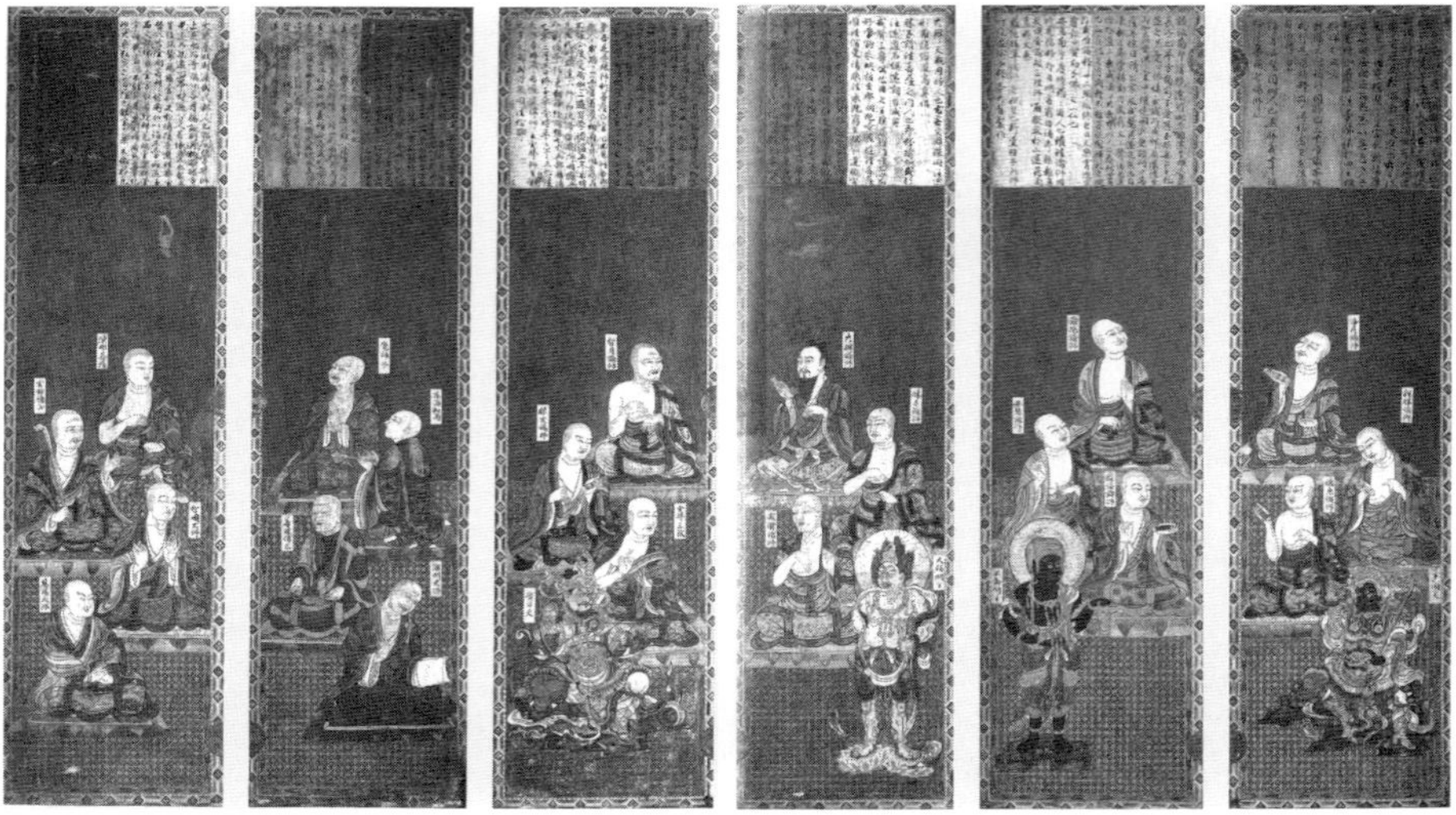

図8　弥勒菩薩半跏像厨子扉絵　奈良・興福寺

大きな流れを捉えるために、本稿ではそのイメージ源泉となった玄奘の肖像の起点を整理した。大慈恩寺翻経院の壁画に描かれた玄奘像が、「取経」像と通称される旅路にある玄奘イメージを生み出したこと、一方で長安禁裏内に建立された鶴林寺で、生前に描かれた影像が供養され、それが法相祖師として拝される梵篋を持つ玄奘イメージの源泉になった可能性があることを指摘してきた。北宋期までには、これら二筋の系譜上にある玄奘像が、各地の寺院に造られており、それを日本から渡った僧が実見し、写しや情報を日本に持ち帰った。生前あるいは没後間もない頃までに造られた鶴林寺像や翻経院像は、玄奘に直に会った人びとによって相貌が写された肖像として、玄奘イメージの起点となったと推定される。

それとともに、各種の玄奘伝が伝える玄奘の相貌に関する文字記録もまた、後の世に玄奘イメージを造形化する際には、指針となり得たのではないか。本稿では、玄奘の相貌に関するわずかな記録「眉目疎朗」と「身赤白色」という点に着目し、様々な言辞で美しいと評された玄奘の姿形が、梵篋を持つ玄奘像の現存作品の中に確かに息づいていることを確認してきた。できうる限り真実の姿に寄せた祖師の像を身近に祀りたい、と願うのはごく自然なことである。仏を目の当たりに聞法することに焦がれ、相好を具えた仏像を造ることに執心してきたことと本質は同じであろう。

本稿では玄奘イメージの四つの系譜のうち、❸鬼神（童子形）をつれる像と❹馬を伴う像の系譜には触れることができなかったが、これらが東アジアにおける玄奘イメージの展開を、より豊かに、また複雑にさせていることは確かであり、稿を改めて論じたいと考えている。

注

（1）原瑛莉子「釈迦十六善神像にみる玄奘像の変遷」（奈良国立博物館・朝日新聞社編『天竺へ 三蔵法師三万キロの旅』二〇一一年）、レイチェル・サンダーズ「玄奘三蔵像研究――中世釈迦十六善神図を中心に」（『鹿島美術研究』年報第三一号別冊、二〇一四年）はともに、般若十六善神像を中心に玄奘像の形式分類を行い、①梵経を持つ法相祖師像、②笈を背負い麈尾（または払子）と経巻を持つ取経僧像、③笈を背負い合掌する取経僧像、④笈を背負い錫杖（または杖）と経巻を持つ取経僧像、という四種に分けて検討を行う。レイチェル・サンダーズ氏は①が最も古く、十三世紀に②がそれに代わり、③④も同時期に併存していたが、南北朝から室町時代にかけては④が、よりわかりやすい玄奘像を求める形で、図像類型を自由に組み合わせて展開したという、時代的変遷についても指摘する。本稿は図像の淵源に遡って考察する立場から、先行研究とは異なる四分類を設定した。

（2）松本榮一「玄奘三蔵行脚図考　上・下」（『國華』五九〇・五九一、一九四〇年）。

（3）❹としては、例えば兵庫県豊岡市城崎の温泉寺所蔵「釈迦十六善神像」（重文、鎌倉時代）には画面左下に白馬に乗る玄奘像が、京都市右京区京北の宝泉寺所蔵「釈迦十六善神像」（京都市指定文化財、室町時代）は笈を背負い白馬を連れる玄奘が描かれる。

（4）佐藤大「釈迦十六善神像の図像に関する考察――南都系を中心として」（『鹿島美術研究』年報第二四号別冊、二〇〇七年、二三八頁）、前掲注1原氏論文（二一六―二一七頁）。

（5）二〇二三年十二月二日に開催された密教図像学会第四十三回学術大会において、松岡久美子氏が行った研究発表「十六善神図における常啼と法涌」の内容に拠る。松岡氏による論考が俟たれる。

（6）梅津次郎「鎌倉時代大和絵肖像画の系譜――俗人像と僧侶像」（『佛教藝術』二三、一九五四年）四九頁。その他、肖像の定義については、『研究発表と座談会　肖像美術の諸問題――高僧像を中心に』（仏教美術研究上野記念財団助成研究会報告書第五冊、一九七八年）、小林剛『肖像彫刻』（吉川弘文館、一九六九年）等参照。

（7）史料上で最も早い時期の肖像には、康法朗の木像と道安の絵像がある。『高僧伝』巻四の康法朗伝には、永和から興寧年（三四五～三六五）頃、康法朗の弟子の令韶が師の寂滅後に木像を造り、朝夕礼拝したという（『大正新脩大蔵経』（以下、大正蔵）』巻五〇・三四七頁b）。また同巻五曇徽伝には、曇徽が師である道安の絵像をつくり、荊州上明寺にて礼拝したとある（『大正蔵』巻五〇・三五六頁b）。『研究発表と座談会　肖像美術の諸問題――高僧像を中心に』（仏教美術研究上野記念財団助成研究会報告書第五冊、一九七八年）所収の「中国肖像年

表」、小林太市郎「高僧崇拝と肖像の芸術」（『佛教藝術』二三、一九五四年）。

(8)『大正蔵』巻五〇・二六六頁bc。

(9)『大日本仏教全書第一一八冊 寺誌叢書第二』（名著普及会、一九八〇年）二八三頁。

(10) 奈良博本「玄奘三蔵像」の図像を説明する際に、玉華寺の影像に典拠がある可能性がしばしば指摘されてきた。『玄奘三蔵聚芳録』（薬師寺、一九九一年、二〇—二一頁）の河原由雄氏の解説、『天竺へ——三蔵法師3万キロの旅』（奈良国立博物館、二〇一一年、二二〇—二二一頁）の谷口耕生氏の解説等。

(11)『大正蔵』巻五五・三六七頁c—三六八頁a。大慈恩寺は、高宗（当時は皇太子）が母文徳皇后の追福のために建立した寺院。翻経院は『唐両京城坊攷』巻三所引『唐詩紀事』には「浮図東、有翻経院。即玄奘為慈恩上座所居」とあり、『続高僧伝』巻四の玄奘伝には寺域の西北にあったというが、具体的な位置ははっきりしない。後に玄奘の高弟・窺基が住し、永淳元年（六八二）に遷化したのも翻経院だったという（『宋高僧伝』巻四窺基伝）。窺基が止住していた頃に翻経三蔵の壁画影像も制作された可能性が高く、中国仏教の歴史が玄奘に流れ着くことを視覚的に表出するこの作品が、窺基のプロデュースによるものだった可能性もある。

(12)『旧唐書』巻六五・長孫無忌伝、『唐会要』巻四五・功臣。

(13)『欽定四庫全書』所収『広川画跋』巻四「西京翻経院、嘗写玄奘游西域路道所経。此図豈伝是邪。玄奘陳氏偃師人。嘗至霊嵓方取経西域、庭栢西指凡十七年、一日栢枝復東指、其徒知師帰。当時謂負経東来、常有雲若華蓋状、所至四人廃業。此画皆不及之、得毋不盡伝邪。」

(14) 小野勝年『中国隋唐長安・寺院史料集成 解説篇』（法蔵館、二〇一一年）五八頁。

(15)『入唐求法巡礼行記』巻三・会昌元年条。

(16) 欧陽脩『欧陽文忠全集』巻一二五所収。「景祐三年丙子七月甲申、與君王飲寿寧寺、寺本徐知故第、李氏建国、以為孝先寺、太平興国改今名、寺甚宏壮、画壁尤妙、問老僧云、周世宗入揚州時、以為行宮、盡坊漫之、惟経蔵院画玄奘取経一壁、独在尤為絶筆、嘆息久之。」

(17) 前掲注10谷口氏解説。虎を連れた取経僧図については、松本榮一氏がチベット系の羅漢である達磨多羅であるとの見解（『燉煌画の研究』第四章第三節「達磨多羅像」、同朋舎出版、一九八五年、初出は一九三七年）、熊谷宣夫氏が玄奘あるいは入竺取経の中国僧との見解（「大谷ミッション将来の玄奘三蔵画像二図」『美術史』一四、一九五五年）を示し、秋山光和氏は宝勝如来である可能性に言及し、施餓鬼法本尊との関連を示唆した（「敦煌画「虎をつれた行脚僧」をめぐる考察——ペリオ将来絹絵二遺例の紹介を中心に」『美術研究』二三八、一九六六年）。

(18) 井手誠之輔「諸尊降臨図」（『國華』第一三五三号、二〇〇八年）。

(19) 前掲注10河原氏解説、谷口耕生「玄奘三蔵絵——三国伝灯の祖師絵伝」（奈良国立博物館・朝日新聞社『天竺へ 三蔵法師3万キロの旅』二〇一一年）。

(20)『史料纂集 古記録編 参天台五台山記 第1』（八木書店、二〇二三年、八七頁）、「玄奘左手執経当胸、右手当胸、小指頭相捻。（中略）二人着花鞋、鼻如花」。

(21) 面部中央が新補されているため、面貌は当初のものではない。

(22) 藤善眞澄「『続高僧伝』玄奘伝の成立——巻四・玄奘伝」

(『道宣伝の研究』第六章、京都大学学術出版会、二〇〇二年、一九七九年初出)、吉村誠「『大唐大慈恩寺三蔵法師伝』の成立について」(『仏教学』三七、一九九五年)、吉村誠「興聖寺本『続高僧伝』巻四玄奘伝――翻刻と校訂」(『駒澤大学仏教学部論集』四四、二〇一三年)、吉村誠「玄奘の年次問題について」(『駒澤大學佛教學部論集』四六、二〇一五年)。

(23) 『大正蔵』巻五〇・二三四頁a。

(24) 興聖寺本『続高僧伝』では、羯若鞠闍国の後のこの件一七〇字分がなく、代わりに摩訶刺他国条の後にこのエピソードを差し挟み「唯選奘公、北充食調」とある。玄奘を選んだ理由については、やはり記載はない。

(25) 『大正蔵』巻五〇・二七七頁b。

(26) 『宋高僧伝』巻二四(『大正蔵』巻五〇・八六三頁a)。

(27) 『集古今仏道論衡』巻丙、高祖幸国学統集三教問道是仏師事二(『大正蔵』巻五二・三八二頁a)。

(28) 『大正蔵』巻五〇・五二〇頁a。

(29) 『大正蔵』巻五一・一一〇〇頁b。

(30) 宮崎健司「『三国祖師影』の修復報告」(『大谷大学図書館・博物館報』四〇、二〇二三年)。この他、「三国祖師影」諸伝本については、高橋正隆『三国祖師影の研究――久安六年本』(優鉢羅室叢書、神田喜一郎、一九六九年)、西岡芳文・向坂卓也「龍華寺本『三国祖師影』について――新たな中世写本の発見」(『金沢文庫研究』三二八、二〇一二年)を参照。

(31) 『大正蔵』巻五五・一一〇一頁b。

(32) 奥書は「以勧修寺大納言阿闍梨御房御本書写比校了／玄証(花押)」とある。

(33) 石田尚豊「仏画稿本(東博保管)と玄證本」(『MUSEUM』二一〇、一九六八年)。

(34) 『白描の美――図像・歌仙・物語』(大和文華館、二〇一七年、八四―八五頁)の古川攝一氏による「2先徳図像」解説。

(35) 奈良国立博物館のホームページで公開されている収蔵品データベースには、奈良博本の修理中に撮影された写真等、多数の画像が掲載されており、裏彩色も確認できる。

(36) 前掲注10谷口氏解説。

〔図版出典一覧〕

図1 龍谷大学龍谷ミュージアム・三井記念美術館『文明の十字路・バーミヤン大仏の太陽神と弥勒信仰――ガンダーラから日本へ』(二〇二四年)

図2 奈良国立博物館・朝日新聞社『天竺へ　三蔵法師3万キロの旅』(二〇一一年)

図3 龍谷大学龍谷ミュージアム・朝日新聞社・日本経済新聞社編『三蔵法師 玄奘　迷いつづけた人生の旅路』(二〇一五年)

図4 奈良国立博物館『聖地 南山城――奈良と京都を結ぶ祈りの至宝』(奈良国立博物館・日本経済新聞社・テレビ大阪、二〇二三年)

図5 東京国立博物館『特別展 鳥獣戯画　京都高山寺の至宝』(朝日新聞社、二〇一五年)

図6 筆者撮影

図7・8 『興福寺国宝展　鎌倉復興期のみほとけ』(朝日新聞社、二〇〇四年)

［コラム］

僧侶の美醜

大谷由香

著者略歴は第I部「東アジアにおける比丘尼受戒譚と三人の尼」を参照。

一、イマイチ弾けきらなかった「美坊主」ブーム

二〇一〇年代、日本仏教界は「美坊主」ブームを起こしかけた。契機は二〇〇〇年に新宿区荒木町に坊主バーが、二〇〇五年に港区虎ノ門の神谷町光明寺の本堂前にオープンテラスカフェが開業して、寺院に縁のなかった人々が直接僧侶と語らう場ができ、そこに顔を出す若い僧侶たちのイケメンぶりが話題になったことだったのではないか。二〇一二年三月には『美坊主図鑑～お寺に行こう、お坊さんを愛でよう～』（日本美坊主愛好会編、廣済堂出版）が出版され、『PRESIDENT』（オンライン版二〇一二年四月十六日号「若手俳優？いいえ、僕たち「美坊主」です！」）や『DIAMOND』（オンライン版二〇一二年六月二十一日号「『美坊主図鑑』に癒されたい女子が殺到!?　空前の坊主ブームが暗示する〝不確かな未来〟」）などの経済誌にまで採り上げられた。僧侶自身の魅力に注目を集め、その延長で寺院文化や仏教に触れてもらおうとする試みは広く注目を集め、二〇一五年十二月からは、葬儀や供養など人生の最期に関わる終活の専門展「エンディング産業展二〇一五」内で「美坊主コンテスト」が開催され、宗門大学の文化祭でも同様のコンテストが行われた。

これら「美坊主」は、決して顔の造作などのルックス自慢・モテ自慢に主眼があるわけではなく、世間の期待するものとは乖離があったように思う。『美坊主図鑑』も美男子グラビアという印象ではなく、僧侶一人一人の人間性を知らせるような内容であり、またエンディング産業展で行われた「美坊主コンテスト」も、審査項目としては「ふるまい」「所作」「説法三分」「自由アピール二分」が挙げられていて、ルックスについての審査は行われなかったようだ。いわゆるミ

ス／ミスター・コンテストとは一線を画す。日々変化する容姿の美醜にとらわれることは、仏教の教えに反するということなのだろう。「美坊主」ブームは、結局弾けきらずに萎んでいった。

しかし仏典にはさまざまな「美坊主」が現れるのもまた事実である。仏教では何をもって「美」とするのか、関連する資料をいくつか紹介してみたい。

二、元祖「美坊主」阿難の災難

美坊主の元祖は釈尊の弟子である阿難であろう。『大智度論』には以下のように説かれる。

> 阿難［の容貌］が端正で清浄であることは、すばらしく磨かれた鏡のようであった。老けているとか若く見えるとか、美しいとか醜いとか、容貌のあり方は、すべて身体の中から現出するものである。その［阿難の］身体の美しさは、女人がこれを見たならば欲心がすぐに動く［ほどであった］。このため仏は阿難に覆肩衣の着用を許した。この阿難［という名］は、見る者の心眼を歓喜させることができるから阿難（サンスクリット語Ānandaは歓喜・至福の意味）と名づけられたのだ。ここにおいて造論者［である龍樹］は［以下のような偈頌を作成して阿難を］讃歎する、
>
> 顔は清らかな満月のようで　瞳は青い蓮華のよう
> 仏法の大いなる海水が　阿難の心に流れ込んで
> 人の心眼に［働きかけて］　見る者を大歓喜させる
> 仏を見ようとやってきた人々に共通する現象で［彼が］うつくしさを失うことはなかった(1)

ここに阿難に着用が許されたとされる「覆肩衣」は、「僧祇支」とともに本来女性のみに着用が許された下着の一種である。比丘は本来大きな一枚布を身体に巻き付け、右肩を露出させる（偏袒右肩）が、阿難がそのように袈裟を着用すると、女性たちが彼のセクシーさに悩殺されてしまうので、釈尊は本来男性には許されていない「覆肩衣」の着用を阿難に許したというのである。

北宋期に活躍した元照は、僧祇支・覆肩衣について、『仏制比丘六物図』に以下のように述べている。

> 〈ここに寄せて僧祇支・覆肩衣の二衣について概略する〉まず［釈尊が僧祇支・覆肩衣を］制定された意図について。尼は女性［として生まれた］果報の弱い［存在］である。だから［釈尊は］僧祇支を定め、左肩を被い、下着［として使用する］袈裟とした。また覆肩衣を定め、右腕を掩《おお》い、［肌が露出して］姿が見苦しくなることを避けるために用いた。このため尼衆は必ず［三衣の他にこれら

二衣を合わせた］五衣を携えるべきである。大僧もまた［これらの衣を］蓄え用いることがある。［ただしそれは］ただ許可を得た衣だけである（中略）。［道宣著作の］『釈門章服儀』には、「元来［覆肩を］制定して［着用が］始まったのは、もともとただ尼衆のみ［に対して］だった。現在［男性である］僧が着用しているのは、違犯であって下位に通じる」とある。また［同じく道宣著作の］『住法図賛』には、「阿難の［過去世からの］果報の力は大きくさかん（休壮）であって、［容姿が］円満に整っていた。男も女も皆が［彼に］愛着心を起こし、あるいは［彼の］清らかな容姿に目を悦ばせ、精神の昏頭に心を酔わせ、［独身であることを装おうと自らの］子の首に［縄を］かけて沈めて殺す者［までいた］。これによって［釈尊は、本来女性のみに着用が許されるべきところを］曲げて［男性にも認めるよう］制定し、［阿難に］覆肩の衣を着用させたのである。現在［男性が覆肩衣を着用できるのは］僥倖である」とあって、つまりみだりに着用すれば濫用となる。(2)

阿難の美しさは、心の美しさの表れとされるが、しかしその美しさは自らの子を殺す女性が出現するほどだったために、そうした罪の発生を防ぐために、阿難には「覆肩衣」の着用が認められた。美は意図しないトラブルを招くのである。

『雑譬喩経』第二六話も、阿難の災難について記す。これは水汲みに出た呪術師（蠱道家）の娘が阿難に惚れてしまい、呪術師である母に頼んだところ、呪術師は鬼神を使役して阿難を家に連れてこさせ、「今娘と結婚しなければ、再びここから帰れることはない」と脅したという話である。動けない阿難は釈尊を呼び、呪術師の言葉には従わなかった。呪術師は、炎に包まれた穴を出現させ、「炎に焼かれるか、私の娘と結婚するか」と迫ったが、そのとき突如空中に仏の手が現れて、怯える阿難の頭を撫でた。すると呪術師が呼び出した鬼神が恐れをなして散り散りに走り逃げようとして、呪術師にぶつかったため、呪術師は炎の穴に落ちてしまい、身体が焼け爛れ、命からがら助かった。阿難はその隙に仏のところへ戻った。その後、呪術師が鬼神を再び呼び寄せ、「お前たちは役立たずで仏の弟子を惑わすこともできない。どうして私を炎の穴に突き落としたりしたのか」と叱責したところ、鬼神は「私は昔、波旬魔王に仕える八十億の眷属の中の一人でした。さとりのため貝多羅樹の元にいる菩薩（さとりを得る前の釈尊）を殺してやろうと思って行ったら、菩薩は手で地を指した。その手は細長く、手の平の内外には千輻輪を握っており、威厳無量であって、八十億の眷属たちは皆ひっくりかえって元の姿に戻ることができなかった。今回もまた同じようであったので、私たちは本当に恐れをなして、走り去り、留まることができなかったのです。私たち鬼神はそういうものなのです」などと言う。この鬼神の話によって呪術師の母は仏の尊さを知り、三帰依して仏弟子となり、後に須陀洹果を得たのである（大正4・509上）。岡本かの子脚本の『阿難と呪術師の娘』（一九七八年作）はこの話をモデルにしたものだろう。

このように美しさ故にトラブルに巻き込まれる逸話は、阿難に限らず美しいとされる僧侶にはつきもので、蓮華色比丘尼などはその顕著な例である。ラージギル一の美を誇る遊女だった彼女は、その美への執着を捨てて出家しさとりを得た女性として尊敬される一方で、美しいからこそ苦労する女性（夫が自分の母／娘とも通じていた）、出家した後にも自身の美しさのために苦労する女性（レイプ被害など）として語られる。

三、女性に守護される「美坊主」

新羅国の義湘（六二五～七〇二、入唐：六六一～六七一）もまた抜きん出た容貌の僧侶だったという（湘容色挺抜）。彼は唐へ向かう途中、一時登州（現山東省煙台市・威海市）の信者の家に留まっており、当地での托鉢中に善妙という名の少女に出会った。彼女は義湘に恋心を抱いたが、彼の決意は石のように堅く、決して自分にはなびかないであろうことをさとった善妙は、そうであるならば彼を応援しようと思い直し、彼を見送った。義湘は華厳宗第二祖の智儼（六〇二～六六八）に師事し、登州の文登から商船に乗って帰国を目指した。善妙は袈裟や什物を箱いっぱいに用意して海岸へ向かったが、時すでに遅し、義湘が載った船ははるかに遠い。善妙が「願わくばこの衣箱よ、跳んであの船に乗れ」と叫んで、衣箱を海に投げ込むと、疾風が吹き、まるで羽毛のように箱はずっと遠くに見える船に跳び入った。また「願わくばこの身が大龍に変わり、船が無事に目的地に到着し、彼が祖国に仏法を伝えられるよう、力添えできますように」と叫んで海に身を投げると、果たして彼女は龍となって船の底を守護し、彼を無事に新羅国まで到達させたのであった。新羅に戻った義湘は華厳の教えを説くにふさわしい地を求め、みつけたが、そこには外道が五〇〇人ほど集まって暮らしていた。そこで善妙は今度は一里四方ほどの巨石となって伽藍の上の虚空に浮かび、まさに堕ちるか堕ちないかという状態にしたところ、彼らは皆逃げ出したので、義湘はその寺院（浮石寺）に入って華厳経を説いたという（賛寧撰『宋高僧伝』四（九八八年成立）「唐新羅国義湘伝」、大正50・729上～中）。

高山寺の明恵（一一七三～一二三二）は、義湘のこの伝記と、同じく新羅の華厳学者である元暁（六一七～六八六）の伝記の絵巻を作成しており（高山寺所蔵『華厳宗祖師絵伝』）、高山寺の麓に善妙尼寺を建立している（一二二三年）。若い頃から自身の美形を憂いていたことが知られる明恵（『明恵上人行状』）が、自身を義湘に、周囲の女性を善妙になぞらえていた可能性は、これまでにもよく指摘されるところである。

また明恵の出身国である紀伊の道成寺には、安珍清姫伝説が伝わる。熊野詣に向かう僧・安珍に懸想した清姫は、帰りにも再び寄るように安珍に迫り、安珍は断り切れずに約束したものの、その約束を反故にして逃げ出した。清姫は安珍を追いかけるうちに大蛇となり、道成寺の僧たちは逃げ込んできた安珍を匿って、鐘を下ろしてその中に彼を隠すが、大蛇となった清姫はその鐘に巻き付き、火を噴いて鐘の内の安珍を焼き殺し、入水自死を遂げた。道成寺住持はその後に二人が蛇に転生した夢を見た。住持が法華経供養を営んだところ、二人は天人の姿で現れ、それぞれに熊野権現と観音菩薩の化身であったことが明かされた、という話である。この話は『大日本国法華験記』（一〇四三年頃成立）巻下に収められた第一二九話「紀伊国牟婁郡悪女」に原型が見られるとされている。『華厳宗祖師絵伝』の詞書きには、「かの男女執着のみちに貪欲にひかれて大蛇となりて男おふためしきこゆ」ともあり、明恵が僧への執着のために大蛇となった娘を描く道成寺に伝わる説話を知った上で、この話と義湘を護るべく龍となった善妙とを対比的にとらえていたことが示唆される。

四、美しくなくとも苦労する

美しさはトラブルを招く。しかし醜いこともまた生きづらさを招くものである。五胡十六国時代に中国仏教の基礎を築いた晋長安の釈道安（三一四～三八五）は、容姿が良くないために、出家した当初、師から冷遇されたことが伝記に残っている。十二歳になって出家し、素晴らしい智恵に恵まれて聡明であったが、しかし風采がまったく上がらず（形貌甚陋）、師匠から大切にされなかった。野良仕事に駆り出されること三年に及んだが、つらい労働に励んでいやな顔ひとつせず、一生懸命に精進し、斎戒に欠けるところはなかった[3]。

一方で、見目麗しく、師から好遇されて出世した僧侶の伝は多く見られる。師に好かれて寺院生活を快適に送るためには、美しさは有利に働く。

阿難を絶賛していた『大智度論』は、その巻二〇に以下のように説いている。

仏は［このように］考えた。私が先に述べたように、菩薩は世間一般の人とは異なる。世間の人は美醜を区別して、美しければ仏には及ばないとはいえ［美しい者を］愛し執着する。醜ければものの数にも入れないほどに［醜い者を］軽んずる。菩薩はそうではない。あらゆるものはつまるところ空であり、もとよりすべては無余涅槃のすがたと同じようなものだと観想する。一切の衆生を観想して仏と同じように視るのである。(4)

　世俗社会では美しい者が大切にされ、醜い者は軽んじられる。大乗仏教では空の観点から美醜という区別を超えることを理想とするが、しかし僧侶の多くはまださとりに近づいているわけではないから、やはり寺院社会においても「美坊主」が好まれたのである。

五、「ただしイケメンに限る」

　また『四分律』には女性に説法する比丘は美しくなければならないと定められている。律蔵は女性出家者・比丘尼が僧伽によって推薦された比丘から教えを受けることが許されているが、『四分律』にはこのとき推薦されるべき比丘に求められる十の資質を以下のように列挙している。

　仏は呵責したのち比丘たちに告げた。「ただいまより、もし比丘のうち［以下の］十法を成就したならば、その後に比丘尼を教授することができる。①戒律具足、②多聞、③［比丘と比丘尼の］二部の戒を［暗記して］誦す、④利益となることをはっきりと理解していて疑いがない、⑤説法が上手い、⑥出身の家柄がよい、⑦顔貌端正であって比丘尼たちが［彼を］見て喜ぶ、⑧比丘尼たちのために説法して歓喜させることができる、⑨仏のために出家して法服を着て重罪を犯していない、⑩［法臘が］二十歳に満ちている、あるいは二十歳以上。これらの［十法を満たす］者が比丘尼のために教誡しなさい」(5)

　ここで釈尊が指定した比丘尼に説法するための比丘の資質として挙げられる十項目は、パーリ律では八項目（南伝2・81—82頁）、十誦律では五法（大正23・81中〜下）、五分律では十法（大正22・45中〜下）、摩訶僧祇律では十二事（大正22・346中）、根本説一切有部律では七法（大正23・794下）としてそれぞれ指定されていて、異同がある（**図表1**参照）。さまざまに表現されているものの、持戒者であって僧残法に触れるような重い戒律違犯をかつて行ったことがない者であり、多聞であり比丘戒にも比丘尼戒にも精通していて、能説家であり説法によって比丘尼を教誡して喜ばせる能力があり、出家してから二十年以上が経過している者であることについては、現存する全ての律蔵が共通して提示するものである。一方で『四分律』と『五分律』のみには見た目に関する要件が挙げられており、出自や容姿、物腰の柔らかさや身だしなみなどが整っていることが要求されている。さ

十誦律（5）	五分律（10）	摩訶僧祇律（12）	根本有部律（7）
2. 能持戒	1. 成就威儀成就恒畏小罪	1. 持戒清淨	1. 持戒
5. 不犯十三事處處汚三衆	6. 佛法中未曾穢濁	10. 不汚梵行 11. 不壞比丘尼重禁	5. 不曾以身汚苾芻尼
3. 能多聞	2. 多聞	2. 多聞阿毘曇 3. 多聞毘尼	2. 多聞
	3. 善能誦解二部戒律	8. 能自毘尼能毘尼他	
	2. 諦能了達知佛所説初中後善善義善味具足清白梵行之相	4. 学戒 （5. 学定） （6. 学慧）	6. 於八他勝法善能分別 7. 八尊重法能善解釋
4. 能正語説法	4. 善能言説暢理分明	9. 有辭辯	4. 善都城語
	9. 能隨順説法示教利喜	7. 能爲人除惡邪	
1. 滿二十歳若過二十歳	10. 滿二十歳若過二十	12. 二十臘若過二十臘	3. 住耆宿位
	5. 族姓出家諸根殊特		
	7. 擧止安詳身無傾邪被服法衣淨潔齊整		
	8. 爲比丘尼衆之所敬重		

らに『五分律』のみではあるが、比丘尼に敬われ重んじられる人物であることが求められる。

男性出家者の師となるために挙げられる資質に、こうした容姿に関する記述は全く見当たらない。たとえば道宣著作の『四分律行事鈔』上三「師資相摂篇第九」には、律蔵に説かれる師となる者の資質として、①法臘が十年以上であること、②智慧者であること、③熱心に弟子を教授することの三点を挙げる（大正40・32中）のみであるし、明曠『天台菩薩戒疏』にも師となる者の五徳として①持戒堅固であること、②法臘が十年に満ちていること、③よく律蔵を理解していること、④師資相承した者であること、⑤禅定・智慧を極めていること（大正40・582中）を挙げるのみである。後輩を教えるにあたって、本来見た目は関係ないはずである。女性出家者の教誡者となる者だけに、容貌や振る舞い、あるいは出身や身なりが良いことが求められる。

図表1　各律蔵に指示される比丘尼教誡する比丘の資質

	パーリ律（8）	四分律（10）
持戒者であってかつて僧残法に触れるような行為をしていない	1. 持戒者	1. 戒律具足
	7. 重法を犯さず	9. 不爲佛出家而披法服犯重法
多聞であり比丘戒にも比丘尼戒にも精通している	3. 多聞	2. 多聞
	4. 二部の波羅提木叉を受持	3. 誦二部戒
	2. 波羅提木叉の律儀により学処を学ぶ	4. 利決断無礙
能説家であり説法によって比丘尼を教誡し喜ばせる能力がある	5. 音声も言語も美しく、巧みに説法して比丘尼に愛喜される	5. 善能説法
	6. 比丘尼教誡の能力がある	8. 堪任與比丘尼衆説法勸令歡喜
出家してから20年以上が経過している	8. 法臘が満二十夏、もしくは二十夏を過ぎること	10. 若滿二十歳若過二十歳
出自がよく、容姿が整っていて、清潔感がある		6. 族姓出家
		7. 顔貌端正
比丘尼に敬われ重んじられている		

ふりかえれば、阿難などに惚れた女は、皆彼の美貌にひとめ惚れしているのであって、彼の内面を知って恋に落ちた者はいない。女とは浅はかで男の容貌にしか興味のない存在であると言われているようで不愉快だ。

清少納言の『枕草子』には以下のようにある。

説教の講師は、顔よき。講師の顔をつとまもらへたるこそ、その説くことのたふとさもおぼゆれ。ひが目しつれば、ふと忘るるに、にくげなるは、罪や得らむとおぼゆ（『日本古典文学全集』一八・七二―七三頁）

在家者は出家者の律の条文を聞いてはならないという原則にしたがえば、清少納言のこの発言は、上記の律蔵規定を知った上で語られたものではないだろう。これこそ在家女性の本音であり、律蔵の内容はこうした女性の普遍的な本音に沿うものととらえるべきだろうか。しかし時代の空気を切り取る表現者として定評ある清少納言であればこそ、世間から期待される女性の本音を記す面白みを意識した文章と読み取ることも可能だろう。

「ただしイケメンに限る」は現代のネットミームだが、実際のところ多くの女性は顔の造作のみによって男性の不快な行動を許容できるわけではない。どうせ女性には小難しいお説教は理解できないだろうけど、まあイケメンの言うことなら聞くだろう、という男性目線の女性評価が古くからずっと存在し続けていて、その一端が律蔵規定にも組み込まれ、また清少納言はその時代の空気に応えた一人だったとみることができるのではないか。

六、美しさの秘訣

地婆訶羅訳『方広大荘厳経』には、人々が手にする美醜について、次のように説いている。

> その時、世尊は頻婆娑羅王に言った。「（中略）大王よ、まさに知るべきである。人が生まれるときには、父母が因となってその身が生まれるとはいっても、その果報を招くのは父母ではない。善も悪も、美も醜も、[その人自身がなした]以前の業のため[にそうなったのだ]。もしさまざまな善をなしたなら、命を終えた後には、天・人の中でも十方の仏前に生まれるだろう。もしさまざまな悪をなしたなら、命を終えた後には、地獄・餓鬼・畜生に生まれるだろう。あらゆるものごとは、縁が合わさって生まれ、縁がなくなって滅するのである」[6]

つまりどのような姿に生まれつくのかは、父母によるものではなく自身がそれまでになした業によることが示されており、自業自得を説く仏教では、こうした言説は多くみられる。ただしここで示される「美醜」は、人の容貌に限ることではなく、天・人を美とし、地獄・餓鬼や畜生などを醜とする価値観が提示されていることは重要であろう。

また法賢訳『仏説布施経』には、十善業の実施を勧めるにあたって、以下のようにいう。

> 仏は[舎衛国の王に]このように言った。「大王よ、もし十善を布施すれば、十種の果報を得るでしょう。十善とは、不殺生・不偸盗・不婬欲・不妄語・不綺語・不悪口・不両舌・不貪・不瞋・不癡であって、[これらを行うことで]不慮の事故死無く、散財無く、清潔な[精神の]部下[を得]、語るところが真実となり、さまざまな嫉妬から離れ、人が喜んでいるのを見て、親友と和睦し、貧困に陥ることなく、顔貌が美しく整い、相応の智慧[を得るの]です。[十善を実行することで]果報

として得られるものは以上の通りです」(7)

すなわち十善業はそれぞれによい果報を得るが、このうち「不瞋」、怒ることなければ、「顔貌が美しく整う」という果報を得るという。また慧沼撰『十一面神呪心経義疏』には、聖なる存在である十一面観音菩薩について、怒りや笑いなどという分別ある姿を超えた観音菩薩の表情に、どうして優しい顔・怖い顔といった区別や牙があったりするのか、という疑問に対して、十一面観音菩薩は世間の人々に合わせて様々な表情をしていることが以下のように説明される。

つまり世間の人の顔は心を表したものである。心が顔に表出するのである。善いものを見ると喜び、悪いものを見ると嫌［な思いを］する。心の善悪にしたがって顔の美醜［も現れるのである］。だから［観音菩薩は］世間にしたがうからこそ聖なる存在でありながらこれらの面相を現しているのである。(8)

つまりは阿難の解説にも見られたように、美しさとはすなわち心の現れであり、特に怒りを離れた柔和な心持ちによって得られるものであると考えられていたといえそうである。

しかし人は美醜に関係なく、善悪を抱える存在である。美人は心が美しい、という言説もまた、どうしても美人に心引かれる私たちの性を肯定しようとするものにすぎないのではないか。また怒らないことを美しいとする価値観もまた、どんなに辛く苦しいことがあってもそれを甘受して笑顔でいることを強いられるようで弱者には厳しい。醜ければ醜いがゆえの苦しみがあり、美しければ美しいがゆえの苦しみがある。すべては空であることを体得して、美醜を超えることができれば楽なのだが。

注

(1) 龍樹造・鳩摩羅什訳『大智度論』3：阿難端正清淨、如好明鏡。老少、好醜、容貌顏狀、皆於身中現。其身明淨、女人見之欲心即動。是故佛聽阿難著覆肩衣。是阿難、能令他人見者心眼歡喜故名阿難。於是造論者讃言、面如淨滿月　眼若青蓮華　佛法大海水　流入阿難心　能令人心眼　見者大歡喜　諸來求見佛　通現不失宜（大正25・84上）。

(2) 元照『佛制比丘六物圖』：〈寄此略辨祇支・覆肩二衣〉初制意者。尼女報弱。故制祇支、披於左肩、以襯袈裟。又制覆肩、掩於右膊、用遮形醜。是故尼眾必持五衣。大僧亦有畜用。但是聽衣耳（中略）。『章服儀』云、「元制所興、木《本カ》唯尼眾。今僧服者、僭通下位」。又『住法圖贊』云、「阿難報力休壯、圓滿具足。士女咸興愛著、乃至目悅淨色、心醉神昏、繫子頸而沈殺者。由此曲制、令著覆肩之衣。今則僥倖」。而妄服者濫矣（大正45・901中〜下）。

(3) 慧皎撰『高僧伝』5・義解二「釋道安」：至年十二出家、神智聰敏、而形貌甚陋、不爲師之所重。驅役田舍至于三年、執勤就勞曾無怨色、篤性精進、齋戒無闕。（大正40・351下。訳は吉川忠夫・船山徹

訳『高僧伝』二（岩波文庫、二〇〇九年）を参考にした。

（4） 龍樹造・鳩摩羅什訳『大智度論』20：如世尊想者。我先説、菩薩異於世人。世人分別好醜、好者愛著猶不如佛。惡者輕慢了不比數。菩薩則不然。觀諸法畢竟空、從本已來皆如無餘涅槃相。觀一切衆生視之如佛。（大正25・414下）。

（5）『四分律』12・九十単提法第21「輒教尼戒」：世尊呵責已告諸比丘。「自今已去、若有比丘成就十法者、然後得教授比丘尼。戒律具足、多聞誦二部戒、利決斷無疑、善能説法、族姓出家、顏貌端正、比丘尼衆見便歡喜、堪任與比丘尼衆説法勸令歡喜、不爲佛出家而披法服犯重法、若滿二十歳、若過二十歳。如此等可與比丘尼教誡」（大正22・648下）。

（6） 地婆訶羅訳『方広大荘厳経』：爾時世尊告頻婆娑羅王言。「（中略）大王當知。如人生時、雖因父母而生其身、不由父母招其果報。善惡、美醜、先業所爲。若造諸善、命終之後、生天人中十方佛前。若造諸惡、命終之後、生於地獄餓鬼畜生。一切諸法、縁合即生、縁散即滅（大正3・613上）。

（7） 法賢訳『仏説布施経』：佛言。「大王、若以十善行施、復得十種報應。十善者、不殺生・不偸盗・不婬欲・不妄語・不綺語・不惡口・不兩舌・不貪・不瞋・不癡、而得命不中夭、財無散失、眷屬清潔、所言誠諦、離諸嫉妬、人所喜見、親友和睦、不墮貧賤、顏貌端正、智慧相應。獲報如是（大正16・813中）。

（8） 慧沼撰『十一面神呪心経義疏』：謂世間人面表於心。心出於面。見善色喜、見惡色惡。隨心善惡面色美醜。故隨世間故聖現此面相也（大正39・1005下）。

写経と女性

前島信也

まえじま・しんや――国際仏教学大学院大学附置日本古写経研究所主任研究員。専門は中世浄土教・文献書誌学・古写経。主な著書・論文に『敬西房信瑞の研究――鎌倉浄土教典籍論』(法藏館、二〇二一年)、「七寺一切経における日本撰述経典について」(『日本古写経研究所研究紀要』八、二〇二三年)、「大谷大学図書館所蔵『秘密儀軌集』について」(『日本古写経研究所研究紀要』九、二〇二四年)などがある。

仏教が伝来して以降、修善のひとつとして写経という行為が広まり、幸いにも数多くの古き写経が日本には現存している。それは国家事業として行われたものから、個人的な願を立てたものまで幅広く、そこには多くの女性の姿を見ることができる。本稿では奈良・平安・鎌倉期の女性が関わった写経を、その願文を中心に確認し、当時の女性が願い求めたものを検討する。

はじめに

経典を手で書き写すことは、データも活字も板木さえも無い時代において、その思想を拡大するための重要な位置づけを担っていた。元々、音声として伝承されていた教えが、文字として形を持つことで、仏教思想の収集・保持・伝承・解釈といった「実用的機能」が急速に整えられたと考えられる。特に大乗経典が成立するにつれ、その機能がその経典自体に取り込まれていった。

『摩訶般若波羅蜜経』　(正蔵八・二八三頁中~下)

是善男子善女人但書写般若波羅蜜於舍供養。不受不読不誦不説不正憶念。今世得如是功徳。

是の善男子善女人、但だ般若波羅蜜を書写し舎で供養せば、受けず読まず誦さず説かず正しく憶念せずとも今世に是くの如く功徳を得。

『摩訶般若波羅蜜経』では、経典の書写の多大な功徳性が説かれている。写経の「実用的機能」は、大乗経典内部においてその功徳性が付加されたことにより、功徳獲得のための神聖な「機能」へと転換し、これによってさらなる思想の拡大へと繋がっていったものと考えられる。その写経の功徳は、日本の平安期の説話集の中にも見ることができる。

『日本霊異記』巻下・十三縁
（『新日本古典文学大系』三〇・一九九六・一四七―一四八頁）

（ある男が鉄を取るために洞窟に入ったが、崩落により閉じ込められた）妻子哭き愁へて、観音像を図絵き、経を写し、福《さきはひ》の力を追贈りて、七々日を巡ること已に訖る。時に独り穴の裏に居て念はく「吾れ先の日に法華大乗を写し奉らむと願ひて、いまだ写さずして断えたり。我が命を全くして給へ。我れ必ず果し奉らむ。闇き穴に居て惆悵ふ。生長《ひととな》れる時より今日に至るまでに、此の哀《かなしび》に過ぎたること無し」とおもふ。彼の穴の戸の隙《ひま》に、指刺すばかり開きて、日の光被至《いた》る。

ここでは男の妻子が供養のために観音像を描き写経することが示される一方で、閉じ込められた男自身は具体的な願として法華経の書写を提示し、それによって一命を取り留める。このような書写の功徳は現世・追善に関わらず多くの物語のなかで確認することができる。

かつて貝葉に書写されていた経は、次第に紙・石にも書き写され、中国の宋代に刊本大蔵経が登場するまで長く写経の時代が続いた。日本でも古くより写経が盛んであり、平安末期に刊本大蔵経が中国から齎されて以後も写経は行われ続け、現代にも数多く残っている。

本稿では奈良時代から鎌倉期における写経(1)という行為のなかで、女性がどのように関わりをもってきたかについて注目し、具体的な典籍を提示しながら検討を行う。

一、仏教伝来から奈良時代

六世紀中頃、日本に仏像・経典・仏具等が伝来するが、当然ながらすべての経典が一度に持ち込まれたわけではない。当時の大陸では経典の翻訳・収集が行われるなか、偽経や重複訳経の検討といった文献批判をふまえた「目録」の作成によって整理がおこなわれていた。一方日本では、大陸で作成されたその「目録」に基づいて、日本に齎された経典の収集がおこなわれ、国家事業のひとつとして「一切経」の書写が行われた(2)。これによって奈良時代は写経の全盛期となり、二十部以上の一切経が書写された。その大半は官立・有力寺院の写経所で書写されたものである。奈良時代写経の代表例としては、長屋王経（和銅《わどう》経・神亀《じんき》経）、聖武天皇発願経、光明子発願経などが挙げられ、なかでも光明子発願経のうち、天平十二年書写の「五月一日経」は天平写経の代表例とされる。

以下、まず奈良時代において、女性が携わった写経の例を、その願文に注目しながら確認していく。願文は上代文献を読む会編『上代写経識語注釈』（勉誠出版、二〇一六年）に基いた。また願文の内容を、A：書写の願を立てた主体、B：書写の対象となった経典群、C：書写することの目的、D：書写を実際に行った人物・機関として整理する。

㉒(3) **藤原夫人願経（元興寺経）　天平十二年（七四〇）**

【A願主】藤原北夫人　【B対象】一切経　【C目的】藤原房前の追善、母の平安、朝廷の繁栄・平和、領民の忠誠と安寧、自身の成道　【D書写者】藤原北家家政写経機関

【願文】（『上代写経識語注釈』一六七―一六八頁）

維天平十二年歳次二庚辰一三月十五日、正三位Ⓐ藤原夫人、奉二為Ⓒ亡孝贈左大臣府君及見在内親郡主一発レ願、敬寫二Ⓑ一切経律論各一部一、荘嚴已訖。設レ齋敬讃、藉二此勝縁一。伏惟、尊府君、道濟二迷途一、神遊二浄國一。見在郡主、心神朗慧、福祚無レ壃。伏願、Ⓒ聖朝萬壽、國土清平、百辟盡レ忠、兆人安樂。及、Ⓐ檀主藤原夫人、Ⓒ常遇二善縁一。必成二勝果一、倶出二塵勞一、同登二彼岸一。

維れ、天平十二年歳《ほし》は庚辰に次《やど》るとし三月十五日に、正三位藤原夫人の、亡考《なきちち》贈左大臣府君及《と》見在の内親郡主との奉為《おほみため》に願を発して、敬《ゐやま》ひて一切経律論各一部を写し、荘厳已《すで》に訖《をは》りぬ。斎を設け敬ひ讃《たた》へ、此《こ》の勝《すぐ》れたる縁《えに》に藉らむ。伏して惟《おも》ひみるに、尊府君は、道迷途を済《わた》り、神《こころ》浄国に遊ばむ。見在の郡主は、心《こころ》神朗かにして慧く、福祚《さきはひ》壃《きはまり》無からむ。伏して願はくは、聖朝《みよ》は万寿に、国土《くに》清平けく、百辟《きみ》は忠を尽し、兆人《たみ》は安楽なることをねがはむ。及《また》、檀主藤原夫人は、常に善き縁に遇ひて、必ず勝果を成し、倶《とも》に塵労を出でて、同に彼岸に登らむことをねがはむ。

聖武天皇の夫人（藤原北夫人）の願経。亡父である藤原房前《ふささき》の追善と存命の母の平安を祈願して書写させた写経である。加えて、朝廷の永続と安寧、朝廷に仕えるものの忠誠と民の安寧、そして自身の善縁と成道を願っている。この願経の願文は、次に提示する五月一日経の願文と近似する。先行研究では光明子と藤原北夫人は近しい親族であり、光明子がこの藤原夫人願経を支援したこと、互いに底本と勘経として使用されたことが指摘されており願文以上に両経は非常に密接な関係を有している。書写自体は藤原北家に設けられた写経機関で書写を行ったようである。

㉓天平十二年（七四〇）光明皇后願経（光明子発願経）

【A願主】光明子　【B対象】一切経　【C目的】両親である藤原不比等と県犬飼三千代の追善、朝廷の繁栄、領民の忠誠、仏法の弘通、自身の成道　【D書写者】皇后写経所

【願文】（『上代写経識語注釈』一七九頁）

Ⓐ皇后藤原氏光明子、奉㆓為Ⓒ尊考贈正一位太政太臣府君・尊妣贈従一位橘氏太夫人㆒、敬寫㆓Ⓑ一切経論及律㆒、荘嚴既了。伏願、Ⓒ憑㆓斯勝因㆒、奉㆑資㆓冥助㆒、永庇㆓菩提之樹㆒、長遊㆓般若之津㆒。又願、Ⓒ上奉㆓聖朝㆒、恒延㆓福壽㆒、下及㆓寮采㆒、共盡㆓忠節㆒。又光明子、自發㆓誓言㆒。Ⓒ弘濟㆓沈淪㆒、勤除㆓煩障㆒、妙窮㆓諸法㆒、早契㆓菩提㆒。乃至、傳㆓燈無窮㆒、流㆓布天下㆒、聞㆑名持㆑巻、獲㆑福消㆑灾、一切迷方、會歸㆓覺路㆒。

皇后藤原氏光明子、尊考贈正一位太政大臣府君・尊妣贈従一位橘氏太夫人の奉為《おほみため》に、敬《つつし》みて一切の経・論及《また》律を写したてまつり、荘厳既に了《をは》りぬ。伏して願はくは、斯の勝因に憑《よ》りて、冥助《みょうじょ》を資《たす》け奉り、永《とこしへ》に菩提の樹に庇《おほ》はれ、長《とこしへ》に般若の津に遊ばむことをねがふ。又願はくは、上は聖朝を奉り、恒《つね》に福寿を延べ、下は寮采《れうさい》に及ぶまで、共に忠節を尽くさむことをねがふ。又光明子、自ら誓言を発《おこ》す。弘《ひろ》く沈淪《ちんりん》を済《すく》ひ、勤めて煩障《ぼんしやう》を除き、妙《くは》しく諸法を窮め、早《すむやけ》く菩提を契らむ。乃至《すなはち》、灯を無窮に伝へ、天下に流布し、名を聞き巻を持して、福を獲《え》て災ひを消し、一切の迷《まと》へる方《みち》、会《かなら》ず覚路に帰せむ。

光明皇后の願経には三種類あるが、この天平十二年の願経は願文の日付から通称「五月一日経」と呼ばれ、天平期写経の代表例となっている。聖武天皇の皇后である光明子が、両親である藤原不比等《ふひと》、県犬養三千代《あがたのいぬかいのみちよ》の供養のために発願した一切経。皇后宮職管下の写経所で公的事業として製作された。天平十二年の日付があるものの、書写自体は天平五年（七三三）頃から天平勝宝八年（七五六）頃まで行われ、合計七千巻程度を書写したようである。現存数も多く、書陵部の聖語蔵の七百五十巻だけでなく、巷間に二百巻ほどが流出している。先に示したように、藤原夫人願経の願文と構成・内容が近似する。

㉛天平十五年（七四三）光明皇后願経（光明子発願経）

【A願主】仏弟子藤三女（光明子）　【B対象】一切経
【C目的】両親である藤原不比等と県犬飼三千代の追善、親族の成道　【D書写者】皇后写経所？

【願文】（『上代写経識語注釈』二三一―二三二頁）

維、天平十五年歳次癸未五月十一日、Ⓐ佛弟子藤三女、

稽二首和南十方諸佛諸大菩薩、諸賢聖衆一。弟子孝誠多爽、怙恃夙傾。四節有二遁践之期一、千載无二重承之望一。仰託二慈悲一。庶レ展二哀感一。奉三為二親魂路一。敬寫二Ⓑ一切経一部一。願以二茲寫経功徳一、仰Ⓒ資二二親尊霊一、歸二依浄域一、曳二影於覩史之宮一、遊二戯覺林一、昇二魂於摩尼之殿一。次願、Ⓒ七世父母、六親眷属、契二會真如一、馳二紫輿於極樂一、薫二修慧日一、沐二甘露於徳池一、通該二有頂一、普被二无邊一、並出二塵區一、倶登二彼岸一。

維《これ》、天平十五年歳《ほし》は癸未《みづのとひつじ》に次《やど》るとし五月十一日、仏《ぶつ》弟子《でし》藤三女《とうさんじよ》、十方諸仏《じふはうしよぶつ》、諸大菩薩《しよだいぼさつ》、諸賢聖衆《しよげんしやうじゆ》に稽首《けいしゆ》し和南《わなん》したてまつる。弟子《でし》の孝誠《けうじやう》多《おほ》く爽《たが》ひて、怙恃《こじ》夙《つと》に傾《かたぶ》けり。四節《しせつ》は遁践《だいぜん》の期《ご》有りて、千載《せんざい》は重承《ぢゆうじよう》の望《のぞ》み無し。仰ぎて慈悲を託《たの》み、哀感を展《の》べむことを庶《ねが》ひ、二親《にしん》のの奉為《おほみため》に、敬《つつし》みて一切経一部を写したてまつる。願はくは茲《こ》の写経の功徳を以ちて、仰ぎて二親の尊霊《そんりよう》を資《たす》け、浄域《じやういき》に帰依し、覩史《つし》の宮に曳影《えいやう》し、覚林《かくりむ》に遊戯《ゆけ》して摩尼《まに》の殿《との》に昇魂《しようごむ》せむことをねがふ。次に願はくは、七世《しちせい》の父母《ぶも》、六親《ろくしん》の眷属《けんぞく》、真如《しんによ》に契会《けゑ》し、紫輿《しよ》を極楽に馳せ、慧日《ゑにち》に薫修《くんじゆ》し、甘露《かむる》を徳池《とくち》に沐《よく》し、通《つう》じて有頂《うちやう》に該《そな》はり、普《あまね》く無辺に被《かがふ》り、並《とも》に塵区を出でて、倶《とも》に彼岸に登《いた》らむことをねがふ。

光明皇后願経のうち、願文の日付から「五月十一日経」と通称される。光明皇后が両親である藤原不比等、県犬養三千代の供養のために発願した一切経。五月一日経とは異なり、「藤三女」として、藤原氏の三女であることが示され、光明子個人の発願であることが示される。現存は十数巻のみ。

(68) 吉備由利願経　天平神護二年（七六六）

【A願主】吉備由利　【B対象】一切経　【C目的】天朝
【D書写者】不明（ただし写経生による写経）(4)
【願文】（『上代写経識語注釈』四二〇頁）

天平神護二年十月八日、正四従下Ⓐ吉備朝臣由利奉二為Ⓒ天朝一奉レ寫Ⓑ一切經律論疏集傳等一部一。

天平神護二年十月八日、正四従下吉備朝臣由利、天朝の奉為《おほみため》に一切経律論疏集伝等一部を写し奉る。

吉備由利《きびのゆり》（?~七七四）の詳細は不明だが、吉備真備《きびのまきび》の妹（もしくは叔母か娘）であることが推定されている。女官として称徳《しようとく》天皇（七一八~七七〇）に仕え、政治的にも密接な関係にあり、西大寺の創建にも関係したと考えられている。先に挙げた資料は皇后や夫人という立場であったが、女官として一切経の発願をおこなった珍しい例。書写時期は吉備真備が大納言に昇進した時期であり、そのための発願ともされるが、願文からその目的が「天朝」とあることから、称徳天皇のためとも考えられる。一切経は西大寺に納められた。

ここまで、奈良時代における女性が携わった写経を確認した。(5) ①〜③は両親、もしくは亡父の追善を主たる目的とし、国の安寧や自身の成道を願うものであった。これは奈良時代における写経としては一般的な願文の内容である。対比のためにいくつか他の願文を提示する。

③ 知法一切経　和銅三年（七一〇）

【A願主】沙門知法　【B対象】一切経　【C目的】天皇の福徳のため　【D書写者】不明

【願文】（『上代写経識語注釈』一五頁）

奉二為聖朝恒延福壽一、敬写二一切経論及律一、荘嚴既了。

和銅三□戊五月十日　沙門知法

聖朝の恒《つね》に延《なが》き福寿の奉為《おほみため》に、敬《つつし》みて一切の経論及《また》律を写したてまつり、荘厳すること既に了りぬ。

和銅三□(庚)戊五月十日　沙門知法

⑭ 聖武天皇発願一切経　天平六年（七三四）

【A願主】聖武天皇　【B対象】一切経　【C目的】天皇の福寿　【D書写者】不明（ただし写経生による写経）

【願文】（『上代写経識語注釈』一〇八頁）

朕以二萬機之暇一、披二覧典籍一、全レ身延レ命、安レ民存レ業者、経史之中、釋教寂上。由レ是、仰二憑三寶一、歸二依一乗一、敬写二一切経一、巻軸已訖。讀之者、以二至誠心一、上為二國家一、下及二生類一、乞二索百年一、祈二禱萬福一。聞之者、無量劫間、不レ堕二悪趣一、遠離二此網一、倶登二彼岸一。

天平六年歳在甲戌始寫。

寫経司治部卿従四位上門部王

朕万機《ばんき》の暇《いとま》を以ちて、典籍《てんせき》を披《ひら》き覧《み》るに、身を全くし命を延べ、民を安《やす》みし業《なり》を存《たも》つは、経史《けいし》の中、釈教《しやくきよう》最も上《すぐ》れたり。是《こ》れに由《よ》りて、三宝《さんぽう》を仰ぎ憑《たの》み、一乗《いちじよう》に帰依し、敬《つつし》みて一切経《いつさいきやう》を写したてまつり、巻軸已《すで》に訖《をは》りぬ。読む者《ひと》は、至誠心《しじやうしん》を以ちて、上《かみ》は国家の為、下《しも》は生類まで、百年を乞ひ索《もと》め、万福を祈《いの》り祷《の》む。聞く者《ひと》は、無量劫《むりやうこふ》の間、悪趣《あくしゆ》に堕《お》ちず、遠く此の網を離れ、倶《とも》に彼岸に登らむ。

天平六年歳《ほし》は甲戌に在《やど》るとし始めて写しき。

写経司治部卿従四位上門部王《かどべのおほきみ》

㉑ 仏頂尊勝陀羅尼経　天平十一年（七三九）

【A願主】聖武天皇　【B対象】仏頂尊勝陀羅尼経　【C目的】病気治癒　【D書写者】不明

【願文】（『上代写経識語注釈』一六三〜一六四頁）

天平十一年五月四日、奉レ勅、為二玄昉僧正疹疾一、敬写二此経一千巻一。

> 天平十一年五月四日、勅《みことのり》を奉《うけたまは》りて、玄昉僧正の疹疾《やまひ》の為に、敬《つつし》みて此の経一千巻を写しまつりぬ。

併せて、『上代写経識語注釈』掲載の識語について整理すると**表1**に示すことができる。番号は『上代写経識語注釈』に一致し、写経の目的が識語内に示されないものについては省略した。また、女性と関連する写経については網掛けをした。

これらを見るに、⑳㉑などの、長寿祈願・病気治癒などの願文も現存するが、全体から見れば稀であり、奈良時代の写経は性差を意識させるようなものは無く、その大半が追善供養のために製作されている。また、奈良後期になるにつれ、やや形式ばった願文が作成されるようである。この点について、遠藤慶太氏は

> 識語から読み取りうる写経発願の目的は、父母の追善のような〈個人の所願〉を出発点に、朝廷の安泰や天皇の安穏といった〈王権の護持〉に広がり、最後は〈一切衆生の救済〉へと功徳を及ぼし、ともに覚道に至ることを祈念して識語を結ぶものが多い。…知識写経のなかには、名目となる社会的理念（仏教信仰・王権の護持）と個人の所願が複合し、分かちがたく結びついていた。(8)

とし、一定のテンプレートとして願文が製作されていたと考えられる。

二、平安時代

平安期にはいると奈良期の官公の書写事業が衰退し、大規模な一切経書写は行われなくなったが、地方における書写は行われ続けた。これは純密の請来により加持祈祷の実践が重んじられ、写経自体の需要が少なくなったものによると考えられ(9)、平安期の写経は奈良期・院政期と比べると現存量としては少ない。併せて一切経の書写・勘経による教学の深化などにより、目的や信仰によって写経の指向性が定まったことによるものと考えられる(10)。その一方で、権門による紺紙金泥一切経(11)や装飾経(12)、平安末期から院政期にかけての勧進による紙本墨書一切経(13)などは数多く現存している。また、願主自らが写経を行う例も多く確認できるようになる。

次に平安期の女性と写経の形について確認する。まず奈良期と近しい形としては、延暦十七年（七九八）の石田女王《いわたのじょおう》発願一切経の東大寺への施入が挙げられるが(14)、これは文書にのみ見える記述であり、その詳細は不明である。また天暦七年（九五三）太皇太后穏子《たいこうたいごうやすこ》が朱雀院《すざくいん》一周忌の際に一切経を供養し、『法華経』八巻などを自ら書写したとし(15)、天暦八年（九五四）には法性寺塔と併せて一切経を供養している。

表1 『上代写経識語注釈』に基づく願文の内容の整理

番号	年号	願主	対象	目的	書写者	種類
①	六八六	宝林	金剛場陀羅尼経	往生浄土	宝林	知識[6]
③	七一〇	知法	一切経論及律	天皇の福寿	知法	知識？
④	七一一	長屋王	大般若経	国家安寧／文武天皇の追善	北家家政機関	普通
⑤	七二八	長屋王	大般若経	両親の追善／過去現在の天皇の福寿	複数の役人・僧侶	普通
⑥	七三〇	賢證	瑜伽師地論	有情の成道	賢證	知識？
⑨	七三〇	泰澄	根本説一切有部毘奈耶雑事	衆生救済	泰澄	普通？
⑩	七三〇	倉橋部造麻呂	法華経玄賛 他	亡父の追善／母・姉の安寧	倉橋部造麻呂	普通？
⑭	七三四	聖武天皇	一切経	仏法興隆	官立写経機関	勅願
⑲	七三七	石川朝臣年足	灌頂随願往生経 他	息子の追善	石川朝臣年足	普通
⑱	七三八	石川朝臣年足	弥勒上生経	亡母の追善か	石川朝臣年足	普通
⑳	七三九	石川朝臣年足	大般若経	長寿祈願／親族の成道	複数の僧侶	普通
㉑	七三九	聖武天皇	仏頂尊勝陀羅尼経	玄昉の病気治癒	（不明）	勅願
㉙	七四一	玄昉	千手千眼陀羅尼経	仏法興隆／衆生救済	皇后宮職写経所	知識
㉚	七四一	下村主廣麻呂	大般若経	四恩の為	（不明）	知識？
㉝	七四二	春日戸村主広田	大智度経論	父母の福寿／先祖の成道	（不明）	普通？
㊳	七四四	春日戸比良	大般若経・大智度論	天皇の福寿／先祖の成道	（不明）	知識？
㊵	七四七	僧善意	大般若経	玄昉の追善	善意 他？	知識？
㊺	七五二	僧仙釈	倶舎論・倶舎論本頌	自身の成道	僧仙釈？	普通
㊾	七五四	錦織君麻呂	大般若経一巻	父母の福寿	錦織君麻呂？	普通？
㊿	七五四	秦禅売	灌頂経	四恩の菩提	（不明）	普通？
52	七五五	六人部東人	全経典	国家安寧／仏法興隆／両親の追善／衆生救済	写経生・三尾浄麻呂 他	知識
55～57	七五七	沙弥道行	大般若経	伊勢大神供養／神供養／天皇の福寿／先祖供養[7]	山君薩比等 他	知識
64	七六二	百済豊虫	法華経 他二十一部	両親の成道／天皇の福寿／衆生救済／仏法興隆	（不明）	普通？
65	七六三	己智石万呂	涅槃経	父母のため	（不明）	普通？
66	七六七	行信・孝仁	大般若経 他	仏法興隆／四恩／衆生救済／行信の追善／天皇の福寿	（不明）	知識？
67	七六五	東大寺僧興顕	華厳八会剛目章	成道	（不明、興顕か？）	普通？

⑦1	七六八	称徳天皇	一切経	聖武天皇の追善／衆生救済	写経所	勅願
⑦5	七七九	紀朝臣多継・坂上氏成・秋穂	大般若経	坂上石楯の追善／衆生救済	（不明）	普通？
I	七三〇	石川年足か？	弥勒成仏経	左代弁石川石足の追善	（不明）	普通？
IV	七四〇	光明子	大宝積経	両親の追善	皇后写経所か	勅願

『扶桑略記』天暦七年八月七日

（『国史大系』一二（吉川弘文館、一九六五年））

朱雀院御周闋。奉書写供養一切経論五千三百七十五巻。目録之外。経二十六巻。奉皇太后宮令旨云。上皇昔有奉写一切経之叡念…

『本朝文粋』巻第十四　朱雀院周忌御願文（『新日本古典文学大系』二七（岩波書店、一九九二年）三二二頁）

奉写金字妙法蓮華経一部八巻、無量義経、普賢、阿弥陀、般若心等経各一巻

已上中宮所令造写給者也

奈良期には願主と書写者は異なり、書写については専門の人物が行うという史料が大半であった（無論現存する資料から判断できるだけであるため、その事実が無かったという意味ではない）が、女性自らが書写をおこなうという記述も確認できるようになる。

平安期の女性の自筆写経の用例として、山口希世美氏は平安時代の日記資料から女性の自筆写経の例を取り上げている。(16)

①藤原尊子《たかこ》『法華経』「開結経」『転女成仏経』『阿弥陀経』『般若心経』、病気平癒のため、承暦元年（一〇七七）（『水左記』）

②高陽院《かやいん》藤原泰子《やすこ》（鳥羽院后）・女房『法華経』、逆修供養のため、仁平二年（一一五二）（『兵範記』）

③五辻《いつつじ》前斎院頌子《のぶこ》内親王（鳥羽院皇女）、『法華経』、逆修供養のため、元暦元（一一八四）（『山槐記』）

④故建春門院《けんしゅんもんいん》平滋子《しげこ》、『法華経』、目的不明、〜安元二年（一一七六）（『玉葉』）

⑤待賢門院《たいけんもんいん》藤原璋子《しょうし》、『法華経』、追善供養のため、大治五年（一一三〇）（『長秋記』）

⑥待賢門院藤原璋子、『法華経』『金光明経』、追善供養のため、長承二年（一一三三）（『中右記』）

⑦統子《むねこ》内親王、『法華経』「開結経」『転女成仏経』『阿弥陀経』『般若心経』、追善供養のため、久寿元年（一一五四）（『台記』）

⑧皇嘉門院《こうかもんいん》藤原聖子、『観無量寿経』『転女成仏経』、追善

供養のため、久寿二年（一一五五）　（『兵範記』）

⑨皇嘉門院旧臣女房等、『法華経』、追善供養のため「結縁経」供養、寿永元年（一一八二）　（『玉葉』）

⑩藤原季行女《すえゆき》、『法華経』、追善供養のため、文治四年（一一八八）　（『玉葉』）

このように女性が自ら写経をおこなった例が少なからず存在することは確かなようである。これらの大半はやはり追善供養を目的とするが、逆修供養において自筆写経が用いられるとされている。また「結縁経」の例も見られるようになる。この「結縁経」とは「仏縁を結ぶために書写を行った経典（多くは法華経）であり、末尾に結縁者の名前が記される」とされ、[17]主に血縁・主従などの近しい関係者の追善供養を目的とした行為である。

また、女性の自筆写経かどうかは未だ決着がついていないものの、「久能寺経《くのうじきょう》」も女性が多く関わった写経の例として挙げることができる。

・久能寺経　永治元〜二年（一一四一〜一一四二）

【A願主】不明　【B対象】法華経（一品経）・無量義経・観普賢経　【C目的】待賢門院出家の際の供養　【D書写者】不明、ただし各経巻で書写者は異なる

静岡県静岡市の久能山にある久能寺（現在は、鉄舟寺）に伝わった装飾経。平安時代に流行した結縁一品経（『法華経』八巻を二十八品に分け、開経と結経をあわせた全三十巻を三十人の結縁者が一巻ずつ作成する）の一つである。久能寺経各巻の巻末に担当した名前が書きとめられており、それによると、鳥羽法皇の皇后・待賢門院（藤原璋子）を中心として法皇や女御、女房らが結縁者であったことがわかる。しかし願文などはなく、制作の正確な年代は確定していない。しかし、鳥羽院出家逆修の際の結縁経説、待賢門院出家の際の結縁経説、先の山口氏による故白河院の十三年御忌の結縁経説などが提示されている。

久能寺経の記名者を整理すると**表2**の通りである。女性の名前が記される箇所に網掛けを施した。

山口氏は、平安期の女性の写経の例が多く見られることから、この久能寺経の書写についてもその可能性があることを指摘するが、ここでは詳細は検討しない。とかく、鳥羽院・待賢門院を中心に、その周辺人物群が男女問わず名前が記載されることに注目できる。

以上、平安期の女性が関わる写経を確認した。現存する史料から、追善供養・逆修・結縁経の製作や、自筆写経の例を確認し、男女が問わず追善供養・結縁経に携わっていたことを確認した。[18]

表2　久能寺経における奥書記名一覧

巻	品	経名・品名	奥書
		『無量義経』	左大弁実親卿
一	一	『法華経』序品	（ナシ）
	二	方便品	左衛門尉季頼
二	三	譬喩品	待賢門院
	四	信解品	民部大夫為季
三	五	薬草喩品	左衛門尉資経
	六	授記品	待賢門院女房越後殿
	七	化城喩品	待賢門院女房別当殿
四	八	五百弟子品	
	九	人記品	内蔵頭忠能
	十	法師品	大皇太后宮女房大夫
	十一	宝塔品	左衛門権佐室
五	十二	提婆品	女御殿（美福門院得子）
	十三	勧持品	待賢門院女房亮殿
	十四	安楽行品	待賢門院女房中納言殿
	十五	涌出品	女御殿女房伯耆殿（安房守親）
六	十六	寿量品	一院（鳥羽院、箱書）
	十七	分別功徳品	
	十八	随喜功徳品	故入道右府尼姫君
	十九	法師功徳品	（ナシ）
七	二十	不軽品	弁阿闍梨心覚
	二十一	神力品	左大弁姫君
	二十二	嘱累品	式部大夫為範（貼紙）
	二十三	薬王品	左大弁室
	二十四	妙音品	待賢門院女房越前殿
八	二十五	普門品	法光坊弁源
	二十六	陀羅尼品	
	二十七	厳王品	大皇大后宮女房土左殿
	二十八	勧発品	大皇大后宮（二条大宮也）
		『観普賢経』	前日向守通憲（小納言入道信西）

三、鎌倉時代

平安期から中国における刊本大蔵経の請来がはじまり、鎌倉期には多数の刊本大蔵経が日本にもたらされた。日本では特定の経典については板木が作られたものの、日本独自の大蔵経の刊行については江戸時代まで待たねばならず、手で書写するという行為自体は長く続いたものと考えられている。ここでは女性の関わった写経として、春日若宮《かすがわかみや》大般若経・高山寺尼経（善妙寺経《ぜんみょうじきょう》）を提示する。

・春日若宮大般若経[19]

尼僧・浄阿《じょうあ》が貞応元年（一二二二）に発願し、寛喜元年（一二二九）から大治三年（一二四二）の間にひとりで書写した大般若経。[20]写経は大型の厨子に納められ、奈良・春日若宮社に寄進された。現在は根津美術館に厨子と経典五百四十帖と一巻とが所蔵されている。厨子の扉には寄進状、屋根の裏側には銘文が彫られ、巻第六百の巻末には廻向のための交名が記され、当時の尼僧の活動を知ることができる史料となっている。書写者である「浄阿」は、藤原季行《すえゆき》の孫にあたる。季行の子である「兼子《かねこ》」は九条兼実の妻、「大弐局《だいにのつぼね》」は八条院女房、「六条局《ろくじょうのつぼね》」は宜秋門院《ぎしゅうもんいん》女房であり、季行の孫である浄阿も後鳥羽天皇と宜秋門院の子である「春花門院《しゅんかもんいん》」に仕えた女院であることが推定されている。そして「大弐局」「六条局」は天野山金剛寺《あまのさんこんごうじ》の院主となり、浄阿はそれを継いでいる。天野山金剛寺とは、平安末期に阿観《あかん》が草建し（寺伝では行基《ぎょうき》開基）、鳥羽天皇皇女八条院《はちじょういん》の祈祷所になってから女人高野と呼称される。阿観から浄覚（八条院女房大弐局）へと院主がうつり、その後浄覚の妹である覚阿《かくあ》（宜秋門院女房・六条局）、姪である浄阿へと引き継がれた。

・目的……滅罪・追善供養

「寄進状」

（前略）乞願奉始春花門院覚阿浄阿真如等施主乃至結縁随喜之輩。為先無縁無怙之類。無漏皆令得脱。此経者滅罪之用妙也。登岸之力大也。多劫之罪雲早晴。畢竟之空無始之客塵速払空門之風於諸仏土。随願往生之文所憑也。終焉之刻必姹安養之宝蓮定得無上正等菩提之説所期也。済度之道普及四生之群類所願之趣蓋以如此冥顕垂照覧矣。

・回向対象……浄阿に近しい人物

「巻第六百巻末の交名」、「廻向貴賤の輩　一部転読後必可被廻向」

1　浄阿に極めて近しい人物グループ

八条院　春花門院　季行卿　権少僧都覚乗　権律師玄季　法院定乗　阿闍梨源朗　尼浄覚　尼刑部卿局　尼信阿弥陀仏　尼覚阿　僧覚心　尼真如　尼妙阿弥陀仏　尼覚心　尼性信　尼菩提　尼性阿　尼母阿　「僧禅範」「権小僧都定厳」「宜秋門院」「八状左大臣殿」「准后」

2　禅定殿下（九条道家）浄阿が金剛寺を道家の祈祷所とする寄進によるグループ（興福寺僧）

禅定殿下　大乗院僧正御房　大乗院僧都御房　権僧正覚遍　権少僧都清乗　権少僧都良専　乗仁得業　僧隆乗　僧教兼　僧真道　僧静専　僧体円　僧隆実　僧忍実　僧道観　僧蓮信　僧慶俊　僧行尹　僧覚厳　僧明恩　僧願応　僧実賢　僧行蓮　僧信西　「尼浄智」

3　二棟御方（季行のひ孫・九条頼経の側室）をはじめとする浄阿の同輩・後輩グループ

二棟御方　女冷泉局　尼空如　尼二条局　尼浄戒
尼慈善　尼開蓮　尼蓮真　尼専念　尼顕性　尼薬
阿弥陀仏　尼明心　尼刑部卿局　尼浄真　尼善心
尼兵衛佐局　尼勢阿弥陀仏　尼成仏　尼生蓮
尼信蓮　尼悟入　女高辻局　女一如　女但馬局
女鶴　「女長寿」　女性阿弥陀仏　「女弥□」

4　経巻と厨子の制作に携わったグループ

経師　仏師　番匠　塗師　銅細工　《承仕観阿》《栄実》

《僧忍舜》

この交名は、浄阿の縁故の人物を中心に書き入れられ、その多くが女性であった（一覧囲み文字部分）。そして、経典を春日若宮に収め、自身が死んだのちにも供養が続けられるよう転読の供料を寄進した。この詳細については白原由起子「根津美術館所蔵　春日若宮大般若経および厨子――作品と研究史」[21]を参照されたい。

・高山寺尼経

貞永元年（一二三二）の六月から十一月にかけて、寛喜四年（一二三二）の正月に亡くなった明恵を弔うために、明恵の弟子である比丘尼らが書写した『六十華厳』。粘葉装《でっちょうそう》の冊子本であり、戒光・真覚・明達・性明・禅恵などが書写にたずさわったとされる[22]。しかし願文などは確認できない。明恵とその周辺の女性達については、奥田勲「明恵と女性――華厳縁起・善妙・善妙寺」（『聖心女子大学論叢』八九、一九九七年）に詳しい。

ここまで、鎌倉期の女性写経の例として、春日若宮・高山寺尼経を確認した。春日若宮大般若経は、女性がひとりで書写したという点が特徴的であり[23]、その供養の対象までも女性を中心としたグループで構成されている点が注目される。高山寺尼経も書式的にも珍しく、一定の女性グループ内で製作されていた。しかしいずれも追善を主目的とした例であり、当時の写経として大きく相違するものではない。

小結

以上、女性と写経を主題として、奈良期から鎌倉期までの女性が関わる写経を確認してきた。絶対数としては多くないものの、女性も写経の供養に積極的に関わっていると言えるものであった。

奈良期の現存資料からは、基本的に書写をさせたうえで、願文のなかで願主・写経の目的などが提示されることが確認できた。そこには少なからず女性を願主とするものも含まれており、性差による内容の相違を確認できていない。写経の目的の大半は先亡の追善供養であり、願文が形式化されるにしたがい、護国安寧・衆生救済なども併せて記載されるようになった。

平安期の現存資料からは、自筆写経の例も確認できるようになり、大部な写経群よりも目的に合わせた写経、結縁経などが多く書写された。女性の自筆写経の例も確認でき、「久能寺経」には多数の女性名が記され、深く関わっていたことが確認できた。

鎌倉期の現存資料からは、特殊な例ではあるが、女性の一筆写経である春日若宮大般若経が、女性を中心とした環境のなかで、女性を中心とした回向例を確認した。また明恵上人を追善するための写経が、比丘尼によって製作されたことも注目される。

現代でイメージする写経は「自分で書写する」ものであるが、中世以前は仏像などと同様に施主・願主として書写させることが一般的であり、時代を経て自身で書写を行うことが一般的になっていった。今回取り上げた写経の多くが女性自身の罪障性・往生の祈願ではなく、性差なく追善に対して価値をおいていたことが確認できた。

注

(1) なお写経行為については、自分が書写すること、人に命じて書写させることの相違が存在する。大規模な書写事業については書写させることが主体となるが、知識経（後述）などでは、自身で書写することが通常であり、時代を経るにつれ、自身で書写したことを示す資料も多数確認できるようになる。

(2) 「一切経」や「大蔵経」に関する研究については、『新編 大蔵経』（法蔵館、二〇二〇年）、宮崎展昌『大蔵経の歴史――成り立ちと伝承』（方丈堂出版、二〇一九年）を参照。また宮崎氏は薗田香融氏の説を引用し、当時の中国における一切経を「システム」、国内の一切経を「コレクション」的役割であったことを指摘している。（『大蔵経の歴史――成り立ちと伝承』一五八頁）。

(3) この番号は『上代写経識語注釈』に付される番号を用いる。

(4) 写経生…経典の書写を専門とする人のこと。

(5) なお、奈良時代における女性自身が書写した写経の例として、「元興寺尼経」が知られる。これは天平勝宝六年（七五四）頃に、沙弥尼真證によって書写されたものであるが、願文等が無く、目的が不明であるため、提示していない。

(6) 知識経とは「願主」が多くの人からお金を集めて制作する写経、普通経とは「願主」が自らお金を支出して制作する写経、勅願経とは天皇の命による写経である。

(7) ただし奥書部分は書誌学的に問題が残る。『上代写経識語注釈』三七五頁。

(8) 『上代写経識語注釈』五三四―五三五頁。

(9) 京都国立博物館『古写経　聖なる文字の世界』一八頁。

(10) 宮崎健司『日本古代の写経と社会』三七九頁。

(11) 代表的なものに『中尊寺経』『神護寺経』などが挙げられる。

(12) 代表的なものに「平家納経」「久能寺経」「扇面法華経冊子」などが挙げられる。

(13) 一般的な素地紙・染紙に墨で書写した経典を指す。

(14) 上川道雄『日本中世仏教史料論』一七八頁。

(15) 上川道雄『日本中世仏教史料論』一八七頁。

(16) 「平安時代の写経と結縁経――『久能寺経』研究の一環として」（『印度学仏教学研究』六六―二、二〇一八年）。

(17) 山口氏は、従来の「結縁経」の定義と、平安期の「結縁経」の定義が異なるとし、「結縁経」は『法華経』を使用し、逆修供養の際には用いられず、被供養者はその書写には参加しないことを指摘する。

(18) 写経に直接関わるものではないが、「五障」を使用する

「願文」が見られるようになる。これについては先行研究で多く議論される内容である。現在、差別的表現と判断される語句の、当時の受容についてが問題となっている。

(19) 詳細および願文の翻刻については国際仏教学大学院大学 日本古写経研究所『根津美術館蔵「春日若宮大般若経および厨子」調査報告書』(二〇一八年)に基づく。

(20) 書写の契機になったのは、浄阿が春日宮に百箇日の参詣をした際に、夢に小児が現れ「悲母の命」として『大般若経』の書写を勧めたことによる。

(21) 『根津美術館蔵「春日若宮大般若経および厨子」調査報告書』一七―三一頁。

(22) 京都国立博物館編『古写経　聖なる文字の世界』(京都国立博物館、二〇〇四年)三二八頁。

(23) 男性の一筆経の例としては、色定法師一筆一切経、藤原定信一筆一切経などが挙げられるが、いずれにしても類例は多くはない。

参考文献

頼富本宏・赤尾栄慶『写経の鑑賞基礎知識』(至文堂、一九九四年)

吉田一彦・勝浦令子・西口順子『日本史の中の女性と仏教』(法藏館、一九九九年)

京都国立博物館『古写経　聖なる文字の世界』(京都国立博物館、二〇〇四年)

野村育世『仏教と女の精神史』(吉川弘文館、二〇〇四年)

宮崎健司『日本古代の写経と社会』(塙書房、二〇〇六年)

上川通夫『日本中世仏教史料論』(吉川弘文館、二〇〇八年)

薗田香融『日本古代仏教の伝来と受容』(塙書房、二〇一六年)

上代文献を読む会『上代写経識語注釈』(勉誠出版、二〇一六年)

『根津美術館蔵「春日若宮大般若経及び厨子」調査報告書』(国際仏教学大学院大学 日本古写経研究所、二〇一八年)

宮崎展昌『大蔵経の歴史――成り立ちと伝承』(方丈堂出版、二〇一九年)

京都仏教各宗学校連合会『新編大蔵経――成立と変遷』(法藏館、二〇二〇年)

佐々田悠・船田淳一・関口寛・小田龍哉『差別と宗教の日本史――救済の〈可能性〉を問う』(法藏館、二〇二二年)

奥田勲「明恵と女性――華厳縁起・善妙・善妙寺」(『聖心女子大学論叢』八九、一九九七年)

工藤美和子「平安期における女性と仏教――願文を中心に」(『佛教大学総合研究所紀要』一七、二〇一〇年)

山口希世美「平安時代の結縁経――『久能寺経』研究の一環として」(『日本歴史』八四三、二〇一八年)

山口希世美「平安時代の女性の写経と結縁経」(『印度学佛教学研究』六六―二、二〇一八年)

山口希世美「『久能寺経』の制作年・制作動機について」(『佛教大学大学院紀要・文学研究科篇』四六、二〇一八年)

恵美千鶴子「女性と写経」①～③『BIOCITY』八九～九一(ブックエンド、二〇二一～二〇二二年)

［コラム］

堕地獄の諸相——女性の堕地獄と救済

南　宏信

みなみ・ひろのぶ——佛教大学仏教学部准教授、浄土宗総本山知恩院浄土宗学研究所嘱託研究員。専門は法然浄土教。主な論文に「良忠撰『往生要集』注釈書の成立過程」（『法然上人八〇〇年大遠忌記念法然佛教とその可能性』法藏館、二〇一二年）、「法然『八種選択義』の淵源——『往生要集』から『選択集』へ」（『浄土宗学研究』四一、二〇一五年）などがある。

はじめに——日本人が抱く地獄観

生前に悪業を積み重ね、死後に閻魔の庁に引っ立てられてその罪過を問われる。檀拏幢《だんだとう》から善業、悪業の報告がなされ、浄玻璃《じょうはり》の鏡の前で生前犯した罪を見せられ、業の秤《はかり》でその軽重を測られる。その後罪過ごとに振り分けられた八大地獄に堕とされ、獄卒から壮絶な責め苦にあう。およそ日本人であれば、持っているだろうこのような地獄観は、平安時代の天台僧恵心僧都源信（九四二～一〇一七）が著した『往生要集』に説く地獄の影響によって定着したと言われる。『往生要集』は書写され続け、近世には幾度となく繰り返される開版や絵入本の登場、現代における訳注の出版など、約千年に及ぶ流布状況に鑑みると、その指摘は概ねその通りだといえよう。

ただし単純に首肯できない事情もある。それは、地獄と聞いて我々が想起する閻魔について、『往生要集』ではほとんど説くことがないからである。また近世においては「熊野観心十界曼荼羅《くまのかんじんじっかいまんだら》」や「立山曼荼羅《たてやままんだら》」で『往生要集』をベースにした苦の世界を描くが、ここには『往生要集』には説かない地獄が新たに登場する。女性が女性であることによって堕とされる「血の池地獄」や「不産女《うまずめ》地獄」などである。『往生要集』を核として定着する地獄観はどのような変遷をたどって成立しているのであろうか。以下に堕地獄の諸相を追っていくことで、女性の堕地獄と救済について概観していく。

一、変容する地獄
——仏教以前の地獄

『往生要集』における地獄を確認する前に、まず仏教における地獄思想の成立について見ておきたい。およそ地獄思想は、日本以外にもダンテ（一二六五～一三二一）の『神曲《しんきょく》』「地獄篇」など、世界中に存在している。(1) いわば人種、地域、時代を超えた普遍的な営みといえる。インド仏教の場合においても、それ以前から地獄思想は展開していて、古くは『リグ・ヴェーダ』にまで遡る。(2)

紀元前十五世紀から十三世紀にかけて成立した『リグ・ヴェーダ』第十巻の第十歌から第十九歌まではヤマ讃歌群を形成している。この「ヤマ（Yama、閻魔）」（死者の王）として登場するのが地獄思想の淵源となる。最初に死者の道を見出したものとしてこの国の主となったとされ、経論に見られるような極苦の世界ではなく、むしろ楽しみに満ちた理想の楽土と考えられた。『アタルヴァ・ヴェーダ』においてこの楽土（ヤマの国）は、死者の桃源郷として具体的に説かれるようになる。その対立世界として光のない暗黒の世界、つまり地獄を意味するナラカ（Naraka、那落迦《ならか》・奈落《ならく》）、ニラヤ（Niraya、泥梨耶《ないりや》・泥犁《ないり》）が説かれる。

ところが後期ヴェーダ時代（紀元前十世紀から五世紀頃）の『ジャイミニーヤ・ブラーフマナ』「ブリグの地獄遍歴の物語」になると、ヤマの国の概念が変容する。西アジアのシュメール族が信仰していたクル（戻ることのない苦）の思想の影響を受け、死後の楽土ヤマの国が死後の審判を行う地獄の観念を持つものに変貌する。これが『マハーバーラタ』（紀元前四世紀から紀元後四世紀）になるとヤマの性格は、はっきり固定し恐怖の死神となる。また正義の王として正邪を判定し、死者の国にあって死者を裁くようになり、様々な地獄を説くようになる。これが『マヌ法典』（紀元前二世紀から紀元後二世紀）『ヤージュニャヴァルキヤ法典』（三世紀から四世紀）において二十一の地獄が形成されるに至る。ここには仏教が説く等活《とうかつ》、黒縄《こくじょう》、衆合《しゅごう》、叫喚《きょうかん》などの名前も確認できる。

このように死者が往くべき光明と歓楽に満ちた世界とされたヤマの国は、仏教では欲界天の一つに位置づけられて夜摩天と呼称される。またもう一方では地獄を支配する閻魔王へとも変貌を遂げ、死者の罪業を裁いていくようになる。

二、仏教に説く地獄

仏教に説く地獄の種類について見ると、『ウダーナ・ヴァルガ』『ダンマ・パダ』では単純な地獄や罪業を説く程度であるが、『スッタニパータ』「コーカーリヤ」で十地獄の名称が出る（ただし十に整理されるのは後代になってからであるとの説あり）。初期仏教の経論では名称や順序は経論によってかなりの相違があるが（『増一阿含』など）、『大毘婆沙論』において等括地獄から阿鼻《あび》地獄までの八大地獄に整理されていく。

また初期の地獄は四方が壁で囲まれており、東南西北にある門の外には小地獄があると説かれる（『中阿含経』「五天使経」）。後にこれが展開していき、大乗の『正法念処経』「小地獄」では八大地獄の一つ一つに十六の小地獄が説かれるようになる。

堕地獄の業因の種類については、『増一阿含経』では誹謗正法《ひぼうしょうぼう》、十悪、五逆（母を殺す・父を殺す・聖者を殺す・仏のからだを傷つける・教団を分裂させる）があげられている程度であり、『大智度論』も同様で雑然として業因を挙げていて熟していない。これが『正方念処経』になると八大地獄の業因をそれぞれ五戒（①不殺生・②不偸盗《ふちゅうとう》・③不邪淫《ふじゃいん》・④不飲酒《ふおんじゅ》・⑤不妄語）、⑥邪見、⑦戒律を守っている尼僧を犯す、⑧五逆・誹謗正法の者がそれぞれ配当される。地獄の寿命については『倶舎論』がこれまでばらついていた表現をまとめている。

ここまでの堕地獄の業因について、日本近世おけるような女性に限定して業因が説かれることはなく、全体を通しては基本的に男女の区別なく堕地獄の業因が説かれているようである。ただし「戒律を守っている尼僧を犯す」という業因は、男性中心の視点で語られていることは否めない。すでに指摘されている様に『法華経』の「龍女成仏」や『無量寿経』の「変成男子《へんじょうなんし》」のように、女性の位置付けを男性より低く置く表現はしばしば批判されるところではある。また『正法念処経』などは女性を貪欲、嫉妬が深いとして、地獄ではなく餓鬼道に身を落とす存在として説いていることは留意しなければならない。

三、『往生要集』に説く地獄

『往生要集』（九八五年成立）は、それぞれ変遷を経て成立してきた『大智度論』『瑜伽師地論』『倶舎論』『正法念処経』『観仏三昧海経』『諸経要集』に説かれる地獄・小地獄の記述をまとめあげていく。等活・黒縄・衆合・叫喚・大叫喚・焦熱・大焦熱・阿鼻（無間）には、それぞれに付随する各十六種の小地獄を説く。この小地獄については『正法念処経』を中心にしているが、その全てを引用するのではなく、何かしらの基準でもって各小地獄から数個ずつを選んでまとめている。つまりここで漏れた小地獄は、後世の地獄観に引き継がれない。阿鼻地獄についてはさらに『瑜伽師地論』から六種の小地獄を追加して、苦の描写をより濃厚なものへと固めていく。ここに『往生要集』の地獄世界が誕生する。

今、不邪淫戒を犯した者が堕ちる衆合地獄を見ると、男女の愛欲に関する業因について、いくつか確認できる。まず「刀葉林」である。鋭い刃物でできた樹上に容姿端麗なる女人を見つけた男が、その女人を求めて肉や筋を切り割かれながら樹を登るが、気がつくと女人は下に降りている。男はまた切り割かれながら下に降りるが女人は再び樹上にいる。これを果てしなく繰り返すのである。次に小地獄に二つある。一つめは「多苦悩《たくのう》処《しょ》」で、男色の者が堕ちる。現代では容認できるものではないが、今は女性同士の同性愛については言及がない事を確認するに留めたい。二つめは「忍苦処《にんくしょ》」で、他人の妻を奪ったものが堕ちる。

これらの業因に限っては、男性中心の視点で説かれている。皮肉にも、女性だけが堕ちる地獄がそもそも想定されていないということが指摘できようか。

四、絵図の中で描かれる地獄
——『往生要集』の影響をめぐって

文字による堕地獄の記述は、部分的に男性中心ではあったが、ことさら女性を蔑視的に扱う眼差しは確認できなかった。それでは絵図の中ではどうであろうか。絵図の中で描かれる現存最古の例は、東大寺二月堂本尊「十一面観音菩薩像」光背の線刻（八世紀）に見られる。(3)『往生要集』以後では藤原秀衡《ひでひら》発願の紺紙金字『大般若波羅蜜多経』見返し（十二世紀、中尊寺大長寿院一切経のうち）の数巻に地獄絵図が描かれる。(4)しかし両者とも簡略な描写であるので、性別の区別までには至らない。男女の区別がつく地獄絵図について、以下三種の例を見ていく。

「地獄草紙」（十二世紀末頃成立）(5)には様々な地獄が描かれており、『往生要集』も採用する『正法念処経』の「火末虫《かまつちゅう》」「火雲霧《かうんむ》」が紹介されるが、「地獄草紙」はそれ以外にも「髪火流」「雨炎火石」「剣林」を採用している。このことから『往生要集』を介さず、直接『正法念処経』から引用していることが推察される。他にも『往生要集』が典拠としない『起世経』や『大乗蓮華宝達菩薩問答応報沙門経』が典拠となっている地獄を説いていることから、「地獄草紙」は『往生要集』の影響下にはなく直接経典から地獄を選出し、独自の図様を取り入れていることが指摘されている。(6)この絵図を見ると、責め苦を受けるのは男性の方が多いようであるが、長髪で乳房を出している裸の女性の姿も確認でき、堕地獄に性別の差を設けているようには見えない。これは以下の二種の絵巻でも同様である。

『北野天神縁起』（十三世紀前半成立）(7)では日蔵《にちぞう》という名の僧が、黒雲に乗った鬼神とともに、地獄に堕ちた醍醐天皇の救出に向かうところから物語りが始まり、六道の世界を見ていく。『北野天神縁起』では地獄の入口には首枷等をした罪人の罪科を計量している様子が描かれている。そこでは『往生要集』では説かない尺を持っている閻魔王らしきものが描かれているが、閻魔庁の裁き程の表現ではない。また等活地獄以降、概ね『往生要集』と同様の八大地獄が説かれるが、焦熱地獄（邪見の者が堕ちる）で罪人が法輪に潰される様子を描くなど、『往生要集』の文言とは必ずしも一致しない地獄が描かれている。罪人は男女共に描かれておりその差に区別はない。

『春日権現験記』（十三世紀後半成立）(8)では狛行光《こまのゆきみつ》という興福寺の舞人《まいびと》が重病を患って齢十六歳にして死んでしまう。閻魔庁のもとでまさに裁かれようとする時「気高き人」が現れて閻魔王に行光の釈放を告げると、閻魔王はそれに従い行光は堕地獄を免れる。その後「気高き人」

である春日大明神と共に地獄の様子を見ていく。ここに説かれる地獄はすべて『往生要集』に確認でき、さきの『北野天神縁起』同様に罪人は男女共に描かれている一方で、明確に閻魔庁の話が出てくることは『往生要集』と対照的である。また「父母《ぶも》に孝養《きょうよう》すべし。孝養は最上の功徳なり。もし良く努むれば、地獄に堕ちず」というように、堕地獄を避けるために孝養父母を説くこともまた特徴的である。

このように『往生要集』以降確認できる絵図を見てみると、そこに男女の区別は確認できない。一方で、冒頭にも触れたが、『往生要集』には閻魔の内容が説かれることは無いのだが、『往生要集』以降の絵巻に描かれる地獄には、閻魔がしばしば描かれるようになっていくのである。

以上の絵図を概観するに、『往生要集』をベースとはしつつも、閻魔の有無など必ずしも一致するものではないことがわかる。この二つのイメージが融合した絵図に「六道絵」がある。「六道絵」は聖《しょう》衆来迎寺《じゅうらいこうじ》が蔵しており、(9) 室町時代まで比叡山横川《よかわ》の霊山院《りょうぜんいん》に伝来していた。霊山院は源信が横川に創建した堂宇の一つで生身供《しょうじんく》が行われていた。本作は十三世紀における浄土信仰興隆の気運の中で、その聖典とも言うべき『往生要集』ゆかりの地で成立している。「六道絵」では『往生要集』が説く地獄をベースにして、『地蔵菩薩発心因縁十王経《じぞうぼさつほっしんいんねんじゅうおうきょう》』(『地蔵十王経』)に説く閻魔庁の影響が確認されている(**図1**)。『往生要集』と『地蔵十王経』を融合させることで成立した「六道絵」において、日本人が持つ地獄観の素地が形成されたといえよう。また「六道絵」にも女性のみが堕ちる地獄を描くことはなかったが、やがて室町から安土桃山、近世へと時代が流れていくと、地獄の構成は再び変化をみせる。女性だけが堕ちる「血の池地獄」「不産女《うまずめ》地獄」が登場するのである。

図1 『地蔵菩薩発心因縁十王経』の閻魔王　文禄3年(1594)版(筆者架蔵)

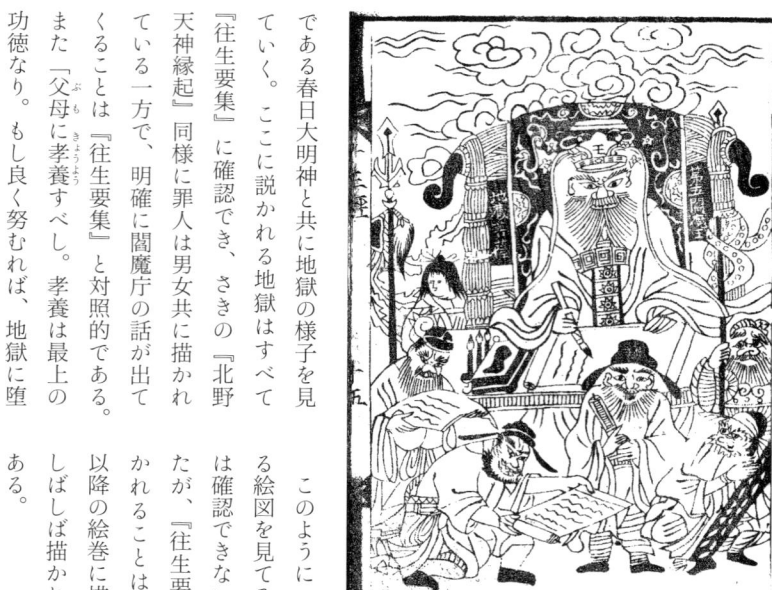

五、『血盆経』——女性だけが堕ちる新たな地獄の創出

「血の池地獄」の受容には、室町時代(十五世紀)以降に流布する『血盆経《けつぼんきょう》』が背景にある。『血盆経』は、十世紀以降、中国で作られた「偽経《ぎきょう》」であり、室町時代には日本へも伝来し、亡母追善の善根功徳として書写された。近年まで広く受容されてきた経典である。[10] 内容は、目連が「血盆池《けつぼんち》」を見たところ、女人たちが獄卒らに責められていた。その理由は、女人たちはお産・月経の血で「地神」を穢しているからである。血で穢れた服を川で洗うと、善男女が誤ってその水を下流で汲み、諸聖にその水で茶を入れて供養してしまうと、不浄を致すことになるというものである。この地獄を脱するためには『血盆経』を受持し、「血盆勝会《けつぼんしょうえ》」を行い、転誦・写経することが必要であるという。

そもそもお産・月経の血で「地神」を穢すことになるという価値観は、本来仏教的罪業ではなく、『血盆経』本文でも「罪」と明記していない。そこには室町から安土桃山、近世にかけて成立するイエ制度が深く関連している。跡取りとしての男子を産めなかった女性が堕ちる「不産女《うまずめ》地獄」などはその典型であろう。「五障」「三従」は、仏教的罪業ではないが、この「五障」「三従」や「女人禁制」が「女性劣機観」に組み込まれ、とくに「五障」「三従」は来世での堕地獄に繋がる罪業(「順次生受業《じゅんしじょうじゅごう》」)であるという「女性罪業観」へと変容していくのである。

室町時代における「女性罪業観」が広がり始めるなかで、『血盆経』が伝来し、自身ではどうすることもできない月経や出産の血が仏教的罪業の故であると位置づけられていく。その結果「血の池地獄」「不産女《うまずめ》地獄」という女性のみが堕ちる地獄が、熊野比丘尼《くまのびくに》の絵解きなどを通して広く全国に浸透していくことになった。この女性である比丘尼自身によるミソジニーとも捉えられる活動に大きな役割を果たしていくのが、「熊野観心十界曼荼羅」[11]や「立山曼荼羅」[12]である。ただしこのような理不尽な堕地獄にも、救済が用意されている。『血盆経』の書写・護持によって血の池から蓮華が出現して、如意輪観音の救いにあずかることができるというのだ。今後現代の価値観を一方的に当てはめて判断するだけではなく、多角的かつ慎重な議論が求められる。

おわりに

以上、雑駁ではあるが、女性の堕地獄を中心に概観してきた。インドから変遷を重ねてきた地獄の記述は、そもそも仏教全体にある男性中心の視点はあるものの、女性蔑視の視点が前景に出るものではなかった。地獄思想が日本に受容されると平安時代には『往生要集』によっても整理・編集がなされたが、その影響力

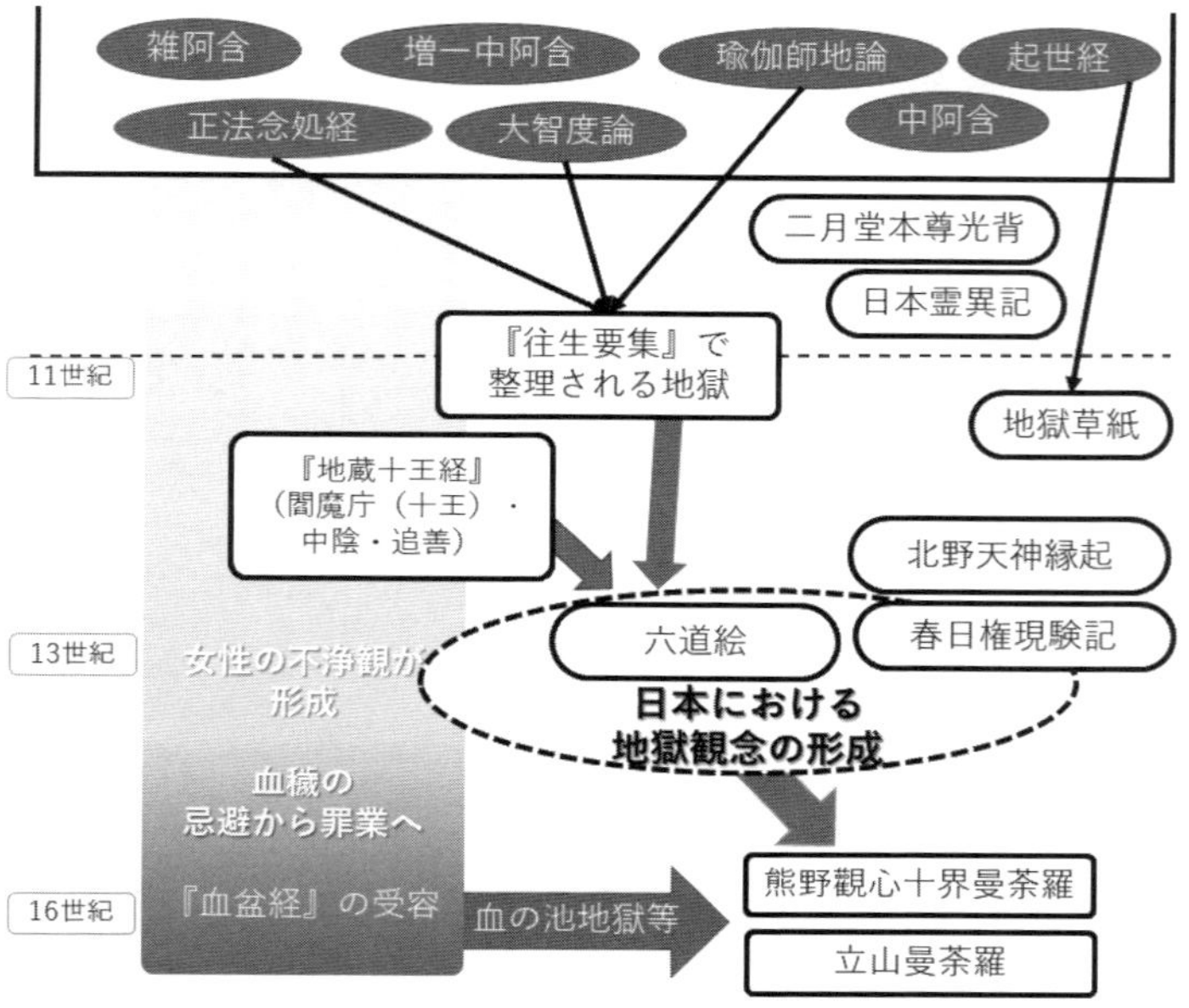

図2　地獄観の形成

は強く、種々の絵巻に踏襲されていく。並行して『往生要集』では説くことがない閻魔を『地蔵十王経』から採用することで「六道絵」が作成され、このイメージが我々の地獄観の素地になったと推察される(**図2**)。時代を経て室町時代に入ると、日本独自の女性不浄観の成立によって『血盆経』の「血の池地獄」や「不産女《うまずめ》地獄」が受容され、近世に定着していく。

地獄を説く経典の内容は、時代ごとに変遷があり、整理・創出が重ねられて時代の様相を映す鏡となっている。そうであれば、これまでの地獄思想もふるいにかけられ、同時にこれから新たな地獄も創出され、時代の様相を映す鏡となり続けるであろう。さてそれはどのような地獄を映すのであろうか。

注

(1)　エドワード・ヒッチング、藤井留美訳『地獄遊覧』(日経ナショナル・ジオグラフィック、二〇二三年)。

（2） 石田瑞磨『地獄』（法藏館、一九八五年、のちに法藏館文庫、二〇二〇年）、同『日本人と地獄』（春秋社、一九八八年、のちに講談社学術文庫、二〇一三年）。

（3） 平田陽子「東大寺二月堂観音光背毛彫図の復元について」（『南都仏教』一九、一九六六年）。

（4） 奈良国立博物館『源信　地獄極楽への扉』（二〇一七年）。

（5） 加須屋誠『完本 六道絵巻』（中央公論美術出版、二〇二三年）。

（6） 山本聡美『中世仏教絵画の図像誌』（吉川弘文館、二〇二〇年、一八頁）。

（7） 小松茂［編］『日本絵巻大成21北野天神縁起』（中央公論社、一九七八年）。

（8） 小松茂［編］『続日本の絵巻13春日権現験記絵 上』（中央公論社、一九九一年）。

（9） 泉武夫・加須屋誠・山本聡美 編・著『国宝　六道絵』（中央公論美術出版、二〇〇七年）。

（10） 西口順子「仏法と忌み」（『女の力古代の女性と仏教』、平凡社選書、一九八七年）、勝浦令子「女の地獄と談義」（同『女の信心　妻が出家した時代』平凡社選書、一九九五年〈初出一九八六年〉）、川内教彰「『血盆経』受容の思想的背景をめぐって」（『佛教大学仏教学部論集』一〇〇、二〇一七年）、Lori Meeks," Women and Buddhism in East Asian History: The Case of the Blood Bowl Sutra, Part I: China" Religion Compass (2020), Lori Meeks," Women and Buddhism in East Asian history: The case of the Blood Bowl Sutra, Part II: Japan" Religion Compass (2020)

（11） 小栗栖健治『熊野観心十界曼荼羅』（岩田書院、二〇一一年）、西山克『熊野観心十界曼荼羅という誘惑』（岩波書店、二〇二四年）。

（12） 福江充『立山曼荼羅 絵解きと信仰の世界』（法藏館、二〇〇五年）。

僧の女犯・妻帯と清浄性
――「僧の家」と女人禁制をめぐって

坪井 剛

つぼい・ごう――佛教大学仏教学部准教授。専門は日本中世仏教史。主な論文に「「建永の法難」事件再考――訴訟過程の検討を中心として」（『古代文化』六六―一、二〇一四年）、「良忠の「付法状」発給とその背景」（『日本仏教綜合研究』二〇、二〇二二年）などがある。

はじめに

中世の日本では、僧侶の女犯や妻帯が一般的となっており、僧侶が家族を形成する風習も広がっていた。ただ一方で、権門寺院や大寺院では女人禁制・入寺制限を敷いており、「僧の家」はそういった本寺の外部に形成されている。本稿ではそのような僧の女犯・妻帯と寺院の関係を、女犯によって生じると考えられた「不浄」を軸に考察する。

(1) 悪業三昧の定法寺別当

『法華験記』上巻第二九話には、定法寺という寺院に住んでいた別当の僧侶に関する説話を載せている。概要を示すと以下の通りである。

法性寺の南にあった定法寺の別当僧は、僧侶の格好をしているが、所行は俗人と変わらず、「殺盗・淫妄・飲酒」をはじめとする破戒や悪業三昧の生活に耽っていた。その結果、この別当僧は死後、「極悪の大蛇の身」を受けることとなり、言い尽くすこともできないほど多くの苦しみを受けることとなる。ただ生前、同輩と連れだって清水寺に参詣した帰り、六波羅蜜寺に寄って『法華経』の講筵に随喜したことがあり、それがこの別当僧の生前唯一の作善であったが、その功徳によって毎日一時だけ「清涼の風」が吹いて安息を得ていた。大蛇となった別当僧は、自らの苦しみを妻子に託宣して『法華経』の供養を依頼したところ、妻子は経供養を行い、その結果、この別当僧は苦しみから脱することができたという話である。

『法華験記』は序文や収録する説話から、長久四年（一〇四三）頃に成立したものと考えられている。[1] 本話は十二世紀頃に成立した『今昔物語集』にも再録されているが、先行する説話集などには類話が見当たらないため、十世紀から十一世紀初頭を念頭に設定された説話と言えるだろう。

当然、『法華験記』は『法華経』の霊験譚を集めたもので、本話も『法華経』講筵に随喜することで得られる功徳を称揚する点に眼目がある。それ故、実際に説話の元となるエピソードがあったのかどうかは分からない。ただ、少なくともここに登場する「定法寺」は、歴史上実在した寺院であることが史料から確認できる。

（2）定法寺の所在と寺僧

まずその場所について確認しておきたい。本説話では「法性寺の南」と記されているが、正安元年（一二九九）正月三十日「法性寺御領山指図」[2]では、東福寺・最勝金剛院の東側、三之橋川沿いに「定法寺」が書き込まれている。ここから、十三世紀末の時点で定法寺が実在していたことが推測されるが、西田直二郎氏はこれを根拠に、現在の最勝金剛院内にある九条兼実廟の北側に定法寺を比定している。[3] 一方で福山敏男氏は、この絵図の中心となる「法性寺」を元京都市立月輪小学校周辺に推定しているが、そうなると本説話の「法性寺の南」と合わないため、定法寺は東福寺建立の際に本絵図に描かれる三ノ橋側北岸の位置に移転したのではないかと推測する。[4] その場合、移転前の「定法寺」は現在の東福寺境内南端、またはその南側に存在したこととなる。

また、その法性寺を創建した藤原忠平の日記である『貞信公記』でも、忠平との係わりから定法寺の存在を確認できる。忠平は父基経が創建した深草の極楽寺に度々参詣しているが、その際、この定法寺にも立ち寄っている（延喜十八年（九一八）五月十八日条・延喜二十年（九二〇）十月十二日条）。これは、極楽寺への往還路に定法寺が位置したからでもあろうが、忠平が定法寺の寺僧と交流を持っていたことも一因のようである。

というのも、例えば『貞信公記』延喜十八年五月十一日条には、この定法寺で観最律師という僧侶が修善を行ったことを記している。この観最律師は同じ『貞信公記』に度々登場し、延喜二十年正月十九日条では、後に天台座主となる尊意とともに修善を行っている。また、同年九月六日条では、忠平の命で尊意と共に天変への祈祷として修善を行っているし、延喜十八年六月二日条では、忠平の甥で女婿でもある保明親王の曹司での修善も担当している。つまり、観最律師は忠平に近いところで活動した天台僧であると推察されるが、その場合、定法寺も同様の天台僧が止住する寺院だったと見なすことができるのではないだろうか。

すると、冒頭に示した『法華験記』に登場する定法寺の別当僧もまた、天台系僧侶として読者には認識されたことになるだろう。つまりこの説話は、正式な出家・受戒を経て貴族層とも係わりを持ちうる天台僧が、延暦寺から離れた市中の寺院に居住して破戒や悪業三昧の生活を送っていた話と解釈できるのである。そしてこの定法寺の別当僧は、最終的に妻子が『法華経』を供養することで救済されていることから、この僧侶は女犯・妻帯し、寺内で家族を形成していたことになる。

一、女犯・妻帯する僧侶たち

(1) 僧侶の女犯・妻帯の一般化

さて、定法寺の別当僧については、あくまで説話の中での設定であるが、古代から中世において、実際に僧侶が女犯・妻帯し家族を営んでいる事例は、古記録や古文書・系図類に多く認められる。定法寺の別当僧のような顕密僧の事例については、既に石田瑞麿氏や平雅行氏が紹介しているが、これは顕密僧に限ったものではなく、「聖」と呼ばれた民間の僧侶にもその風習は広がっていたようである。そういったことから、中世は僧の妻帯や家族形成が一般的であった時代と評価されている(5)。

当然、僧侶にとって女犯は不淫戒を犯すことであり、破戒の一つであるが、重要なのはこれが僧侶個人の修学や寺院内での問題というだけでなく、中世においては広く社会的にも関心ある問題だった点であろう。

一、可三諸寺諸山顕蜜僧侶守二戒法一事、

仰、仏法之紹隆者偏在二僧宝一、僧宝之住持者偏在二徳行一、徳行之中持戒為レ先、而近来頻好二宴飲一、剰蓄二妻妾一、四重猶不レ全、十戒敢不レ禁、非三只黷二乱真諦一、固亦違二犯国典一、早任二延暦・弘仁・貞観符一、遍仰二諸寺諸山一可レ禁二放逸無慙一、但其身雖レ闕二戒律一、能言者国師也、不レ可レ弃レ之、凡如二僧綱召弁別請一之時、採二用浄行一可レ励二後輩一、(6)

これは弘長三年（一二六三）八月十三日「亀山天皇宣旨」の第十二条、いわゆる「弘長新制」の一節である。ここでは、近来の顕密僧が破戒に及んでいることを批判し、戒律の遵守を命じる内容となっているが、ここでは「宴飲を好む」ことと「妻妾を蓄う」ことがわざわざ挙げられている。つまり、女犯・妻帯は飲酒と並んで僧侶の破戒の代表例と捉えられているとともに、これが国政上の問題となっていたことを読み取ることができるのである。

ただ一方で、傍線部に見えるように、たとえ戒律を欠く僧侶であっても「能く言ふは国の師」、つまり弁舌に長けた僧侶は国師であり、これを棄ててはならないとも記している。このことから当時、朝廷は実質的に僧侶の破戒を黙認・追認していたと評価されているが[7]、ただ、これ以降も朝廷が僧の妻帯禁止を命じていることに鑑みると[8]、朝廷は建前としてはあくまで僧侶に持戒を求めつつ、現実にはそのことを僧侶たちに厳命することは難しいと認識していたことが窺える。それほどまでに、僧による女犯・妻帯が広がっていたと言えるだろう。

(2) 僧侶の女犯・妻帯の思想的背景

このような僧侶の女犯・妻帯、そして家族の形成から生じる世襲については、戦前・戦後の研究において、長らく消極的に評価されてきた。例えば竹島寛氏は、平安期以降になると寺院や師資相承が血統によって相続されるようになるとしているが、それは僧侶の俗人化・堕落によるものと評価している[9]。また硲慈弘氏は、天台宗における師資相承の研究の中で、口伝が形式化することで口伝血脈そのものが財産化するとともに、実子相続の盛行を招くことになることを指摘している[10]。これらの研究では、僧侶の女犯・妻帯や家族の形成は「俗人化」「堕落」「形式化」によるものとして極めてネガティブな評価が与えられているが、これは中世になると旧仏教・顕密仏教そのものが形骸化し、腐敗していくと捉えていた当時の仏教史研究（鎌倉新仏教論）の影響を想定すべきだろう[11]。

その点と関わって注目されるのは、中世になると僧侶の破戒を擁護するような言説が登場することである。その中でも特に有名なものは、最澄に仮託された『末法灯明記』の記述であろう[12]。つまり、末法においては持戒も破戒も無いので、無戒の「名字の比丘」こそが宝であるとの主張であるが、本書は法然・親鸞をはじめとする鎌倉新仏教祖師の著作に度々引用されるなど、新仏教運動に一定の影響を与えたことが分かっている。

また大谷由香氏によれば、台密を大成したとされる安然は、利他のためであれば積極的な破戒を容認するという解釈を示しており、その思想は南都へ波及していたとされる[13]。そして、女犯に限っていえば、女犯偈にみえるような「女性＝菩薩の化身による救済」という考え方が十二世紀頃に定着し、延暦寺周辺の妻帯僧たちの拠り所となっていたことを西口順子氏が指摘している[14]。

これらを参考にすると、中世における僧侶の女犯・妻帯の一般化を単なる堕落や形式化と捉えるのは妥当ではなく、こういった思想的営為による裏付けを得ながら進展していったものと捉えるべきであろう。

(3)「僧の家」研究の進展

さて、先にも触れた鎌倉新仏教論はその後、黒田俊雄氏の研究(顕密体制論)をきっかけに見直されていくこととなる。黒田氏は平安中期以降、権門寺院では私院房や私財が増大し、それらが師資相承に従って相承されることにより、門流が形成されていくことを論じた[15]。その上で、中世において寺院勢力と言いうるものは、新仏教諸派ではなく顕密寺院の大衆であり、権門寺院こそが中世を代表する社会勢力であると評価するのである。この主張を受けて中世仏教史研究では、権門寺院のあり方を追求する「寺院史研究」が活性化していくこととなった。

また、一九七〇年代後半から八〇年代にかけて、中世的な家に対する研究[16]や女性史研究も進展することとなり[17]、その一環として、古代から中世における仏教と女性の係わりが再考されていった。こういった研究の流れの中で、僧侶の女犯・妻帯や家族の形成についても関心が寄せられるようになり、僧侶の妻帯・家族形成によって出来た「僧の家」のあり方が問題として取り上げられることとなったのである。

例えば西口順子氏は、顕密僧の妻帯・世襲の事例分析から、中世社会で一般的に見える家学の形成・職の固定化という現象と軌を一にする形で、十一世紀後半から十二世紀には世襲による「僧の家」が形成されること、寺僧は寺院周辺に私領・家宅を構え、妻子女を養育し、そこから寺家へ出仕していたことなどを指摘した[18]。一方で久野修義氏は、寺院史研究の立場から、寺僧の「家」が家地や寺領・私領から成立することを示すとともに、それらから生み出される財産が寺僧の再生産においても必要とされたため、「僧の家」は寺僧にとって継続すべきものであったとしている[19]。また永村眞氏は、東大寺を例に私房=院房の発達を概観する中で、寺僧は院房を拠点に私財を蓄積し、門弟と血縁家族を形成することで「寺僧」の家系が生まれることを指摘している[20]。

つまり、これらの研究では、中世の権門寺院・大寺院が「僧の家」を含み込んで成り立っていたことを示すとともに、僧侶側にとっても家の形成はメリットあるものであったとして、積極的に評価する点に特徴がある。権門寺院・大寺院を組織として俯瞰的に見た場合、それらが本寺のみで完結しているものではなく、こういった「僧の家」や末寺と繋がりながら成立していたとする指摘は、中世の権門寺院・大寺院の特徴的な一面を示すものと言えるだろう。

（4）「僧の家」と女人禁制・入寺制限

一方で、西口氏が指摘するように、「僧の家」が形成されるのは遠近の違いはあれ、あくまで本寺の外部であるし[21]、南北朝期以降の延暦寺では、「山徒」と呼ばれる妻帯の僧侶が延暦寺の山上ではなく、坂本など周辺で活動していたことが、下坂守氏によって指摘されている[22]。つまり「僧の家」は、組織構造としては権門寺院・大寺院に含み込まれていたが、位置的には内部には存在し得ないのである。

その背景には、権門寺院・大寺院において、女性の入寺が禁止・制限されていたこと、いわゆる女人禁制の問題が関係するものと思われる。一般に中世において、高野山・大峯などの霊山や延暦寺・東寺・神護寺・円教寺などの大寺院において、女人禁制の結界を設けたり、女人の入寺や夜宿を制限したりしていたことはよく知られているだろう。その成立時期については明確に分からないことも多いが、九世紀前半の平安初期には確認できるとされている[23]。

この女人禁制・入寺制限については、その成立理由や事情が論点となっており、長らく女性への差別的意識が反映されたものとの解釈が中心的であった。つまり、女性特有の出血からくる穢れ意識とそこから転じた女性不浄観、それらと仏典の女性蔑視思想が融合した結果、出来上がってきたものではないかと考えられてきたのである[24]。ただこれに対し、異論を唱えたのが牛山佳幸氏である。牛山氏によれば、女人禁制は男子禁制とともに古代から見えるもので、本来、出家者の戒律遵守に起因するものであるが、平安期に僧侶の破戒が増加したことへの対策として、寺院側が独自に設定したものとする[25]。そして、寺院に女人禁制が定着することで、女性蔑視思想も展開・定着していくと見通すのである。

説得的な見解かと思われるが、そうすると少なくとも、女人禁制・入寺制限を敷いている権門寺院・大寺院内では、僧侶は女性との接触が禁止される一方で、その外部に当たる寺院や「僧の家」では女犯・妻帯といった破戒が容認されていたことになる。だとすれば、破戒が一般化するにつれて、そこから済し崩し的に女人禁制・入寺制限が破られそうなものだが、逆に女性蔑視思想を生み出すほど厳密に守られたのはなぜなのだろうか。単に戒の遵守を求める以外の理由は無かったのだろうか。上に紹介した定法寺の別当僧の話のように、説話集の中には女犯や妻帯する僧侶を扱っているものが多く存在する。本稿ではそれらを幾つか検討することから、改めて僧の女犯・妻帯と寺院との関係を考えてみたい。

二、「不浄」と読経

(1) 道命阿闍梨の女犯と読経

さて、まず取り上げたいのは、源顕兼（一一六〇～一二一五）の『古事談』三―三五に見える道命阿闍梨という僧侶に関する説話である。

道命阿闍梨ハ道綱卿息也、其音声微妙ニシテ、読経之時、聞人皆発二道心一云云、但好色無双之人也、通二和泉式部一之時、或夜往二式部許一会合之後、暁更ニ目ヲ覚テ、読二経両三巻一之後、マトロミタル夢ニ、ハシノ方ニ有二老翁一、誰人哉ト相尋之処、翁云、五条西洞院辺ニ侍翁也、御経之時者、奉レ始二梵天・帝尺一、天神・地祇悉御聴聞之間、此翁ナトハ近辺ヘモ不レ能二参寄一、而只今御経ハ、行水モ候ハテ令レ読給ヘレハ、諸神祇無二御聴聞一隙ニテ、此翁参テヨク聴聞候了、喜悦之由令レ申也云云、[26]

この説話では、道命は「好色無双之人」であり、ある夜に和泉式部の許に通って同衾していたとする。その明け方、道命が読経した後に微睡んでいると、老翁が夢に現れて「日頃は梵天や帝釈など多くの神々が道命の読経を聴聞しているので、自分はこれまで聴聞できなかったが、いまは道命が行水もせずに読経していたので、神々は聴聞しておらず、自分も聴聞できた」と喜びを伝えてきたという話である。

ここで登場する道命阿闍梨（九七四～一〇二〇）は実在の人物で、冒頭にも記されるように藤原道綱（九五五～一〇二〇）の子息である。[27]『法華験記』下巻第八六話や『今昔物語集』一二―三六などでは、慈恵大師良源（九一二～九八五）の弟子とするが、道命が出家したのは永延元年（九八七）または二年と考えられることから、[28]良源の弟子である尋禅（九四三～九九〇）を師として出家したと考えるのが妥当であろう。[29]長和五年（一〇一六）には、四天王寺別当に補任されていることも確認できる。[30]

そして、本説話の冒頭でも「音声微妙」と記されるように、道命は「能読」の僧としても有名であった。先にも触れた『法華験記』下巻第八六話などは、この能読としての側面に焦点を合わせた説話で、①道命が法輪寺で読経していると様々な神が聴聞にきており「日本第一の持経者」と評価されていたとする話や、②ある女に憑いた悪霊が道命の読経を聞くことで天上に生まれ変わることができたという話、③道命自身が没後に法華経読誦の功徳で兜率天へ往生する話などを収録している。[31]特に①では、蔵王権現や熊野権現・住吉大明神・松尾明神といった神々が道命の読経を聴聞に来ていたとしており、本説話はこの内容を踏まえたものと言えるだろう。

道命が生きた時代は、法華経読誦が隆盛していく時期に当たるが、後に芸能化して「読経道」が形成されていくと、道命はその始祖と位置づけられるようになる[32]。つまり、道命は先の定法寺の別当僧と同様に、正式な得度・受戒を経た天台僧であり、また没後早い時期から持経者として高く評価されていた僧侶であったと言える[33]。道命と和泉式部の関係が事実であったかどうかは分からないが、本話はそういった高名な天台僧が女犯に及んでいた話と解釈できるだろう。

(2) 他の説話集での相違点

さて、本話に関しては様々な解釈がされており、山本節氏によれば、日本神祇の『法華経』聴聞という話である一方で、女犯の僧侶を救う『法華経』の功徳の力を説く話として、説経の場で用いられたと想定している[34]。また、清水真澄氏によれば、読経が「音芸」として芸能化したことへの批判を背景に、本話を通じて改めて戒律と読経の関係を説き直す必要性があったとされる[35]。

それぞれ重要な指摘かと思われるが、本稿ではこのエピソードが当時、どのような文脈で解釈されていたのかという点を重視したい。というのもこの説話は『古事談』だけでなく、『宇治拾遺物語』上巻一、及び無住『雑談集』にも採録されており[36]、この説話をもとにそれぞれが自説を展開しているからである。

まず『宇治拾遺物語』では、老翁＝道祖神とした上で、末尾で「されば、はかなく、さい読みたてまつるとも、清くて読みたてまつるべき事なり」、すなわち読経は清浄な状態で行うべきであると結んでいる。一方で『雑談集』では、老翁＝五条天神とするが、本説話は「読経誦呪等ノ時節、浄不浄事」の項目で取り扱われている。先に引用した『古事談』ではこのような解釈は付していないが、『宇治拾遺物語』や『雑談集』では、この説話を「不浄」の状態で読経などを行ってよいのかという課題を考えるためのエピソードとして用いているのである[37]。

つまり、道命の読経を道祖神または五条天神である翁が聴聞できたのは、和泉式部との女犯により道命が「不浄」の状態にあり、それを嫌った有力な神々が聴聞に訪れなかったからであると理解されていたと言えるだろう。そうすると、不淫戒を破ることで、僧は「不浄」になるという認識が存在したとともに、『宇治拾遺物語』の作者や無住は、そのような「不浄」な状態で行う仏道修行が有効なのかどうか、という文脈で本説話を解釈していたのである。

三、無住の考える「女犯・愛欲」

(1)『雑談集』での解釈

この道命の説話に対する無住『雑談集』の解釈をもう少し詳しく見ておきたい。『雑談集』は、無住が七十九才になった嘉元三年（一三〇五）に成立したものであるが、本書ではこの道命の説話を引用する前の箇所で、念仏や陀羅尼・観心・座禅などを行う際に、清浄であるべきか、不浄でもよいか、その根拠となる経証があるのかどうかを論じている。これに対して無住は、念仏や陀羅尼に関しては、根拠となる「本説」は見当たらないが、神呪の中には経証が確認できるものもあると示している。

その上で、『首楞厳経』に「十二部経ヲ読誦スレドモ、臭穢ヲ嫌テ、賢聖・諸天不ㇾ聞〈取意〉[38]」という文が見えるとし、「サレバ功徳スクナカルベシ、少分ノ益イカヾナカラム、罪障マデハ不ㇾ可ㇾ有事歟」と推論してから、道命の説話を引用している。つまり無住は、僧侶が清浄性を欠如させた「不浄」の状態で読経を行ったとしても、罪となることはなく、少ないながらも功徳が生じるということを示すために、道命の説話を用いているのである。

そして、無住はここから「仏法ハ行住坐臥不ㇾ可ㇾ忘、行業心相続する本意ナルベシ、随自意三昧ノ如シ、イカヾ浄不浄ヲ論ゼン」と展開していく。つまり、仏法は何時いかなる時も忘れてはいけないもので、仏道修行に邁進する心を保ち続けることが大切であるから、「浄・不浄」を問題とする必要は無いと結論付けるのである。このように、無住は道命の説話を、たとえ女犯によって「不浄」の状態で読経したとしても功徳は生ずるので、仏道修行を続けるのがよいということを示す一例として解釈しているのである。

(2) 婬心＝「欲界煩悩の根本」

但し、だからといって、無住が不婬戒を破ることを認めていたわけではない点には注意が必要である。無住が弘安二年（一二七九）に執筆を開始した『沙石集』巻四でも僧侶の女犯・妻帯を取り上げているので、その解釈も少しみておきたい。

この巻四は、当時の仏教界の諸相が集約されているとも評されているが[39]、本巻の後半では「末世には、妻持たぬ聖は次第に少く」、つまり顕密僧だけでなく、本来は清僧と認識される聖にも女犯・妻帯が一般的になってきている状況を指摘している。ただ、無住はこれに対して、『首楞厳経』の「婬心断たざれば生死を出づべからず」という言葉を引用して、「婬心」が「欲界煩悩の根本」だと断言するのである。言わば、全ての煩悩は婬心・愛欲から生ずるという主張だが、その論理を少しだけ補足しておきたい。

これを養はんとて、我が身より重き妻子あれば、恩愛の奴と成りて欲の為に使はれて、父母・師長の恩田をも報ぜず、三宝勝妙の敬田をも供せず、無縁孤独の悲田にも施せず、殺生・偸盗・邪淫・妄語・貪瞋・嫉妬・愚痴・放逸、あらゆる失、是より起こる…不浄なり、無常なり、苦悩なり、怨妬なり、毒蛇に類し、怨家に喩ふ、徳を破り、道を損じ、楽しみ少なく災多し、誹り厭ふべし、

ここでは、そもそも養う妻子がいると、恩愛の奴隷となって欲に駆られるようになり、父母への孝養や師長への恭敬、三宝への供養、慈悲の実践といった仏道修行上の善行を行うことが無くなると指摘する。それどころか逆に、その欲がもとになって、殺生・偸盗・邪淫をはじめとする破戒に走るようになるため、これらの煩悩は愛欲から生じており、愛欲そのものを厭うべきだと結論付けるのである。煩悩が相互に関連性を持って生じており、その根本となるのが愛欲であるという点は、興味深い主張と言える。

ただ、ここで注意しておきたいのは、無住が愛欲を持つことを「不浄なり」と表現している点である。先の道命の説話では、実際に女犯という行為に及んだことにより「不浄」の状態になったと判断されるエピソードであったが、無住は破戒という行為以前に、そもそも愛欲を持つことを「不浄」としているのである。この考え方に従うと、心の有り様で「浄・不浄」が決まることになり、大きな功徳を求めるためには、よりストイックな姿勢が求められることになる。

この点は無住の仏教観を考える上で重要な点かと思われるが、少なくとも僧侶が女犯に及んだり、または愛欲を懐いたりすることにより「不浄」な状態となるという考え方が当時、存在したことは確認できるだろう。

四、女犯・愛欲と清浄性をめぐる説話

(1)持呪の僧良賢と持経者法空

さて、女犯・愛欲と「不浄」に関するこのような考え方は、他の幾つかの説話でも確認できる。

例えば『法華験記』中巻第五九話では、専ら陀羅尼を誦して霊場を廻る良賢という僧侶が、山林に籠もってひたすら『法華経』を読誦する法空という持経者と出会い、一時的に同宿するというエピソードを載せている。さてこの法空には、毎日食事を供養する羅刹女がいたが、良賢はこの羅刹女を見て「欲愛の心」を発してしまう。すると、その心を察した羅刹女は、法空に対して「此破戒無愧類、来㆓至清浄善根境界㆒」

と訴え、罰として良賢を殺害しようとする。ただ、法空がこの羅刹女を宥めたことにより、良賢は人里に返されることで済んだという話である。(40)

本話での良賢は、実際に不淫戒を犯したわけでもなく、あくまで愛欲の心を持っていただけであるが、羅刹女からは「破戒無慚の類」と判断されており、その結果、羅刹女から清浄なる場所にふさわしくない存在、言わば「不浄」の者と認識されている。そのことにより、良賢が殺害されてしまいそうになるのは、いささか罰が過ぎるようにも思われるが、さておき、本話も先の『沙石集』での無住の解釈と同様に、愛欲の心が「不浄」を生じさせると考えていたものと判断できる。

(2) 能書家藤原敏行の写経

また『今昔物語集』一四―二九では、能書家として知られた藤原敏行に関するエピソードを載せている。(41) この藤原敏行は、他者からの求めに応じて『法華経』を六十部ほど書写していたが、後に急死し閻魔庁へ引き出されてしまう。その際に敏行は、鬼のような軍兵を見るが、彼等は敏行に写経を依頼した者たちで、本来はその功徳で極楽や天界・人界へ行くはずであったが、敏行が写経に際し「精進ニ非ズシテ、肉食ヲモ不﹂嫌ズ、女人トモ触バヒテ、心ニモ女ノ事ヲ思テ」書写したので、十分な功徳を得られなかった。彼らがそのことを閻魔庁に訴えたため、敏行が召し出されたのだと説明される。

また敏行が歩いていくと、大きな川が現れるが、そこを流れる水は墨の色をしていた。敏行がその理由を聞くと、「汝ガ書奉タル様ニ、不浄・懈怠ニシテ書タル経ハ、広キ野ニ棄置」かれるので、その墨が雨に洗われて川に流れ込んだものだと説明されている。

本話では、藤原敏行による写経が十分な功徳を生まなかった原因について、肉食だけでなく女犯に及んでいることが示唆されているが、それと共に「心ニモ女ノ事ヲ思テ」、つまり愛欲を持っていることも挙げられている。そして墨色の川の段では、そのような敏行の状態を「不浄・懈怠」と表現しているのである。ここでも、敏行は女犯・愛欲によって「不浄」となっており、そのような状態で写経を行った故に、依頼者が極楽や天界・人界に生まれるだけの功徳を積むことができなかったと解釈されていたのだろう。特に、女犯・愛欲による「不浄」と功徳の有無大小という点では、先の道命の説話と共通するテーマと言える。

(3) 中世における穢観念の肥大化

さて、ここまでの事例によって、中世では僧侶の女犯・妻帯が一般的であった一方で、そこから僧侶の「不浄」が生じると考えられていたこと、そして「不浄」の状態で仏事を行った場合、罪となるのか、または功徳が生じるのかということが問題となっていたことが分かるだろう。

そもそも中世における「浄・不浄」という問題については、これまで穢や触穢との係わりから研究が深められてきた。その論点は多岐に亘るが、一般に平安初期に確立した穢の観念が律令制の解体を経て、中世に至って分化・肥大化するとされる。[42]またその中でも忌避された「血穢」と係わって、女性の月経・出産・流産が穢の対象とされ、これが仏教の経説上の「女性の罪業観」と結びついた結果、女性そのものが不浄であるとする考えに至るとされている。[43]

本稿との係わりで考えるなら、十一世紀の後半には、摂関家の政治的姿勢を背景として、女性との性関係そのものが「不浄」であるという観念が貴族層に浸透していたことを服藤早苗氏が指摘している。[44]また鍛代敏雄氏によれば、平安期から鎌倉期には、穢を単なる外面的事象と捉えるのではなく、内面的態度の問題、つまり認識や心の有り様の問題として捉える考え方が現れるとも指摘されている。[45]ここまで見てきたように、女犯が単なる破戒であるだけでなく、そこから「不浄」が生ずるとされたことや、行為以前に愛欲を持った時点で「不浄」であるとすら考えられたことは、こういった中世における穢の観念の深化と軌を一にすると言えるのではないだろうか。

一方で、僧侶に関して言えば、院政期には内面の清浄性への認識が深化し、学侶・遁世僧を問わず「心行清浄」が理想となっており、これは破戒の一般化と表裏一体の関係にあることを上島享氏が指摘している。[46]その上で、そういった清浄性が法会や修法の功験を保証するものであるという認識があったとされているが、この点については平雅行氏も、密教の調伏では、戒律が祈祷力と係わると考えられていた故に、密教僧には破戒が少ないことを示している。[47]

つまり、僧侶にとって女犯や妻帯に及ぶこと、ひいては「僧の家」を形成することは、その清浄性を失いうることとなり、それが修法の功験や仏事・作善の功徳を失わせることに繋がるのである。これは、当時の僧侶にとって、その資質に係わる大きな問題・デメリットだったと言えるだろうし、それ故、無住や『宇治拾遺物語』の作者は「不浄」の状態での読経が功徳を生じるのかどうかをわざわざ論じているのだと考えられる。

五、清浄な場としての権門寺院・大寺院

そのように考えた場合、女性と接触せず戒を遵守する僧侶は清浄な僧ということになる。そして、先に挙げた良賢と法空の説話（『法華験記』中巻第五九話）で、愛欲を懐いた「不浄」な僧侶である良賢が、法空の修行する清浄な山林に居るにはふさわしくない者とされていたように、清浄な場は清浄な僧侶で構成されなければならないという意識があったことが推測される。

そして、そのような清浄な場は、山林のみではなく、権門寺院や大寺院の堂舎とされている説話も存在している。この点を『今昔物語集』に採録される延暦寺と薬師寺に関する説話から窺ってみたい。

(1) 延暦寺前唐院

『今昔物語集』一一―二六では、最澄が建立した延暦寺のあり方について、根本中堂をはじめとする諸堂や大乗戒壇の由来を中心に記している。そして、最澄没後も延暦寺は栄え、霊験は特に勝れていると説くが、ここで「女ハ此山ニ登ル事無シ」、つまり延暦寺が女人禁制であることにも言及する。

その上で、最澄自筆の『法華経』が山内の前唐院に安置されており、代々の僧侶は「清浄ニシテ」その『法華経』を礼拝するが、「若シ女ニ少モ触ヌル人ハ、永ク是ヲ礼シ奉ル事無シトナム」、つまり女性に接触した者はこの『法華経』を礼拝することもできないと伝えているとするのである。清浄な僧と対比する形で女性と接触した僧侶が挙げていることは、やはりそのような僧侶が「不浄」であることを示しているものと思われる。

この前唐院について、『天台座主記』によると、仁和四年（八八八）に円珍が比叡山内に建立した寺院とされており、最澄影像・円仁坐像が置かれるなど御影堂として機能したことが指摘されている。[48] ここに最澄自筆の『法華経』が納められていたかどうかは分からないが、前唐院そのものが清浄な僧によって構成される清浄な場と考えられていたと言うことができるだろう。

(2) 薬師寺金堂

また、『今昔物語集』一二―二〇には、薬師寺金堂とそこに安置される薬師仏の霊験を紹介する説話を採録している。ここで注目されるのは、金堂内陣には三名の堂預が「清浄ニシテ」十日ずつ入ることになっており、「一生不犯ノ僧」であっても入ることができないとしている点である。

さて、金堂に寺僧ですら容易に入れなかったという言説については、『建久御巡礼記』でも確認できるが、一方で、伝

手があれば非公式に入堂が可能であったとも解釈されており[49]、実際に入堂が制限されていたのかについては、額面通りに受け取ることが難しいようである。ただこれまで本稿で確認してきた内容から考えると、清浄性を担保した堂預のみが入堂できる一方で、「一生不犯ノ僧」でも入堂できないとされているのは、やはり「不浄」な僧やその可能性のありうる僧侶を排除して、堂内の清浄性を担保していたという趣旨になるのではないだろうか。

これらの説話では、延暦寺前唐院や薬師寺金堂は清浄なる場であり、女犯によって「不浄」となった僧侶は立ち入ることはできないという考えが存在していたことになる。特にこういった権門寺院・大寺院の場合、入寺が禁止された女人の問題（女人禁制・入寺制限）が取り上げられてきたことは上述の通りであるが、男性僧であったとしても、女犯による「不浄」であれば、清浄な堂舎や伽藍に立ち入ることが憚られるという認識が存在したのだろう。

(3) 境内＝「浄行僧侶止住之砌」

特に権門寺院・大寺院の場合は、境内が清浄な場と認識されている史料も見える。例えば、貞治五年（一三六六）七月日「東寺諸坊禁制条々」[50]では、「一、乱行不法穢僧、雖レ令二譲得一不レ可二止住一事」として、「乱行不法」の「穢僧」が寺内に止住してはいけないことを示した上で、「於二当寺一者、浄行僧侶止住之砌、遁世異門之輩不レ可二雑住一之地也」としている。この「乱行不法」の「穢僧」は、「浄行僧侶」と対比されていることからすると、やはり戒を破った「不浄」な僧侶と見做すことができるとともに、東寺の境内がそういった「不浄」な僧侶を排除した「浄行僧侶」の止住する場所であると規定しているのである。

これ以外にも、高野山や比叡山といった権門寺院・大寺院を「浄域」や「浄場」「清浄結界之地」とする言説は文書や記録類に散見する。当然、これらは女人禁制・入寺制限とセットであるが、こういった権門寺院・大寺院の境内や結界内は、清浄な僧侶によって構成される清浄な場であらねばならないという認識を示しているだろう。逆に言えば、「僧の家」が権門寺院・大寺院の外部に存在するのは、女犯・愛欲によって「不浄」となった僧侶を「浄域」から避けるためであるとも言える。

そして上に見たように、「不浄」な僧侶の仏事・作善が功徳を十分に生むのかどうかという点が問題とされていた。ということは、権門寺院・大寺院が担っている五穀豊穣や鎮護国家、または天皇・公家の祈りに係わる僧侶がもし「不浄」であった場合、その祈りの力が十分に発揮されないことになる。そういった事態を避けるため、権門寺院・大寺院では女人禁制・入寺制限を維持し続けたとも言えるのではないだろうか。少なくとも、中世の僧侶の女犯・妻帯に関する諸問題については、今後も様々な角度から検討が必要であろう。

注

(1)『日本思想大系七　往生伝　法華験記』(岩波書店、一九七四年)など。以下、『法華験記』の引用は本書による。

(2) 西岡虎之助編『日本荘園絵図集成(上)』(東京堂出版、一九七六年)。

(3) 西田直二郎「藤原忠平の法性寺及び道長の五大堂」(『京都史蹟の研究』吉川弘文館、一九六一年、初出一九二八年)。

(4) 福山敏男「法性寺の位置について」(『佛教藝術』一〇〇、一九七五年)。

(5) 石田瑞麿『女犯　聖の性』(筑摩書房、二〇〇九年、初出一九九五年)、平雅行『親鸞とその時代』(法藏館、二〇〇一年)。

(6) 佐藤進一・百瀬今朝雄・笠松宏至編『中世法制史料集　第六巻』(岩波書店、二〇〇五年)。

(7) 平氏前掲書。ファン・ティ・トゥ・ジャン「日本仏教における妻帯問題――古代・中世・近世の実態と歴史的変化」(『寧楽史苑』五一、二〇〇六年)など。

(8) 弘安八年十一月十三日「後宇多天皇宣旨」(『鎌倉遺文』一五七三二号)など。

(9) 竹島寛「寺院の師資相承と血統相続」(『王朝時代皇室史の研究』右文書院、一九三六年、初出一九二六年)。

(10) 硲慈弘「慧檀両流の発生及び発達に関する研究」(『日本仏教の開展とその基調　下』三省堂、一九四八年)。

(11) 鎌倉新仏教論(鎌倉新仏教中心史観)については、拙稿「専修念仏教団」(大谷栄一・菊地暁・永岡崇編『日本宗教史のキーワード――近代主義を超えて』慶應義塾大学出版会、二〇一八年)など参照。

(12)『伝教大師全集　第一』(世界聖典刊行協会・日本仏書刊行会、一九七五年)。

(13) 大谷由香「日本仏教における戒律の特異性」(日本佛教学会編『仏教と日本I』法藏館、二〇二〇年)。

(14) 西口順子「成仏説と女性――女犯偈まで」(『中世の女性と仏教』法藏館、二〇〇六年、初出一九九三年)。

(15) 黒田俊雄「中世寺社勢力論」(『黒田俊雄著作集　第三巻』法藏館、一九九五年、初出一九七五年)。

(16) 鈴木国弘「中世の親族とイエ――中世女性史研究序説」(『歴史評論』三七一、一九八一年)、飯沼賢治「中世イエ研究前進のための試論(上・下)」(『民衆史研究』二三・二四、一九八二・八三年)、高橋秀樹『日本中世の家と親族』(吉川弘文館、一九九六年)など。

(17) 女性史総合研究会編『日本女性史2　中世』(東京大学出版会、一九八二年)、田端泰子『日本中世の女性』(吉川弘文館、一九八七年)、脇田晴子『日本中世女性史の研究――性別役割分担と母性・家政・性愛』(東京大学出版会、一九九二年)など。

(18) 西口順子『女の力――古代の女性と仏教』(平凡社、一九八七年)。

(19) 久野修義「中世寺院の僧侶集団」(『日本中世の寺院と社会』塙書房、一九九九年、初出一九八八年)。

(20) 永村眞「「院家」の創設と発展」(『中世東大寺の組織と経営』塙書房、一九八九年)。
(21) 西口氏前掲書。
(22) 下坂守『中世寺院社会の研究』(思文閣出版、二〇〇一年)。
(23) 平雅行「顕密仏教と女性」(『日本中世の社会と仏教』塙書房、一九九二年、初出一九八九年)。
(24) 西口氏前掲書、平氏前掲八九年論文など。
(25) 牛山佳幸「「女人禁制」再論」(『山岳修験』一七、一九九六年)。この点は、吉田一彦氏も古代史の立場から同様の見解を示されている。吉田一彦「僧尼と古代人」(『日本古代社会と仏教』吉川弘文館、一九九五年)、同「女性と仏教をめぐる諸問題」(真宗文化研究所編『日本史の中の女性と仏教』法藏館、一九九九年)。
(26) 『新日本古典文学大系四一　古事談　続古事談』(岩波書店、二〇〇五年)。
(27) 道命の伝記については、上村悦子「傅大納言藤原道綱の妻妾・子女考」(『日本女子大学紀要　文学部』一八、一九六九年)、岡一男『道綱母　蜻蛉日記芸術攷』(有精堂出版、一九八六年、初出一九七〇年)、田中新一「道命阿闍梨の伝記的考察」(『国語国文学報』四二、一九八五年)にもまとめられているが、三保サト子「道命法師伝考――飯室妙香院をめぐって」(稲賀敬二編『源氏物語の内と外』風間書房、一九八七年)、同「法輪寺の道命阿闍梨」(『島根女子短期大学紀要』二六、一九八八年)、同「道命阿闍梨伝考――晩年の軌跡」(『論考平安王朝の文学　一条朝の前と後』新典社、一九八八年)に詳しい。
(28) 永祚二年二月十四日「太政官牒」(『門葉記』七三、『大日本史料』二―一)、長保三年十一月一日「太政官符」(平松文書、『大日本史料』二―四)。
(29) 長保三年十一月一日「太政官符」、『御堂関白記』寛弘四年三月十七日条など。三保サト子前掲八七年論文も同様の指摘をする。
(30) 「僧官補任」(『群書類従第四輯　補任部』)。
(31) 『今昔物語集』一二―三六と『元亨釈書』巻第一九にも同様の道命伝を載せる。但し、『今昔物語集』では、幾つかのエピソードを追加している。
(32) 柴佳世乃『読経道の研究』(風間書房、二〇〇四年)。
(33) また道命は、歌人としても名高い。その側面については、先に触れた道命の伝記研究でも言及されているが、それら以外では三保サト子「道命の歌――道綱母と花山院の存在を通して」(『仁愛女子短期大学紀要』一七、一九八五年)、田中新一「道命阿闍梨の和歌資料についての考察」(『国語国文学報』四一、一九八四年)、柏木由夫「道命阿闍梨と恋歌――好色説話の周辺(上)」(『大妻国文』四七、二〇一六年)、同「道命阿闍梨と恋歌――好色説話の周辺(下)」(『人間生活文化研究』二六、二〇一六年)などが参考となる。
(34) 山本節「道命と和泉式部の説話――両者の交会と下品の神の出現をめぐって」(『国語と国文学』五七―三、一九八〇年)。
(35) 清水真澄『読経の世界　能読の誕生』(吉川弘文館、二〇〇一年)。
(36) 以下、『宇治拾遺物語』と『雑談集』の引用は『新日本古典文学大系四二　宇治拾遺物語　古本説話集』(岩波書店、一九九〇年)、『中世の文学　雑談集』(三弥井書店、一九七三年)による。また、道命と和泉式部の関係が事実であったかどうかは分からない。ただ『古今著聞集』や『宝物集』でも両者が関係を持っていたとされており、これが室町期の御伽草子にも取り上げられ、流布・発展していく。

(37) 山下正治「説話集の「道命」」(『立正大学国語国文』二九、一九九三年)では、この点から『古事談』『宇治拾遺物語』と『雑談集』の編纂姿勢の違いについて論じている。
(38) 正確には『首楞厳経』巻八「縦能宣説十二部経、十方天仙嫌其臭穢咸皆遠離」を指すものと思われる。
(39) 土屋有里子『『沙石集』の世界』(あるむ、二〇二二年)。以下、『沙石集』の引用は『新編日本古典文学全集五二 沙石集』(小学館、二〇〇一年)による。
(40) 本話は『今昔物語集』一三—四にも採録されている。
(41) 『今昔物語集』では、本話の主人公を橘敏行としているが、能書家としての評判に鑑みるなら、藤原敏行の誤りと考えるのが妥当かと思われる。また、本話は『宇治拾遺物語』一〇二話にも採録されている。以下、『今昔物語集』の引用は『新日本古典文学大系三五 今昔物語集三』(岩波書店、一九九三年)による。
(42) 横井清『中世民衆の生活文化』(東京大学出版会、一九七五年)、大山喬平「中世の身分制と国家」(『日本中世農村史の研究』岩波書店、一九七八年、初出一九七六年)、黒田日出男「こもる・つつむ・かくす——中世の身体感覚と秩序」(『日本の社会史 八 生活感覚と社会』岩波書店、一九八七年)など。
(43) 西口氏前掲書、平氏前掲八七年論文。
(44) 服藤早苗「性愛の不浄観とジェンダー」(服藤早苗・小嶋菜温子・増尾伸一郎・戸川点編『ケガレの文化史——物語・ジェンダー・儀礼』森話社、二〇〇五年)。
(45) 鍛代敏雄「石清水社に於ける「穢」の問題」(『國學院大學大學院文学研究科紀要』二一、一九九〇年)、山本幸司『増補版 穢と大祓』(解放出版社、二〇〇九年)。
(46) 上島享「〈中世仏教〉再考——二項対立論を超えて」(『日本仏教綜合研究』一〇、二〇一二年)。
(47) 平雅行「中世寺院の暴力とその正当化」(『九州史学』一四〇、二〇〇五年)。
(48) 景山春樹『比叡山寺 その構成と諸問題』(同朋舎、一九七八年)、武覚超『比叡山諸堂史の研究』(法藏館、二〇〇八年)。
(49) 福山敏男・久野健『薬師寺』(東京大学出版会、一九五八年)、宮上茂隆『薬師寺伽藍の研究』(草思社、二〇〇九年)。
(50) 「東寺観智院金剛蔵聖教」二五七箱文二号、黒田俊雄編『訳注日本史料 寺院法』(集英社、二〇一五年)。

付記 本稿はJSPS科研費22K13206及び23K25370による研究成果の一部である。

僧の妻の系譜、坊守の系譜

板敷真純

いたじき・ますみ――公益財団法人中村元東方研究所専任研究員。専門は親鸞の門流研究、僧の妻・坊守研究。主な論文に「真宗における妻の役割とその変遷――真宗史料に見る「坊守」の活動を中心に」（『東アジア仏教学術論集』九号、二〇二一年）、「真宗史料に見る妻の活動とその影響――特に十四世紀後半から十五世紀の「坊守」を中心に」（『東アジア仏教研究』二十号、二〇二二年）などがある。

本論は中世真宗史料を用いて真宗の女性たちの動向や宗教的活動について論究を行なった。最初に中世妻帯僧の妻について論じた先行研究を確認した。その後、恵信尼、了明尼、澄禅尼、妙専尼の動向から、彼女たちの活動や後世の評価について中世の僧の妻との比較検討を行なった。最後に『三河念仏相承日記』を用いて三河の僧夫婦の動向について検討し、道場主の妻の活動は、道場内部にまで及んでいたことを明らかにした。

はじめに

中世の僧の妻たちと「坊守」たち

中世真宗史料では、最初期のころから女性たちの姿が見られる。その中でも特に真宗の道場主の妻は、道場主とともに道場を守ることから「坊守《ぼうもり》」と言われた。もともと「坊守」という用語は、中世の一部の仏光寺門流で使用されていたもので、全国的な浸透はしていなかった。その活動は特に道場主没後に表れ、道場の保持、本尊の管理、後継者の指命の関与など多岐にわたった。また現在では親鸞《しんらん》（一一七三～一二六三）の妻の恵信尼《えしんに》（一一八二～？）は、「坊守」の手本と言われている。このような道場主の妻の活動は管見の限り真宗のみにしか見られないもので極めて珍しいものである。もともと中世には多くの妻帯僧がいたことはよく知られている。しかし従来、僧の妻帯に関する研究は、ほとんど行なわれてこなかった。この理由ついて小野澤真氏は次のように述べる。

写真1　茨城県西念寺所蔵「恵信尼坐像」

寺院における僧侶の妻帯については、先行研究は決して多くない。破戒に抵触するので、寺院・僧侶側が史料を進んで残す動機がない上に、現在も続くあからさまに戒律に抵触する行為を論じることに研究者にも抵抗があったためかもしれない。(1)

このように寺院・僧侶側や研究者側の双方に妻帯僧に対する躊躇・抵抗があった。この抵抗が妻帯僧研究の妨げになっていたとする。現在、僧の妻帯に関する研究については、徐々に行なわれつつある。しかしそれでも、僧の妻に関する研究は必ずしも明らかになっているとは言えない。本論では中世妻帯僧の妻たちに注目し、彼女たちの活動、役割、評価について確認する。その中でも特に親鸞の門流に見られる女性たちについて見ていきたい。これにより中世の女性たちの宗教的活動とその特質の一部を明らかにすることが出来ると考える。

一、中世の妻帯僧と寺辺の女性たち

中世においては多くの妻帯僧がいたことが知られている。このような中で親鸞は「非僧非俗」という立場を表明した。これは自らを僧でも俗でもないとする親鸞独自の主張である。「非僧」とは流罪により「僧尼令」にもとづく国家公認の僧侶ではなくなったことをいい、「非俗」とは、在家生活をしながら念仏で人々への教化を行うことをいう。また親鸞以前の時代にも名が知られた妻帯僧は多く確認出来る。例えば親鸞や一遍《いっぺん》が尊崇の念をいだいた加古の教信沙弥《きょうしんしゃみ》(?〜?)も、妻子がおり荷物を運搬する仕事に従事しながら念仏生活を送ったと伝えている。以下に先行研究から「妻帯僧の世間的認識」、「寺辺の女性たちの動向」、「僧の妻の相続権」の三点を確認していきたい。

(1) 妻帯僧の世間的認識

最初に「妻帯僧の世間的認識」を見ていきたい。妻帯する僧たちは世間ではどのように見られていたのだろうか。まず平雅行氏は延暦寺の澄憲、東大寺の尊覚、興福寺の雅縁などの妻帯僧について述べ、顕密仏教の世界では当時妻帯は日常的なことであり朝廷もその実態を追認していたことを指摘している。(2) さらに蓑輪顕量氏は当時の僧の妻帯について次のように主張する。

> 平安中期以降の朝廷世界においては源家や藤原氏、それも一部の家が有力となり、官職を独占するようになった。（中略）それに伴い他の貴族は政治の世界で活躍する場を得ることができなくなった。そして政治の世界に出世を期待できない貴族の優秀な師弟が寺院世界に入るようになった。（中略）寺門繁栄のために貴族出身の優秀な者が子胤を残すことも不自然ではないとの意味が僧侶世界の内部に生まれ、これが是認された。(3)

このように平氏や蓑輪氏は、妻帯に対する朝廷の追認や貴族出身の僧の受け入れによる僧侶世界の是認により、僧侶の妻帯が受け入れられていったと指摘している。

（2）寺辺の女性たちの動向と僧の妻の相続権

次に「寺辺の女性たちの動向」について、先行研究から確認していきたい。僧が勤める比叡山などの寺院の周辺には、僧侶の妻や母が多く居住していた。このような僧の家族を先行研究では「寺辺の尼」、「寺辺に住む女」などと呼ぶ。(4) 例えば西口順子氏は、中世の寺院組織は「僧の家」からなり「僧の家」集団が寺家を形成していたことを提言している。そして寺院の周辺には僧の家宅があり妻子がいて、僧は寺家に勤仕するというのが大多数の僧の実態ではなかったか、と述べる。(5) さらに勝浦令子氏は、女人禁制の山の麓や寺辺には僧の母を始めとする多くの女性が実際に生活しており、僧侶の法衣の洗濯も寺辺に住む女たちの仕事の一つであったとしている。(6)

また井原今朝男氏は綾小路町高倉の尼妙円や、錦小路祇園社の社僧顕舜の妻が金融業（質屋）を営んでいたことについて述べ、次のようにまとめている。

> 動産・不動産の財物をもち、商業や金融業を営む女商人が、免税特権であるタックスヘブンをもとめて出家して尼となり、延暦寺の山僧や祇園社の社僧を婿にしていたとみるほうが、歴史の実態をとらえているといえよう。(7)

当時、預かった質物を収蔵する倉庫のことを「土倉」と言った。京都綾小路町一帯は、土倉が建ち並ぶ業者の町であり、いずれも女性が経営者であったという。

最後に「僧の妻の相続権」を見ていきたい。永村眞氏は、当時の東大寺尊覚の遺産配分について、次のように指摘している。尊覚の遺産は、門弟たち、尊覚の子供、後妻の「後房

写真2　稲田草庵跡　西念寺

尼」とその子供の三者が争った。その結果、血縁であった後妻とその子供は、尊覚の先祖相伝の私領が配分されていたことを提示している(8)。このことは後妻たちが法脈に関与しないために尊覚の先祖代々の私領を相続したことを示唆している。

以上のように先行研究では、当時の朝廷が僧侶の妻帯を追認し妻帯が是認されていたことが指摘されている。また大寺院の周辺には僧の家宅があり、そこには僧と家族がともに居住していた。さらに女人禁制の山の麓周辺には、僧の家族である女性たちが暮らしていた。このような寺辺の女性たちは僧衣の洗濯などを行ない、僧の生活や修行を支えていたことが分かる。さらに特別な例とはなるが、当時の女商人が免税特権を求めて尼になり僧を婿にする事例もあったことが分かる。

二、親鸞とその弟子たち

筆者は現在まで中世真宗の坊守の活動とその役割について論究を行なってきた(9)。その結果、中世では多くの坊守たちの活動が見られることが分かった。本論ではその中でも特に活動が見られ、後世の評価が残る恵信尼、仏光寺了明尼《りょうみょうに》、錦織寺澄禅尼《しょうぜんに》、堅田妙専尼《みょうせんに》の四人の坊守について見ていきたい。

(1) 親鸞とその弟子

まず親鸞とその門流の形成について確認したい。親鸞は建保二年（一二一四）ごろに関東におもむき常陸国稲田（現茨城県笠間市）を中心に約二十年間滞在したと考えられている。この時期に各地で教化を行ったことで親鸞の直弟が誕生した。帰京後の親鸞は主に消息を用いて門弟たちに教化を行った。親鸞の帰京後、関東の門弟は親鸞との消息のやりとりだけでなく、直接京都の親鸞の所まで参集する者もいた。その後親鸞は弘長二年（一二六三）に九十歳で没する。この親鸞の葬送を取り仕切ったのも高田顕智《けんち》率いる関東の門弟たちであった。親鸞入滅から十年後の文永九年（一二七二）に墓所である「大谷廟堂」が東国門徒の尽力によって建立された。

（2）門徒集団の誕生

親鸞が関東に滞在していた時代には、親鸞を中心としてその周辺に多くの門弟が活動していた。このため親鸞の直弟は、親鸞が滞在した笠間を中心として常陸、下総、下野に多く点在していた。その後、親鸞の弟子たちは地域の信徒とともに門徒集団を形成する。門徒集団は横曽根門徒、高田門徒、鹿島門徒など多数あり、その地名をとって○○門徒と言われた。親鸞の孫弟子やそれ以降の代になると門徒集団は次第に全国に展開する。本論で論じる仏光寺了源《りょうげん》、錦織寺慈空《じくう》、高田和田門徒なども、もとをたどれば関東のそれぞれの門徒集団の法脈を継承している。次に坊守たちの活動について見ていきたい。

三、躍動する真宗の妻たち
――「坊守」の活動とその役割

（1）恵信尼――親鸞の妻、坊守の嚆矢

まず最初に親鸞の妻である恵信尼（一一八二〜?）について見ていきたい。親鸞と恵信尼は、京都で結婚したと考えられている。その後、親鸞流罪、関東移住に同行し、常陸国稲田（現茨城県笠間市）を中心に約二十年間関東に滞在した。現在の茨城県茨城町には、恵信尼の父、三善為教が家老として仕えた九条家の荘園（常陸国小鶴荘）があったとされている。[10]

このように関東滞在中に、恵信尼は実家と連絡を取りながら親鸞を援助したと考えられている。恵信尼について特に注目すべきは、晩年の恵信尼が記した『恵信尼消息《えしんにしょうそく》』である。本書はその内容から、恵信尼が他力思想が重要であることを理解している様子や、娘や下人も念仏の同朋と見ていることが知られる。

さらに本書の後半には、越後の恵信尼が自身の五輪塔を建立する記事が確認出来る。これらのことは恵信尼が親鸞の他力思想の重要性を理解しながら、親鸞とは異なる当時の慣習としての五輪塔建立を行っていたことが知られる。つまりこのことは恵信尼が自身の主体的な信仰をもっていたことを示唆している。

ただ少なくとも『恵信尼消息』による限り、恵信尼が真宗の教団や道場の運営に関わったとする記述は一切認めることができない。また今井雅晴氏は、恵信尼の活動について「恵信尼が京都で坊守をしていた気配はない」としている。[11] 恵信

尼を「坊守」の嚆矢とするのは、後世からの要請によるものと考えられる。

(2) 仏光寺了明尼——了源・了明尼門流の先師

次に仏光寺了明尼(一二九四～一三七六)について見ていきたい。仏光寺了明尼とは、阿佐布門流の法脈を受けた仏光寺了源(一二八四～一三三五)の妻にあたる。了源は本願寺覚如《かくにょ》の子息存覚《ぞんかく》から指導を受け、仏光寺教団を巨大なものに成長させた。

この巨大な仏光寺教団を支えたのが了源の妻の了明尼である。了明尼は了源が建武二年(一三三五)に没したあと、病弱であった息子の源鸞《げんらん》(一三一九～一三四七)を補佐した。その後、源鸞の弟の唯了《ゆいりょう》(一三三二～一四〇〇)に仏光寺の運営を譲ったとしている。

当時の仏光寺門流が教化の際に用いたのが「絵系図」と「光明本尊」である。最初に「絵系図」と「光明本尊」の二点の史料から了明尼に対する認識を確認していきたい。まず「絵系図」は僧夫婦から僧夫婦へその法脈が継承されていたことを絵によって表わしたものである。そして現存する「絵系図」のうち、その多くは了源・了明尼夫妻が描かれたものである。現在「絵系図」は、真宗の道場主夫妻が共同で念仏勧化に携わったことを示す史料と見做されている。次に「光明本尊」とは名号から放たれる光明の中に釈迦・弥陀二尊が描かれたものである。初期真宗ではこの「光明本尊」を礼拝の対象としても用いられた。注目すべきは、一部の「光明本尊」は、了源・了明尼夫婦を描いて法脈継承を示していることである。このことから真宗では坊守が法脈を相承していたと認識されていたことが確認出来る。

さらに「仏光寺六坊」の一つである長性院の性宗が記した『長性院性宗覚書《ちょうしょういんしょうしゅうおぼえがき》』には、了明尼の回忌法要についての記述が見られる。本書は文明十二年(一四八〇)に記されたもので、この年は了明尼死後、一〇〇年以上後のことである。この了明尼の回忌法要は、一月二十三日に行なわれたもので、仏光寺末の参拝があったことを記している。さらに二十一日には芋料理三品と汁物二品の御斎があったとする。当時、仏事の際の御斎の習慣は蓮如《れんにょ》の時代の本願寺にも見られるものであった。本願寺では、この御斎は親鸞忌や蓮如忌など、宗祖親鸞と代々の宗主の法事の時に行なわれていた。[12] 本願寺で歴代宗主の回忌法要の際に斎が振る舞われたように、回忌法要で斎が行なわれた了明尼は、当時仏光寺門流で歴代宗主と等しい人物として認識されていたと考えられる。

(3) 錦織寺澄禅尼——後継者の指命の関与と寺院本尊の護持

次に錦織寺澄禅尼(?～?)について見ていきたい。錦織寺澄禅尼は横曽根門流と伝わる慈空（?～一三五一）の妻にあたる。存覚（一二九〇～一三七三）の口述を息子の綱厳が筆記した『存覚上人一期記《ぞんかくしょうにんいちごき》』、名号本尊や讃文などを記した『存覚上人袖日記《ぞんかくしょうにんそでにっき》』には、澄禅尼について数点の記述が見られる。以下にその二点を見ていきたい。

まず一点目は、『存覚上人袖日記』の観応二年（一三六三）の記事である。この年の七月七日に近江錦織寺の住持慈空が

写真3　滋賀県正嚴寺所蔵「光明本尊」拡大
「釋了明」の名前が見られる

入滅したため、存覚は錦織寺に下向した。これによれば、慈空の妻の澄禅尼と慈空の兄の愚咄《ぐとつ》から、慈空の遺言を果たすために錦織寺継職の掛け合いがあった。存覚《ぞんかく》は自身が高齢であることを理由に息子の綱厳に相続させることにしたと記している。

二点目に『存覚上人袖日記』「木部本尊裏書云」の記事である。ここでは澄禅尼の没後、錦織寺の本尊は兼ねての「約諾」と「遺言」によって存覚《ぞんかく》の子息である慈観に「譲付」され「相伝」したとする。この記事の後半部分には、慈観が本尊を相伝し開眼供養を行ったことを記している。

以上の二点に見られるように、澄禅尼は寺院の後継者の指名に深く関与しており、自身が没するまでの間、錦織寺の運営と本尊の管理を行っていたことが確認出来る。

（4）堅田妙専尼――後継者への激励と善知識という評価

最後に堅田妙専尼（?～一四一六）について確認を行う。寛正六年（一四六五）に大谷本願寺が破却された「寛正の法難」が起きた。この時、居住を失った蓮如が頼った門徒の一人が本福寺法住《ほうじゅう》（一三九六?～一四九七）であった。法住は現在の滋賀県大津市堅田の本福寺を中心に堅田門徒を組織し蓮如期の本願寺を支えた人物であった。この法住の母にあたる人物が妙専尼である。本福寺や法住について詳細に記した

『本福寺由来記《ほんぷくじゆらいき》』には、この妙専尼についての記事が数点見られる。以下にその二点を見ていきたい。

まず一点目は『本福寺由来記』「当寺仏法再興之事」の記事である。最初に法住が見た夢の内容について記している。その夢では僧侶二人が法住の私宅に入り掃き清めた。このことを法住の母である妙専尼に告げた所、妙専尼は夢の二人の僧は親鸞と法然であろう、本願寺参りを行うべきだ、と夢解きを行った。そして心して仏法に精を出すべきだ、と熱心に言い聞かせられたとしている。

二点目に『本福寺由来記』「妙専尼懐妊夢相事」では、妙専尼が法住を妊娠した時に見た夢について記している。そこでは僧侶から袈裟を渡され、妙専尼の自宅に入っていき「このことを尋常のことと思ってはならない」と言われる夢を見た。そしてほどなくして法住を妊娠したと記している。妙専尼は法住に対し十分に心を込めて仏法に力を入れよ、と再三教化に関与している様子が見られる。

このように『本福寺由来記』の二つの記事には、妙専尼は法住の本寺参詣、仏法教化に関与していたことが記されている。つまり法住にとって母妙専尼は真宗の教えに導く善知識に等しい人物であったと考えられる。

四、真宗の女性たちと宗教的活動

(1) 指導者として活躍する中世真宗の女性

真宗では坊守ではないが、中世で活躍する女性の姿が多々見られる。以下にその一部を見ていきたい。まず『親鸞聖人門侶交名牒《しんらんしょうにんもんりょこうみょうちょう》』「妙源寺本」に尼法仏《あまほうぶつ》(?~?)という人物が見られる。この『親鸞聖人門侶交名牒』は、親鸞の直弟や弟子の法脈を記したものである。本書には、尼法仏が親鸞の直弟子として下野上野で活動したことが記されている(真聖全六、八六九頁)。また尼法仏には誓願、唯圓、定信という三人の男性の弟子がいたことが分かっている。

次に横曽根証智尼《しょうちに》(?~?)は、横曽根門徒の指導者性信《しょうしん》の娘であり、性信の後を継いで横曽根門徒の二代目指導者となった。「円福寺阿弥陀如来三尊像(像内柄入銘札・裏)」には、証智尼の死後、弟子たちは同身長の阿弥陀如来像を作製し証智尼を阿弥陀如来と等しい存在としている。このように証智尼は女性が善知識として見なされた貴重な事例である。

以上のように、真宗史料に見られる坊守以外にも、親鸞の直弟子の女性や阿弥陀如来と等しい存在と見なされた女性がいた。このことは、真宗では僧の妻や「坊守」という枠にとらわれることなく、様々な女性たちの主体的な活動があったと考えられる。

ことが分かる。

(2)寺辺の女性から道場の女性へ

以上のように、恵信尼、了明尼など多数の坊守たちの活動を確認してきた。以下にまとめていきたい。前述したように中世前期には、僧衣の洗濯などを行ない僧を助ける寺辺の女性たちがいた。このような中で、西口氏は寺辺で生活した女性たちである僧侶の妻や母は、寺務や宗教活動と直接関わり合うことは出来ずその生活は寺の「外」にあったと主張している。[13]

一方、真宗の坊守たちは中世前期に見られる寺辺の女性たちとは異なり、僧とともに道場の運営を行ない僧の死後はその道場運営を代行した。言わば道場「内」の活動が特に見られる。さらに中世の僧の妻は、法脈に関与しないために僧の私領を相続したことは前述したが、このことは道場の法脈をも継承していた真宗の坊守と明らかに異なることである。このような坊守の活動に、寺辺の女性に見られない寺務や道場の代行、法脈継承を確認することが出来る。つまり坊守とは寺辺の女性の延長線上にあたるものと考えられる。

五、『三河念仏相承日記』の僧夫婦

(1)『三河念仏相承日記《みかわねんぶつそうじょうにっき》』に見る本寺参りと御影の安置

最後に『三河念仏相承日記』(以下『日記』に省略)から、真宗の僧夫婦がどのように描写されているのか論究を行ないたい。まず『日記』とは、三河地方における初期真宗の門弟たちの動向を記したものである。そしてその由来は高田真仏《しんぶつ》、顕智たちが三河の薬師寺で念仏勧進を行ったことがその始まりとする。史料の始めに「合」の字が見えることから、貞治三年(一三六四)時点で既に成立していた三河の初期真宗の複数の伝承を、その後に編纂してまとめた史料と言える。[14]

先行研究では、早い段階で本書が人名などに改変が窺われることが指摘されてきた。[15] このため、その内容を疑問視する主張や時代が下った戦国期の成立とする主張もある。[16] またその反対に改変があってもなお、その史料的価値を認めようとする姿勢もあり、[17] 本書の史料的価値については、現在まで多くの議論が行なわれてきた。そのような中で平成十九年(二〇〇七)以降に平松令三氏、安藤章仁氏により室町時代初期に遡るとされる愛知県東専寺本が紹介された。[18] この東専寺本は、もともと議論されてきた上宮寺本よりも原形に近いと思われることから、東専寺本の発見以降その史料的価値が非常に高まった。まず最初に『日記』の中間部分を見ていきたい。

【原文】

そのほか御居住《ごきょぢゅ》のあいだに、念佛《ねんぶち》に入《い》る人数名帳事《にんじゅみやうちやうのこと》。

監帳次郎《けんちやうじらう》 二人　三郎大夫《らふだゆふ》 二人　庄司太郎《しやうじたらふ》 二人　田俣四《たはた》

写真4　栃木県真岡市　高田専修寺御影堂

郎二人　渡次郎《わたりじらふ》二人　検校太郎《けんげふたらふ》二人　實成坊《じちじやうばう》二人
彌王次郎《いやわうじらふ》二人　權次郎《ごんじらふ》二人　光信坊《くわうしんばう》二人　善性坊《ぜんしやうばう》一
人　入願坊《にふぐわんばう》一人　光圓坊《くわうえんばう》二人　藤《とう》四郎二人　彌《いや》五郎
一人　四郎一人　彌藤次《いやとうじ》　一人女性は彌勒御前《みろくごぜん》
鶴宮御前《つるみやごぜん》　乙王御前《をとわうごぜん》　一人　みなゆふくんなり[19]

【現代語訳】

その他に（顯智聖が）お住まいになられている間に念仏の教えに帰依した人々の人数と名簿の事（を以下に記す）。

監帳次郎二人　三郎大夫二人　庄司太郎二人　田俟四郎二人　渡次郎二人　検校太郎二人　實成坊二人　彌王次郎二人　權次郎二人　光信坊二人　善性坊一人　入願坊一人　光圓坊二人　藤四郎二人　彌五郎一人　彌四郎一人　彌藤次一人　女性は彌勒御前　鶴宮御前　乙王御前　一人　全員遊女である。

ここでは最初期に帰依した權守の嫡子である信願坊夫婦を含めて、顯智に帰依した三十五人の人名が記されている。注目すべきは、最初の監帳次郎ほか、十二人の名前の後ろに「二人」の文字が見えることである。先行研究では、この「二人」の記述は夫と妻の「二人」を意味し、夫婦で念仏の教えに帰依したことを示すものと言われてきた[20]。

また『日記』には實成坊、光信坊などの法名を持つ門弟にも妻がいたこと、三人の遊女に教化を行なったことが記されている。続けて『日記』中の高田の本寺参りの記事を見ていきたい。

【原文】

また三河《みかは》より高田《たかだ》へまいるひとびとの事。
東殿《ひがしどの》の御前御年《ごぜんをんとし》十歳《さい》、御とき故聖《こひじり》の息女《そくぢよ》也・性善坊《しやうぜんばう》
和田《わだ》の教圓坊《けうえんばう》の兄《あに》也・樂智《げうち》、これに高田にとゞまて死去《しきよ》

その門流田舎《もんりうでんしゃ》にあり。十三御歳《のをんとし》、慶願《きやうぐわん》桑子《くわこ》の坊主《ぼうず》・了念《れうねん》二人ともに出家《しゆつけ》法名《ほうみやう》顕智《けんち》たまわる、すんはち顕智聖《けんちひじり》のおんともして、たかだにまいる。佐塚《さづか》の専性《せんしやう》いまえちぜんおほの、せんぞ也、同十七の御とし、道空《だうくう》坊夫婦ともにまいる。(21)

【現代語訳】

また三河から高田へ参った人々の事。

東殿の御前、御年十歳の時（古聖の娘である）、性善坊（和田の教圓坊の兄である）楽智（高田に留まって死去、その門流は地方にある）。同じく十三歳の時、慶願（桑子の坊主）、了念（二人ともに出家・法名は顕智聖よりたまわった）、顕智聖のお供として高田に参った。佐塚の専性（今越前大野の先祖である）。同じく十七歳の時、道空坊の夫妻がともに（高田に）参った。

ここでの高田とは、現在の栃木県真岡市を所在とする高田専修寺を示している。この専修寺は現在の真宗高田派本寺であり、当時の親鸞の直弟子であった高田真仏、顕智の活動の中心地であった。また南北朝期以降、この高田には少なくとも如来堂が建てられていたことが分かっている。ここでは「古聖の息女」と伝わる東殿の御前とともに三河から高田専修寺へ参る行事、いわゆる本寺参りがあったという。一回目は東殿の御前が十歳の時のことで、この時は性善房と楽智が同行したという。二回目は十三歳の時で、この時は慶願、了念、佐塚の専性が同行した。最後の三回目は十七歳の時で、道空坊夫婦二人が高田に参拝したという。この点について平松氏は、この『日記』の記事を指して高田専修寺の本寺化が進行していたことを表わしていると推察している。(22) 最後に『日記』の末尾の部分を見ていきたい。

【原文】

いま三河の念佛《ねんぶち》弘通《ぐづ》のみなもとをしるすことは、高田《たかだ》の顕智《けんち》ひじりのおんものがたり、ならびにあかそぶの信願《しんぐわん》ひじりのいにしへのおんものがたりにつきて、たいがいばかりをしるすところなり。こゝろあらん人、このをむきをもて存知《ぞんぢ》あるべきもの也。このほか、和田《わだ》の信寂《しんじやく》ひじり、いにしへをしたひ、夫婦《ふうふ》ともにたかだへおんまいりの事れきぜん也。あま性空《しやうくう》のおんばう、念佛《ねんぶち》そうでんによりて、顕智《けんち》ひじりのみえいあんちの事れきぜんなり。しかれば、寂静《じやくじやう》のおんばうにいたるまで、子細ありし事どもなり。(23)

【現代語訳】

今の三河の念仏が弘まった起源を記すことは、高田顕智聖の御物語、並びに赤渋の信願聖の遠い昔の御物語について概略を述べたに過ぎない。道理を知る人は、この内容を当然心得なければならないものだ。この他、和田の信寂聖、昔を慕い夫婦ともに高田へお参りした事は歴然とした事実である。尼性空房、念仏相伝によって顕智聖の御影安置の事も歴然とした事実である。そうであるから寂静房（の代）に至るまで（三河念仏起源の）事の由緒があるのである。

ここでは和田門徒の信寂と尼性空夫婦の動向について記している。まず信寂と尼性空夫婦は、いにしえのならわしに従って高田専修寺に参拝したことを記している。この時期になると、高田への参拝は「古の習わし」となっていた。そして尼性空は、念仏相伝を示すため法脈相承の先師の御影を道場に安置したという。

ここで注目すべきは、道場主の妻が道場主とともに高田へ本寺参りを行ない、自分たちの道場に先師の御影を安置していることである。このような坊守の先師御影の安置は、初期真宗史料の中でも初めて見られるもので、特に注目に値するものである。

小山正文氏は『日記』の門弟の法脈に注目し、実際に三河勧化を行なったのは専信であったが、高田と言えば顕智を想起することを考慮して顕智と専信をあえて書き換えたとする。[24]このことは尼性空が道場に安置した先師の御影は、顕智像ではなく、専信像や他の先師像であった可能性がある。ただいずれにしても『日記』の執筆者や編集者は、僧と妻が三河から高田へ本寺参りに行くことや、道場主の妻が先師の御影を安置することに全く問題がなかったと考えていたことが推測される。

（2）後家尼と坊守の活動

以上のように、中世の坊守たちの活動を見てきた。このような坊守の活動は、当時一般的であった「後家尼」と行動が重複するものである。「後家尼」は夫の没後に遺産相続や家の管理などを行っており、後家尼の権利の効果は絶対的なものであったとしている。先行研究では「後家尼」の権利は家全体の家具や下人の管理まで及んでいたと考えられている。[25]このため筆者は、道場の共同経営者でありかつ道場に居住する坊守の「家内支配権」は、道場や道場の仏具にまで及んでいた可能性があることを指摘した。[26]今回の尼性空の事例も、坊守が先師の御影の安置を行い管理を行なっている。尼性空の例は、坊守の「家内支配権」が道場や道場の仏具に及んでいるという論究の補強を行うことが出来たと考えられる。そしてこれらのことは、道場の内陣にまで坊守の荘厳権が及んでいたことを示すものであり、坊守が道場内で特に重要な役割をも担っていたことを示唆するものと考えられる。

おわりに

（1）中世後期の後家尼に見る「坊守」研究

このような坊守と活動の重複が見られる後家尼は、その後どのように史料に表われるのだろうか。以下に見ていきたい。先行研究では財産分与の式目制定などにより鎌倉末期以降「後家尼」の地位は次第に低下していったと考えられてきた。[27]

ただ先行研究では、少なくとも十五世紀から十六世紀に至るまでの中世後期には、未だ後家尼の姿が見られる。たとえば黒田基樹氏は、朱印状や公文書への論究から、夫の死後また当主・家長の不在である場合に、中世後期の「家」妻が当主に代って家長権を代行したとする。そしてこのような女性たちを「おんな家長」と定義している。[28] さらに小島道裕氏は『洛中洛外図屏風』などに描かれる後家尼について述べ、後家尼は一族の中で尊重され重きをおかれる存在であったとし、後家尼になった場合は、その家父長権を受け継いで家内で強い権限を持ったと推察している。[29]

現在の先行研究では、中世後期以降の「坊守」の実態についてはほとんど明らかにされていない。しかし中世後期にも「後家尼」の姿を確認することが出来た。中世後期の「坊守」の詳細については今後さらに検討していきたい。

（2）真宗における僧の「イエ」の継承

最後に中世日本の「イエ」の誕生から僧と妻について考察したい。日本中世の「イエ」の誕生について、飯沼賢司氏は次のように述べている。

請負システムを前提にしているイエの継承はその家長の意思に任され、家長は、リプロダクションや扶養を根拠とする親権によって経営の継続を実現しようとした。しかし、死亡後の親権の行使は現実にはできない。そこで、共同経営者としての妻、すなわち後家尼に経営権を委譲することが多かった。後家は、共同経営者としての家長代行権、母や養母としての親権を行使し、家族共同体を統率し、次期の家長予定者の器量を図り、最終的に次期家長を決定した。[30]

ここでの「請負」とは、その家の職が生産する生産物や借金などの負責を引き受ける、ということである。この負責追求が家長だけでなく、家長没後の妻や家族に求められた結果、「職」を子孫に継承するというイエが生まれたとする。このような飯沼氏の主張は、中世前期の「家」の形成を述べたものであるが、中世真宗の一部の僧家族にも当てはまるものと考えられる。

道場の代表である僧は道場の継続に努めた。そして夫とともに道場を保持していた坊守は、夫の死後後家尼の役割を担い家の職を保持した。この時坊守は、継承予定者を見極め道場後継者の決定に関与した。錦織寺澄禅尼、堅田妙専尼の例に見られるように、坊守の活動に後継者への指命関与や仏法教化への関与が多く認められるのも、妻が主体的に「家」の継承に努めた証左であると考えられる。

ここから親鸞と恵信尼の場合を考えてみたい。親鸞・恵信尼夫婦が長年住んだ稲田草庵という土地で親鸞家族の道場が継承されなかったのは、何故だったのだろうか。このことは、まず親鸞在世時、真宗ではまだ坊守という役割が定着していなかったこと、親鸞・恵信尼夫婦が、京都・新潟へ移動したこと、稲田という土地の権利の問題などの複数の理由が考えられる。

(3) 坊守研究の課題と展望

本論では、妻帯僧の妻から坊守の出現に至るまで、中世の女性たちの活動の一部を明らかにすることが出来た。またその中で日本の「家」制度の発展や真宗の女性たちの宗教的活動が関係していたことが分かった。しかし明らかになっていないことは未だ多くある。たとえば他宗他派の坊守（真宗以外の活動する妻の存在）や女性住持の活動などは、先行研究で存在が推測されているものの[31]、その史料や実態は明らかになっていない。特に平時の坊守については、早急に明らかにする必要がある。これらのことは今後の課題としたい。

注

(1) 小野澤真「【研究ノート】僧侶妻帯・世襲考――時宗寺院文化財調査概報（その二）をかねて」（『寺社と民衆』十号、二〇一四年）七一頁を参照。

(2) 平雅行『親鸞とその時代』（法藏館、二〇〇一年）九二―一〇〇頁を参照。

(3) 蓑輪顕量「仏教と妻帯」『世界のなかの日本宗教（日本宗教史二）』（吉川弘文館、二〇二一年）二三九―二四〇頁を参照。

(4) 西口順子『女の力 古代の女性と仏教（平凡社選書百十）』（平凡社、一九八七年）一五六頁、勝浦令子『女の信心　妻が出家した時代』（平凡社、一九九五年）一九一頁を参照。

(5) 前掲西口『女の力 古代の女性と仏教』一九九頁を参照。

(6) 勝浦令子『女の信心　妻が出家した時代』二〇〇頁を参照。

(7) 井原今朝男『史実中世仏教 第二巻　葬送物忌と寺院金融・神仏抗争の実像』（興山舎、一九九三年）一二八―一三一頁を参照。

(8) 永村眞『中世東大寺の組織と経営』（塙書房、一九八九年）一八六―一九一頁。

(9) 拙稿「真宗における妻の役割とその変遷――真宗史料に見る「坊守」の活動を中心に」（『東アジア仏教学術論集』九号、二〇二一年）一九三―二二八頁、拙稿「真宗史料に見る妻の活動とその影響――特に十四世紀後半から十五世紀の「坊守」を中心に」（『東アジア仏教研究』二十号、二〇二二年）二〇五―

二二六頁。

(10) 今井雅晴『茨城と親鸞』（茨城新聞社、二〇〇八年）三七—三八頁を参照。

(11) 今井雅晴『親鸞と浄土真宗』（吉川弘文館、二〇〇三年）六九頁を参照。

(12) 早島有毅「戦国期本願寺における「頭」考——勤仕の性格と問題情況」（『真宗研究』二十六号、一九八二年）一六四—一七七頁を参照。

(13) 前掲西口『女の力 古代の女性と仏教』二〇六頁を参照。

(14) 福間光超「「三河念仏相承日記」の成立について」（『印度學佛教學研究』八巻一号、一九六〇年）一六六—一六七頁を参照。

(15) 小山正文「三河念仏相承日記の一考察」（『日本歴史』三九一号、一九八〇年）四八—五〇頁を参照。

(16) 早島有毅「解説」『大系真宗史料 初期教団』（法藏館、二〇二〇年）二八〇頁、舂古真哉「『三河念仏相承日記』の史料論的検討」（『同朋大学佛教文化研究所紀要』二十五号、二〇〇五年）四〇頁を参照。

(17) 前掲小山「三河念仏相承日記の一考察」四八—五〇頁を参照。

(18) 平松令三「新発見の古写本『三河念仏相承日記』」（『教學院紀要』十五号、二〇〇七年）一六五—一六八頁、安藤章仁「新発見の古写本『三河念仏相承日記』について」（『眞宗研究』五十二号、二〇〇八年）一七三—一九二頁を参照。

(19) 浄聖典六、八七五—八七六頁。

(20) 前掲安藤「新発見の古写本『三河念仏相承日記』について」一七九頁を参照。

(21) 浄聖典六、八七六頁。

(22) 平松令三『親鸞の生涯と思想』（吉川弘文館、二〇〇五年）一六一頁を参照。

(23) 浄聖典六、八七六—八七七頁。

(24) 前掲小山「三河念仏相承日記の一考察」四八—五〇頁を参照。

(25) 飯沼賢司「中世前期の女性の生涯——人生の諸段階の検討を通じて」『日本女性史 第二巻（中世）』（東京大学出版会、一九八二年）四六—五三頁。

(26) 前掲拙稿「真宗史料に見る妻の活動とその影響——特に十四世紀後半から十五世紀の「坊守」を中心に」二二一—二二二頁。

(27) 五味文彦「女性所領と家」『日本女性史 第二巻（中世）』（東京大学出版会、一九八二年）四四—四七頁。

(28) 黒田基樹『戦国「おんな家長」の群像』（笠間書院、二〇二一年）一〇—一一頁を参照。

(29) 小島道裕「解説」国立歴史民俗歴史館編『企画展示：性差（ジェンダー）の日本史』（歴史民俗博物館振興会、二〇二〇年）一二〇頁を参照。

(30) 飯沼賢司「イエの成立と親族」歴史学研究会日本史研究会編『日本史講座』巻三（東京大学出版会、二〇〇四年）二八四頁を参照。

(31) 吉田一彦「書評 遠藤一著『中世日本の仏教とジェンダー―真宗教団・肉食夫帯の坊守史論―』」（『仏教史学研究』五一巻一号、二〇〇八年）三六頁、菅原征子『近世の女性と仏教』（吉川弘文館、二〇一九年）一七七頁を参照。

執筆者一覧（掲載順）

大谷由香	村上明也	岸田悠里
サッチャーナンディー		小野嶋祥雄
野呂　靖	河上麻由子	大島幸代
前島信也	南　宏信	坪井　剛
板敷真純		

【アジア遊学 300】

性《せい》なる仏教《ぶっきょう》

2025年1月30日　初版発行

編　者　大谷由香
発行者　吉田祐輔
発行所　株式会社勉誠社
〒101-0061　東京都千代田区神田三崎町 2-18-4
TEL：(03)5215-9021(代)　FAX：(03)5215-9025
〈出版詳細情報〉https://bensei.jp/

印刷・製本　㈱太平印刷社

ISBN978-4-585-32546-8　C1315

南部一族にとっての再仕置　滝尻侑貴
【コラム】仕置後の城破却—八戸根城の事例から　船場昌子
「九戸一揆」再考　熊谷隆次
第Ⅲ部　出羽の再仕置
上杉景勝と出羽の仕置　阿部哲人
南出羽の仕置前夜—出羽国の領主層と豊臣政権　菅原義勝
奥羽仕置と色部氏伝来文書　前嶋敏
【コラム】上杉景勝書状—展示はつらいよ　大喜直彦
付録　奥羽再仕置関連年表

293 彷徨する宗教性と国民諸文化
—近代化する日独社会における神話・宗教の諸相

前田良三　編

はじめに　「彷徨する宗教性」と日独の近代　前田良三
第一部　近代日本—神話・宗教と国民文化
解題　前田良三
日本国家のための儒学的建国神話—呉泰伯説話　ダーヴィッド・ヴァイス（翻訳：前田良三）
神道とは宗教なのか？—「Ostasien-Mission（東アジアミッション）」（OAM）の報告における国家神道　クラウス・アントーニ
国民の人格としての生きる過去—昭和初期フェルキッシュ・ナショナリズムにおける『神皇正統記』とヘルマン・ボーネルによる『第三帝国』との比較　ミヒャエル・ヴァフトゥカ（翻訳：馬場大介）
戦間期における宗教的保守主義と国家主義—ルドルフ・オットーと鈴木大拙の事例を手掛かりに　チェ・ジョンファ（翻訳：小平健太）
ゲーテを日本人にする—ドイツ文学者木村謹治のゲーテ研究と宗教性　前田良三
第二部　近代ドイツ—民族主義宗教運動と教会
解題　前田良三
ナザレ派という芸術運動—十九世紀における芸術および社会の刷新理念としての「心、魂、感覚」　カーリン・モーザー＝フォン＝フィルゼック（翻訳：齋藤萌）
「悪魔憑き」か「精神疾患」か？—一九〇〇年前後の心的生活をめぐるプロテスタントの牧会と精神病学との論争　ビルギット・ヴァイエル（翻訳：二藤拓人）
近代ドイツにおける宗教知の生産と普及—ドイツ民族主義宗教運動における「ナザレのイエス」表象を巡って　久保田浩
自然と救済をめぐる闘争—クルト・レーゼとドイツ民族主義宗教運動　深澤英隆
フェルキッシュ・ルーン学の生成と展開—アリオゾフィー、グイド・リスト、『ルーンの秘密』　小澤実
ヴィリバルト・ヘンチェルと民族主義的宗教（völkische Religion）　齋藤正樹
あとがき　前田良三

292 中国学の近代的展開と日中交渉

陶徳民・吾妻重二・永田知之　編

序説　陶徳民・吾妻重二
第Ⅰ部　近代における章学誠研究熱の形成とそのインパクト
十九世紀中国の知識人が見た章学誠とその言説—史論家・思想家への道　永田知之
「欧西と神理相似たる」東洋の学問方法論の発見を求めて—内藤湖南における章氏顕彰と富永顕彰の並行性について　陶徳民
戴震と章学誠と胡適—乾嘉への接続と学術史の文脈　竹元規人
「章学誠の転換」と現代中国の史学の実践—胡適を中心に（節訳）　潘光哲（邱吉、竹元規人編訳）
余嘉錫の章学誠理解—継承と批判　古勝隆一
内藤湖南・梁啓超の設身処地と章学誠の文徳について　高木智見
【コラム】『章氏遺書』と章実斎年譜につい

295 蘇州版画―東アジア印刷芸術の革新と東西交流

青木隆幸・板倉聖哲・小林宏光　編

294 秀吉の天下統一―奥羽再仕置

江田郁夫　編

辺
ふたつの鼓動—『沙石集』と『私聚百因縁集』をつなぐもの　加美甲多
『雑談集』巻五にみえる呪願　高橋悠介
梶原伝承と尾張万歳　土屋有里子
無住と南宋代成立典籍・補遺　小林直樹
無住の和歌陀羅尼観—『沙石集』諸本から変遷をたどる　平野多恵
無住と『法華経』、法華経読誦　柴佳世乃

297 廃墟の文化史

木下華子・山本聡美・渡邊裕美子　編

カラー口絵
巻頭言　わたしたちの廃墟論へ　渡邊裕美子
第1部　廃墟論の射程
「廃墟」の創造性—歌枕・紀行文・『方丈記』　木下華子
『うつほ物語』における廃墟的な場—三条京極の俊蔭邸と蔵の意義　陣野英則
廃墟に花を咲かせる—『忍夜恋曲者』の方法　矢内賢二
西洋美術史における廃墟表象—人はなぜ廃墟に惹きつけられるのか？　平泉千枝
［コラム］前近代中国における廃墟イメージ—読碑図・看碑図・訪碑図など　板倉聖哲
言葉としての「廃墟」—戦後文学の時空　藤田佑
第2部　廃墟の時空
廃墟と霊場—闇から現れるものたち　佐藤弘夫
廃墟と詠歌—遍照寺をめぐって　渡邊裕美子
夢幻能と廃墟の表象—世阿弥作《融》における河原院描写に注目して　山中玲子
［コラム］生きた廃墟としての朽木—風景・記憶・木の精　ハルオ・シラネ（翻訳：衣笠正晃）
廃墟に棲まう女たち—朽ちてゆく建築と身体　山本聡美
廃墟になじめない旅人—永井荷風『祭の夜がたり』　多田蔵人
［コラム］韓国文学における廃墟　嚴仁卿
［コラム］西洋美術史から見た日本における廃墟とやつれの美　佐藤直樹
第3部　廃墟を生きる
［コラム］荒れたる都　三浦祐之
承久の乱後の京都と『承久三、四年日次記』　長村祥知
廃墟の中の即位礼—中世の即位図からみえるもの　久水俊和
五山文学における廃墟の表象　堀川貴司
戦争画家たち—それぞれの「敗戦」　河田明久
廃墟としての金沢文庫—特別展『廃墟とイメージ』の記録　梅沢恵
あとがき　木下華子

296 天文文化学の視点—星を軸に文化を語る

松浦清・真貝寿明　編

序　「天文文化学」という複合領域を楽しむために　松浦清
I　絵画・文学作品にみる天文文化
原在明《山上月食図》（個人蔵）の画題について　松浦清
一条兼良がみた星空—『花鳥余情』における「彦星」「天狗星」注をめぐって　横山恵理
「軌道」の語史—江戸時代末以降を中心に　米田達郎
［コラム］星の美を詠む　横山恵理
［コラム］明治初頭の啓蒙書ブーム「窮理熱」と『滑稽窮理　臍の西国』　真貝寿明
II　信仰・思想にみる天文文化
銅鏡の文様に見られる古代中国の宇宙観—記紀神話への受容とからめて　西村昌能
天の河の機能としての二重性—境界と通路、死と復活・生成、敵対と恋愛の舞台　勝俣隆
南方熊楠のミクロコスモスとマクロコスモス—南方曼荼羅の世界観　井村誠
［コラム］天文学者は星を知らない　真貝寿明
III　民俗にみる天文文化
奄美与論島における十五夜の盗みの現代的

アジア遊学既刊紹介

299 近代日本の中国学―その光と影

朱琳・渡辺健哉　編著

298 無住道暁の拓く鎌倉時代

―無住道暁の拓く鎌倉時代

土屋有里子　編